今注本二十四史

漢書

二七

傳〔一五〕

漢 班固 撰 唐 顔師古 注

孫曉 主持校注

中国社会科学出版社

漢書　卷九九中

王莽傳第六十九中

始建國元年正月朔，[1]莽帥公侯卿士奉皇太后璽韍，[2]上太皇太后，順符命，去漢號焉。

[1]【今注】始建國元年：顧炎武《日知録》卷二六指出，荀悦《漢紀》記王莽朝事與《漢書》不同，自始建國元年（9）以後，云“其二年”“其三年”，以至“其十五年”，而盡没其天鳳、地皇等年號，意在顯示王莽非正統。　正月朔：王先謙《漢書補注》認爲，莽以十二月爲歲首，此不與其改正朔。

[2]【顔注】師古曰：韍，謂璽之組，音“弗”（殿本此注在“上太皇太后”下）。【今注】韍（fú）：繫官印的絲帶。

初，莽妻宜春侯王氏女，立爲皇后。[1]本生四男：宇、獲、安、臨。二子前誅死，安頗荒忽，[2]迺以臨爲皇太子，安爲新嘉辟。[3]封宇子六人：千爲功隆公，壽爲功明公，吉爲功成公，宗爲功崇公，世爲功昭公，利爲功著公。大赦天下。

[1]【顔注】師古曰：王訢爲丞相，初封宜春侯，傳爵至孫咸。莽妻，咸之女。

[2]【顔注】師古曰：荒，音呼廣反。

[3]【顔注】師古曰：辟，君也。謂之辟者，取爲國君之義，音“壁”。

莽乃策命孺子曰：[1]“咨爾嬰，昔皇天右乃太祖，[2]歷世十二，[3]享國二百一十載，歷數在于予躬。《詩》不云乎，[4]‘侯服于周，天命靡常’。[5]封爾爲定安公，永爲新室賓。於戲！[6]敬天之休，[7]往踐乃位，毋廢予命。”[8]又曰：“其以平原、安德、漯陰、鬲、重丘，凡户萬，[9]地方百里，爲定安公國。立漢祖宗之廟於其國，與周後並，[10]行其正朔、服色。[11]世世以事其祖宗，永以命德茂功，享歷代之祀焉。[12]以孝平皇后爲定安太后。”[13]讀策畢，莽親執孺子手，流涕歔欷，[14]曰：“昔周公攝位，[15]終得復子明辟，今予獨迫皇天威命，[16]不得如意！”哀嘆良久。中傅將孺子下殿，[17]北面而稱臣。百僚陪位，莫不感動。

[1]【今注】孺子：即劉嬰，漢宣帝子楚孝王囂之後。平帝死後，王莽立其爲帝，號爲孺子嬰。後被迫讓位與王莽。王莽覆滅後，劉嬰被方望擁立爲帝，復被更始政權擊殺。

[2]【顔注】師古曰：“右”讀曰“佑”。佑，助也。

[3]【今注】歷世十二：包括昌邑王賀、孺子嬰在内，西漢實爲十五帝。王莽以十二爲名，當是因“十二”爲“天數”，“歷世十二”暗含有漢代天數已盡，新莽重爲更始之意。《漢書》之十二紀併前、後少帝爲《高后紀》，而略昌邑王賀、孺子嬰。之所以如此安排，固有模仿《史記》十二本紀之意，然其各紀具體所指，或即襲王莽“歷世十二”而來。

［4］【今注】詩：指《詩經》，儒家五經之一。

［5］【顔注】師古曰：《大雅·文王》之詩也。言殷之後嗣，乃爲諸侯，服事周室，天命無常也（蔡琪本、大德本、殿本“是”前有“是”字）。謂微子爲宋公（蔡琪本、大德本、殿本句末有“也”字）。

［6］【顔注】師古曰：“於戲”音曰“嗚呼”（音，蔡琪本作“讀”）。

［7］【顔注】師古曰：休，美也。

［8］【今注】予：《尚書》記載上古帝王自稱多爲“予”“予一人”。出土甲骨中亦有“余”“余一人”的刻辭。“予”“余”相通，可爲一證。秦始皇稱帝後，指定“朕”爲皇帝專用之自稱，漢承之。王莽復古，復稱“予”。

［9］【顔注】師古曰：五縣也。漯，音它合反。“鬲”音與“隔”同（殿本此注在“爲定安公國”下）。【今注】平原：縣名。治所在今山東平原縣西南。　漯陰：縣名。治所在今山東濟南市北。　鬲：縣名。治所在今山東德州市北。

［10］【今注】並：王先謙《漢書補注》指出，“並”當爲“齊”之意。

［11］【今注】案，《資治通鑑》卷三七《漢紀》王莽始建國元年胡三省注云：“此皆空言。”

［12］【今注】命德：王先謙《漢書補注》認爲，“命”與“名”通假。“命德”猶“名德”，與“茂功”對文。

［13］【今注】孝平皇后：王莽之女，事見本書卷九七下《外戚傳下》。

［14］【顔注】師古曰：歔，音“虚”。欷，音許氣反。

［15］【今注】周公：即周武王之弟周公旦，獲封於魯，不之國，而以其子伯禽就封。在武王去世後輔佐成王，任太師，攝政，東征平滅武王弟管叔、蔡叔與紂王子武庚的聯合叛亂，營建洛邑，

設成周八師鎮撫東方。制禮作樂，確立周代諸項制度。在成王成年後，周公還政於成王。被後世視作賢臣代表、儒家聖人。參見《史記》卷三三《魯周公世家》。

[16]【今注】案，迫，蔡琪本作“追”。

[17]【今注】中傅：《後漢書》卷五五《章帝八王傳》李賢注引《前書音義》指出，中傅即爲宦者。

又按金匱，[1]輔臣皆封拜。以太傅、左輔、驃騎將軍安陽侯王舜爲太師，[2]封安新公；大司徒就德侯平晏爲太傅，[3]就新公；少阿、羲和、京兆尹紅休侯劉歆爲國師，[4]嘉新公；廣漢梓潼哀章爲國將，[5]美新公：是爲四輔，位上公。太保、後承承陽侯甄邯[6]爲大司馬，[7]承新公；丕進侯王尋爲大司徒，[8]章新公；步兵將軍成都侯王邑爲大司空，[9]隆新公：是爲三公。大阿、右拂、大司空、衞將軍廣陽侯甄豐[10]爲更始將軍，廣新公；京兆王興爲衞將軍，[11]奉新公；輕車將軍成武侯孫建爲立國將軍，[12]成新公；京兆王盛爲前將軍，崇新公：是爲四將。凡十一公。[13]王興者，故城門令史。[14]王盛者，賣餅。莽案符命求得此姓名十餘人，兩人容貌應卜相，徑從布衣登用，以視神焉。[15]餘皆拜爲郎。[16]是日，封拜卿大夫、侍中、尚書官凡數百人。[17]諸劉爲郡守，[18]皆徙爲諫大夫。[19]

[1]【今注】金匱：王先謙《漢書補注》指出，此指哀章所獻金匱圖、金策書。

[2]【今注】太傅：此指帝太傅，金印紫綬，吕后時置。　驃騎將軍：即票騎將軍。漢武帝置爲重號將軍，僅次於大將軍，秩萬

石。　王舜：濟南郡東平陵縣（今山東濟南市章丘區）人。漢元帝皇后王政君堂弟大司馬、車騎將軍、安陽侯王音之子，甚爲王莽所親信，倚爲腹心。成帝永始二年（前15）父死襲爵，成帝綏和元年（前8）以駙馬都尉爲太僕，哀帝元壽二年（前1）遷大司馬、車騎將軍。哀帝崩，奉太皇太后詔持節迎立平帝，平帝元始元年（1）爲太保。王莽居攝，爲太傅、左輔。王莽稱帝，曾爲莽向元后索要傳國玉璽，拜爲太師，封安新公，爲新莽四輔之一。新莽始建國三年（11）病卒。事多見本書卷九九上《王莽傳上》及本卷。

［3］【今注】大司徒：哀帝時以丞相之名不見於經書，改名大司徒，列大司馬之下。丞相，官名。漢三公之一。輔佐皇帝，掌全國政務。　平晏：扶風平陵人。平當子。以明經歷位大司徒，封防鄉侯。　太傅：此指帝太傅，新莽官位最高的“四輔”之一。

［4］【今注】羲和：本是上古神話傳説中的人物，有太陽之母、太陽的駕車人、黄帝時掌天文曆法的官員、帝堯時掌天文的家族等衆多異説。西漢末被王莽借用爲官名，改大司農爲羲和，後又改稱納言，掌錢穀金帛諸貨幣。　京兆尹：西漢京畿地方行政長官之一。武帝時改右内史置，職掌如郡太守。其地屬京畿，爲“三輔”之一，故不稱郡。因治京師，又得參與朝政，故又有中央官性質。地位高於郡守，位列諸卿，秩中二千石（一説秩二千石）。劉歆：西漢著名經學家、天文學家、目録學家。繼其父劉向在成、哀之際整理群書，編爲《七略》，奠定了中國古代目録學的基礎。劉歆與王莽相善，利用經學爲新莽代漢奠定了理論基礎，被封爲國師、嘉新公。後因其子女與徒弟被殺而怨王莽，加之外部更始軍之壓力，乃謀劃政變，事敗被殺。事迹見本書卷三六《楚元王傳》。

［5］【今注】廣漢：郡名。治乘鄉（今四川金堂縣東）。　梓潼：縣名。治所在今四川梓潼縣。　哀章：梓潼人，求學長安，見王莽居攝，乃僞造所謂“金匱策書”，稱王莽當爲真天子，又署輔政諸臣十一人，而自竄其名於其中。哀章竟以此被封爲國將、美新公，一躍成爲新莽最頂級的大臣“四輔”之一。後請命出軍，與太

師王匡鎮壓赤眉軍，屢戰不利。復與王匡同受命守洛陽，在新莽覆滅後降更始政權，被殺。

［6］【顏注】師古曰：承（蔡琪本、大德本、殿本“承”後有“陽”字），音“烝”（殿本“烝”後有“陽”字。又，殿本此注全在“承新公”下）。【今注】案，承陽侯，蔡琪本、殿本作“丞陽侯”。　甄邯：字子心。西漢末至新莽朝官員。丞相孔光女婿。哀、平時歷任侍中奉車都尉、光禄勳、右將軍，封承陽侯（亦作“丞陽侯”），爲王莽心腹之一。王莽居攝，先後任太保後承、大將軍。新莽代漢，拜大司馬，封承新公。事迹見本書《王莽傳》。

［7］【今注】大司馬：《周禮》中所載的夏官之長，掌武事。漢初承秦制，以太尉爲武官之長，且亦不常置，更不設大司馬一職。漢武帝於元狩四年（前119）漢北大捷後，設大司馬爲加官，分别封衛青、霍去病。自霍光封大司馬大將軍之後，此職乃成爲常置固定之職，内朝官之領袖。成帝時改官制，又以此職比附漢初之太尉，成爲三公之一。

［8］【今注】王尋：新莽重臣。漢平帝時曾以副校尉出使匈奴，新莽建立後出任大司徒。與王邑率大軍鎮壓緑林軍，在昆陽大戰中被劉秀等擊敗，王尋戰死。

［9］【今注】王邑：東平陵（今山東濟南市東）人。王商中子，哀帝時襲爵爲成都侯。王莽居攝，翟義起義反莽，任虎牙將軍鎮壓翟義、趙明、霍鴻起義，轉步兵將軍。王莽稱帝後，任大司空，封隆新公。緑林起義中與大司徒王尋率軍鎮壓，大敗於昆陽。緑林軍攻入長安，被殺。　大司空：漢成帝時由御史大夫改名，秩萬石。御史大夫，丞相副貳，秩中二千石，協調處理天下政務，而以監察、執法爲主要職掌，爲全國最高監察、執法長官。主管圖籍秘書檔案、四方文書，百官奏議經其上呈，皇帝詔命由其承轉丞相下達執行，負責考課、監察、彈劾官吏，典掌刑獄，收捕、審訊有罪官吏等，或派員巡察地方，鎮壓事變，有時亦督兵出征。丞相缺

位，常由其遞補。詳見本書《百官公卿表上》。

［10］【顔注】師古曰："拂"讀曰"弼"（殿本此注在"廣新公"下）。【今注】甄豐：字長伯。西漢末至新莽朝官員。成、哀時歷任京兆都尉、水衡都尉、泗水相、左曹中郎將、光禄勳、右將軍等職。平帝時任少傅左將軍、大司空，封廣陽侯，爲權臣王莽心腹之一。新莽代漢，拜更始將軍，封廣新公。後因其子犯罪，被迫自殺。事迹見本書《王莽傳》。

［11］【今注】京兆：郡級行政區劃，"三輔"之一。治長安（今陝西西安市西北）。　衛將軍：西漢初爲將軍名號，統兵征戰，事訖則罷。文帝即位，拜宋昌爲之，總領南、北軍，始成爲重要武職，其後常典京城、皇宫禁衛軍隊。與大將軍、驃騎將軍、車騎將軍皆位比公。

［12］【今注】成武：縣名。治所在今山東成武縣。

［13］【今注】十一公：王先謙《漢書補注》指出，四輔、三公、四將，合計爲十一公。

［14］【今注】城門令史：王先謙《漢書補注》據《資治通鑑》卷三七《漢紀》王莽始建國元年胡三省注指出，城門令史屬城門校尉管理，掌文書。

［15］【顔注】師古曰："視"讀曰"示"。【今注】案，哀章所僞造的金匱輔政大臣名單中，除哀章本人以外，八人爲王莽舊臣，剩餘兩人王興、王盛爲哀章憑空捏造，寓意王氏興盛，以諂媚王莽。是以有此以占卜選頂級大臣的荒唐之事。

［16］【今注】郎：官名。或稱郎官、郎吏。掌守皇宫門户，出行充皇帝車騎。有議郎、中郎、侍郎、郎中等。秩自比六百石至比三百石不等，無定員。

［17］【今注】侍中：官名。秦始置。西漢時爲加官，無員，凡官員加此頭銜即可入禁中，親近皇帝。初掌雜務，後漸與聞朝政、贊導衆事、顧問應對，與公卿大臣論辯，平議尚書奏事，爲中

朝要職。設僕射一人。　尚書：始於戰國，秦時爲少府屬官，掌殿内文書。漢初承秦制，設令、僕射、丞、尚書吏，掌收發文書，傳達記録詔命章奏，隸少府。漢武帝時漸成爲重要宫廷政治機構，參與國家機密，常以中朝大臣兼領、平、視，以左右曹諸吏平尚書奏事，參與議政決策，宣示詔命。百官奏事先呈尚書，皆爲正、副二封，由領尚書者拆閲副封，加以裁決，可屏抑不奏。百官選舉任用考察詰責彈劾之責亦歸之。漢成帝時設尚書五人，開始分曹辦事，群臣章奏都經尚書。

［18］【今注】案，王先謙《漢書補注》指出，《資治通鑑》卷三七《漢紀》王莽始建國元年“守”下有“者”字。

［19］【今注】諫大夫：漢武帝時置，掌諫争、顧問應對，議論朝政，無定員，秩比八百石。

改明光宫爲定安館，[1]定安太后居之。以大鴻臚府爲定安公第，[2]皆置門衛使者監領。敕阿乳母不得與語，[3]常在四壁中，[4]至於長大，不能名六畜。後莽以女孫宇子妻之。

［1］【今注】明光宫：據本書卷六《武紀》記載，此宫爲武帝太初四年（前101）秋所建。《三輔黄圖》卷三云“在長樂宫後，南與長樂宫相連屬”，本書卷九八《元后傳》曰“成都侯商嘗病，欲避暑，從上借明光宫”，蓋即此。王莽始建國元年（9），改明光宫爲安定館，安定太后居之。陳直《三輔黄圖校證》指出，《漢書·元后傳》顔師古注引《三輔黄圖》云：“在城内，近桂宫也。”班固《西都賦》云：“北彌明光而亘長樂。”李善注引《三輔故事》云：“桂宫内有明光殿。”張衡《西京賦》云：“屬長樂與明光，徑北通乎桂宫。”

［2］【今注】案，蔡琪本、大德本、殿本“以”後有

“故”字。

[3]【今注】案，王念孫《讀書雜志·漢書第十五》指出，“阿”下當有“保”字，指阿保及乳母。荀悦《漢紀·孝平皇帝紀》正作“敕阿保乳母”。

[4]【顔注】孟康曰：令定安公居四壁中，不得有所見。

莽策群司曰：“歲星司肅，東嶽太師典致時雨，[1]青煒登平，考景以晷。[2]熒惑司悊，南嶽太傅典致時奥，[3]赤煒頌平，考聲以律。[4]太白司艾，西嶽國師典致時陽，[5]白煒象平，考量以銓。[6]辰星司謀，北嶽國將典致時寒，[7]玄煒和平，考星以漏。[8]月刑元股左，司馬典致武應，考方法矩，[9]主司天文，欽若昊天，敬授民時，力來農事，以豐年穀。[10]日德元厷右，司徒典致文瑞，考圜合規，[11]主司人道，五教是輔，帥民承上，宣美風俗，五品乃訓。[12]斗平元心中，司空典致物圖，考度以繩，[13]主司地里，平治水土，掌名山川，衆殖鳥獸，[14]蕃茂草木。”各策命以其職，如典誥之文。[15]

[1]【顔注】應劭曰：貌之不恭，是謂不肅。敬也（蔡琪本、大德本、殿本“敬”前有“肅”字）。厥罰常雨。常雨，水也。故申戒厥任，欲使雨澤以時也。晉灼曰：衆物生於東方，故戒太師也。【今注】歲星：木星。　典致時雨：王先謙《漢書補注》指出，“典”爲“主”之意。

[2]【顔注】服虔曰：煒，音“暉”。如淳曰：青氣之光輝也。晉灼曰：言青陽之氣始升而上，以成萬物也。春秋分立表以正東西。東，日之始出也，考景以晷屬焉（蔡琪本、大德本、殿

本“考”前有“故”字)。

[3]【顔注】應劭曰：視之不明，是謂不悊。悊，智也。厥罰常燠。燠，暑也。晉灼曰：南方，盛陽之位（盛陽，殿本作“陽盛”)。太傅，師尊之稱，故戒之也。師古曰：奥，音於六反(蔡琪本、殿本此句後有“韋昭曰司悊南方曰視君視明則臣聰悊”一句)。【今注】熒惑：火星。

[4]【顔注】晉灼曰：頌，寬頌也。夏，假也。物假大，乃宣平也。六月陰氣之始，故爲地統。地之中數六，六爲律，律有形有色，色尚黄，故考聲以律屬焉。師古曰：“頌”讀曰“容”。

[5]【顔注】應劭曰：言之不從，謂之不艾（謂之，蔡琪本、大德本、殿本作“是謂”)。艾，安也。厥罰常陽。陽，旱也。師古曰：“艾”讀曰“乂”　（乂，蔡琪本、大德本、殿本作“乂”)。【今注】太白：金星。

[6]【顔注】應劭曰：量，斗斛也。銓，權衡也。晉灼曰：象，形也，萬物無不成形於西方，大小輕重皆可知，故稱量屬焉。

[7]【顔注】應劭曰：聽之不聰，是謂不謀。謀，圖也。厥罰常寒。晉灼曰：北，伏也。陽氣伏於下，陰主殺，故戒國將。【今注】辰星：水星。

[8]【顔注】應劭曰：推五星行度以漏刻也。晉灼曰：和，合也。萬物皆合藏於北方，水又主平，故曰和平。歷度起於斗分，日月紀於攝提，攝提值斗杓所指以建時節，故考星屬焉。

[9]【顔注】張晏曰：月爲刑，司馬主武，又典天，故使主威刑也。

[10]【顔注】師古曰：欽，敬也。若，順也。力來，勸勉之也。來，音郎代反。【今注】力來：王先謙《漢書補注》指出，相當於“勞來”。

[11]【顔注】張晏曰：日爲陽位。晉灼曰：肱圜也（肱，蔡琪本、殿本作“厷”)。五教在寬，則和氣感物，四靈見象，故

文瑞屬焉。師古曰：厷，古“肱”字。

[12]【顔注】師古曰：五教，謂父義、母慈、兄友、弟恭、子孝也。五品即五常，謂仁、義、禮、智、信。

[13]【顔注】張晏曰：斗，北斗也，主齊七政。司空主水土，土爲中，故責之。孟康曰：《易》“河出圖（易，蔡琪本作“是”），洛出書”，司空主水土，責以其物也。晉灼曰：中央爲四季土。土者信，信者直，故爲繩。

[14]【今注】衆殖：王先謙《漢書補注》認爲即“繁育”之意。

[15]【今注】案，王先謙《漢書補注》指出，言其餘衆職皆如之。

置大司馬司允，[1]大司徒司直，大司空司若，[2]位皆孤卿。更名大司農曰羲和，[3]後更爲納言，大理曰作士，[4]太常曰秩宗，[5]大鴻臚曰典樂，[6]少府曰共工，[7]水衡都尉曰予虞，[8]與三公司卿凡九卿，分屬三公。每一卿置大夫三人，一大夫置元士三人，凡二十七大夫，八十一元士，分主中都官諸職。更名光禄勳曰司中，[9]太僕曰太御，[10]衛尉曰大衛，[11]執金吾曰奮武，[12]中尉曰軍正，[13]又置大贅官，主乘輿服御物，[14]後又典兵秩，位皆上卿，號曰六監。改郡大守曰大尹，[15]都尉曰大尉，[16]縣令長曰宰，御史曰執法，[17]公車司馬曰王路四門，[18]長樂宫曰常樂室，[19]未央宫曰壽成室，[20]前殿曰王路堂，[21]長安曰常安。更名秩百石曰庶士，三百石曰下士，四百石曰中士，五百石曰命士，六百石曰元士，千石曰下大夫，比二千石曰中大夫，二千石曰上大夫，中二千石曰卿。車服黻冕，[22]各有差品。[23]又置司恭、司徒、司明、司聰、司中大夫及誦詩工、徹膳宰，以司過。策曰："予聞上聖欲昭厥德，[24]罔不慎修厥身，用綏于遠，是用建爾司于五事。毋隱尤，毋將虚，[25]好惡不愆，立于厥中。[26]於戲，勗哉！"[27]令王路設進善之旌，非謗之木，敢諫之鼓。[28]諫大夫四人常坐王路門受言事者。

［1］【顔注】師古曰：允，信也（殿本此注與下條並在"位皆孤卿"後）。

［2］【顔注】師古曰：若，順也（殿本此注與上條並在"位皆孤卿"後）。

［3］【今注】大司農：漢武帝改大農令置。掌管全國租賦收入和國家財政開支。秩中二千石，列位九卿。新莽時改名羲和，後更爲納言。

［4］【今注】大理：即廷尉。戰國秦始置，秦、西漢沿置。主管詔獄。列位九卿，秩中二千石。景帝時曾更名爲大理，武帝時恢復。哀帝元壽二年（前1）復爲大理。王莽改稱爲"作士"。

［5］【今注】太常：又名奉常。主管祭祀社稷、宗廟和朝會、喪葬禮儀，管理皇帝陵墓、寢廟所在縣邑，每月巡視諸陵，兼管文教。新莽時改名秩宗。秩中二千石，位列諸卿之首，多由列侯充任。

［6］【今注】大鴻臚：秦時稱典客，漢景帝時改名大行令，武帝時始改大鴻臚。掌少數民族事務，及諸侯王喪事，又掌引導百官朝會，兼管京師郡國邸舍及郡國上計吏之接待。成帝時省典屬國併入，又兼管少數民族朝貢使節、侍子。列卿之一，秩中二千石。典樂：周壽昌《漢書注校補》指出，桓譚爲莽掌樂大夫，當即此官。

［7］【顔注】師古曰："共"音曰"龔"（音，蔡琪本、殿本

作“讀”)。【今注】少府：官名。漢代中央諸卿之一。爲皇帝私府，專管帝室財政及生活諸事。機構龐大，屬官繁多。秩中二千石。王莽更名爲共工。

[8]【今注】水衡都尉：官名。漢武帝始置，職掌上林苑諸事，兼管帝室收入及鑄錢等事，職權頗重。秩比二千石。新莽時改名予虞。

[9]【今注】光禄勳：秦時稱郎中令，漢因之，武帝時更名光禄勳，掌宫殿掖門户。秩中二千石，位列九卿。新莽時改名司中。

[10]【今注】太僕：秦漢列卿之一，秩中二千石，除掌管皇帝輿馬之外，還兼主馬政。

[11]【今注】衛尉：戰國秦置，西漢沿置，掌宫門屯衛兵，秩中二千石，列位九卿。　案，大，蔡琪本、大德本、殿本作“太”。

[12]【今注】執金吾：官名。西漢中央諸卿之一，西漢前期稱中尉，漢武帝時改稱執金吾，職掌宫殿之外、京城之内的警備事務，天子出行時充任儀衛導行。秩中二千石。

[13]【今注】中尉：《漢書考正》劉攽指出，中尉一職早已廢掉，此處或爲“中壘校尉”。　軍正：周壽昌《漢書注校補》指出，漢有軍正，但與新莽軍正當不同。

[14]【顔注】師古曰：贅，聚也，言財物所聚也，音之鋭反(殿本“音”前有“贅”字)。

[15]【今注】郡大守：蔡琪本、大德本、殿本作“郡太守”。漢地方郡的最高長官。原稱郡守。漢景帝中元二年(前148)更爲現名，秩二千石。

[16]【今注】都尉：原稱郡尉，漢景帝中元二年更爲此名，佐郡太守典武職甲卒，掌治安，防盗賊，爲一郡之最高武官。秩比二千石。　大尉：蔡琪本、大德本、殿本作“太尉”。周壽昌《漢書注校補》指出，西漢本有太尉，但廢置不常。新莽此太尉秩如西

漢之都尉。

［17］【今注】御史：此指侍御史。秦置，漢因之。西漢時爲御史大夫屬官，由御史中丞統領，入侍禁中蘭臺，給事殿中，故名。掌受公卿奏事，舉劾按章，監察文武官員，分令、印、供、尉馬、乘五曹，監領律令、刻印、齋祀、厩馬、護駕等事宜，或供臨時差遣，出監郡國，持節典護大臣喪事，收捕、審訊有罪官吏等。武帝時特置繡衣直指使者，亦稱繡衣御史，巡行郡國，逐捕盜賊，治理大獄，有權誅二千石以下官吏，不常置。其專掌皇帝璽印者，稱符璽御史。又有治書侍御史，選明習法律者充任，覆核疑案，平決刑獄。員十五人，秩六百石。

［18］【今注】公車司馬：指司馬門。公車，漢代官署。爲衛尉的下屬機構，設公車令，掌管宫殿司馬門的警衛。天下上事及徵召等事宜，經由此處受理。司馬，司馬門。皇帝宫、王宫、軍營、帝陵均有司馬門，先秦時已有。司馬門不是止車門。臣子入宫不得走司馬門，衹能走掖門。過司馬門須下車。〔參見楊鴻年《漢魏司馬門雜考》（一、二），《中華文史論叢》1981 年第 3、4 輯〕

［19］【今注】長樂宫：本秦興樂宫，"周迴二十里"（《資治通鑑》卷一一《漢紀》太祖高皇帝五年胡三省注引程大昌《雍録》）。漢高祖時擴建，改名長樂宫，在此視朝。漢惠帝以後爲太后寢宫。遺址在今陝西西安市西北漢長安故城東南隅。

［20］【今注】未央宫：漢正宫。在秦章臺基礎上修建，位於漢長安城地勢最高的西南角龍首原上，因在長安城安門大街之西，又稱西宫（參見李毓芳《漢長安城未央宫的考古發掘與研究》，《文博》1995 年第 3 期；陳蘇鎮《未央宫四殿考》，《歷史研究》2016 年第 5 期）。

［21］【顔注】服虔曰：如言路寢也。

［22］【今注】案，獻，蔡琪本、大德本、殿本作"黻"。

［23］【顔注】師古曰：此獻（獻，蔡琪本、大德本、殿本作

"瀫"，本注下同），謂衣裳之獻。

［24］【今注】厥：其。

［25］【顔注】師古曰：尤，過也。將，助也。虛，謂虛美也。言勿隱吾過，而助爲虛美。

［26］【顔注】師古曰：愆，違也。

［27］【顔注】師古曰："於戲"讀曰"烏呼"（烏，蔡琪本、殿本作"嗚"）。勗，勉也。

［28］【顔注】師古曰："非"音曰"誹"（殿本無"音"字）。【今注】敢諫之鼓：案，《呂氏春秋·贊能》有云："堯有欲諫之鼓，舜有誹謗之木，湯有司過之士，武王有戒慎之鞀。"賈誼《新書·保傅》有云："於是有進善之旌，有誹謗之木，有敢諫之鼓。"《大戴禮記·保傅》與此略同。蔡琪本、殿本作"欲諫之鼓"。

封王氏齊縗之屬爲侯，大功爲伯，小功爲子，緦麻爲男，[1]其女皆爲任。[2]男以"睦"、女以"隆"爲號焉，[3]皆授印韍。[4]令諸侯立大夫人、夫人、世子，亦受印韍。

［1］【今注】案，古代舉行喪禮時，根據親屬關係遠近穿不同的喪服，分爲斬衰、齊衰、大功、小功、緦麻五等，是爲五服。王莽以此代指親屬關係遠近。

［2］【顔注】師古曰：任，充也。男服之義，男亦任也，音"壬"。

［3］【顔注】師古曰：睦、隆，皆其受封邑之號，取嘉名（蔡琪本、大德本、殿本句末有"也"字）。

［4］【顔注】師古曰：韍亦印之組。次下並同。

又曰："天無二日，土無二王，[1]百王不易之道也。

漢氏諸侯或稱王，至于四夷亦如之，違於古典，繆於一統。[2]其定諸侯王之號皆稱公，及四夷僭號稱王者皆更爲侯。”

［1］【今注】案，《孟子·萬章上》云“孔子曰：‘天無二日，民無二王’”，《禮記·曾子問》略同。

［2］【今注】繆於一統：王先謙《漢書補注》引《資治通鑑》卷三七《漢紀》王莽始建國元年胡三省注指出王爲統有天下之號，諸侯及四夷稱王，非古制。

又曰：“帝王之道，相因而通；盛德之祚，百世享祀。予惟黄帝、帝少昊、帝顓頊、帝嚳、帝堯、帝舜、帝夏禹、皋陶、伊尹咸有聖德，[1]假于皇天，[2]功烈巍巍，光施于遠。予甚嘉之，營求其後，將祚厥祀。”惟王氏，虞帝之後也，出自帝嚳；劉氏，堯之後也，出自顓頊。於是封姚恂爲初睦侯，奉黄帝後；[3]梁護爲脩遠伯，奉少昊後；[4]皇孫功隆公千，奉帝嚳後；劉歆爲祁烈伯，奉顓頊後；國師劉歆子疊爲伊休侯，奉堯後；[5]嬀昌爲始睦侯，奉虞帝後；山遵爲褒謀子，奉皋陶後；伊玄爲褒衡子，奉伊尹後。漢後定安公劉嬰，位爲賓。周後衞公姬黨，更封爲章平公，亦爲賓。殷後宋公孔弘，運轉次移，[6]更封爲章昭侯，位爲恪。[7]夏後遼西姒豐，封爲章功侯，亦爲恪。[8]四代古宗，宗祀于明堂，以配皇始祖考虞帝。[9]周公後褒魯子姬就，宣尼公後褒成子孔鈞，已前定焉。

［1］【今注】黄帝：傳説中的上古人物，五帝之一。號軒轅氏、有熊氏。與蚩尤戰於涿鹿。因有土德之瑞，故號黄帝。後世很多發明和製作均以黄帝爲始。　顓頊：高陽氏。古代部落首領。生於若水，居於帝丘。繼黄帝爲首領，稱帝顓頊。　帝嚳：高辛氏。古代部落首領。帝嚳生子放勳與摯。嚳卒，摯代之，不善，弟放勳立，即堯。　堯：傳説中的上古人物，五帝之一。姓伊祁氏，名放勳，號陶唐。高唐氏部落首領，又稱唐堯。在位命羲和定曆法，設諫言之鼓，置四嶽（四方諸侯），命鯀治水患。後禪讓於舜。劉歆爲祁烈伯，又言國師劉歆子爲伊休侯，是則祁烈伯自别一劉歆，非國師也。　舜：即虞帝。傳説中的上古人物，五帝之一。嬀姓，名重華。有虞氏部落首領，又稱虞舜。在位時放逐四凶（鯀、共工、驩兜和三苗），命禹治水，后稷掌農業，契行教化，益管山林，皋陶治法律。後死於蒼梧之野（今湖南寧遠縣南蒼梧山）。　禹：傳説中的古代聖王，又稱崇禹、戎禹、伯禹、大禹，一説名文命，姒姓。據説堯、舜在位時發生大洪水，禹之父鯀奉命治水不成而爲舜所殺，禹繼之治水，歷盡艱辛，終獲成功，乃受舜禪位爲王，並大會諸侯於會稽。禹死後，其子啓繼位，結束禪讓制，開始家天下制度，建立夏朝。禹被後世視作夏朝的開國君主，所謂“三王”之一。近代以來，顧頡剛先生根據許慎《説文解字》“禹，蟲也”的記載，對禹的傳説提出了質疑，認爲“禹”本是夏代時崇拜的地位最高、時間最古的動物神（“蟲”之古義本泛指動物）。此説提出後引起學界争議，至今未決。現在一般將夏以後的記載視爲信史，而將禹以前的記載視爲傳説。傳説中的事迹亦有歷史的成分，但尚需結合新出考古發現與人類學研究進一步判斷。　皋陶：一作“咎繇”。偃姓。舜時爲掌刑法之官。禹繼位，被選爲繼承者。早亡。事迹見《史記》卷一《五帝本紀》、卷二《夏本紀》。　伊尹：名摯，商初的賢相。相傳湯伐桀，滅夏，遂王天下。湯崩，其孫太甲無道，伊尹放諸桐宫，俟其悔過，再迎之復位。善烹調，後人拜爲厨聖。

［2］【顔注】師古曰：假，至也，升也，音工雅反。

［3］【顔注】服虔曰：姚，舜姓，故封爲黄帝後。

［4］【顔注】服虔曰：以爲伯益之後，故封之。

［5］【顔注】師古曰：上言紅休侯劉歆爲國師嘉新公，今此云劉歆。

［6］【今注】運轉次移：王先謙《漢書補注》認爲，此指隨時運而更位次。

［7］【顔注】師古曰：恪，敬也。言侍之加敬（侍，白鷺洲本、大德本、殿本作“待”），亦如賓也。周以舜後并杞、宋爲三恪也。

［8］【顔注】服虔曰：姒，夏姓。

［9］【今注】案，《漢書考正》劉奉世認爲，此數句不通，王莽方封先聖之後，不當及此。且後文已言及此，“四代”以下十七字爲衍。明堂，古代帝王宣明政教的地方。凡朝會、祭祀、慶賞、選士、養老、教學等大典，都在此舉行。

莽又曰：“予前在攝時，建郊宫，定祧廟，立社稷，[1]神祇報況，[2]或光自上復于下，流爲烏，[3]或黄氣熏烝，昭燿章明，以著黄、虞之烈焉。[4]自黄帝至于濟南伯王，而祖世氏姓有五矣。[5]黄帝二十五子，分賜厥姓十有二氏。虞帝之先，受姓曰姚，其在陶唐曰嬀，在周曰陳，在齊曰田，在濟南曰王。予伏念皇初祖考黄帝，皇始祖考虞帝，以宗祀于明堂，宜序於祖宗之親廟。其立祖廟五，親廟四，后夫人皆配食。郊祀黄帝以配天，黄后以配地。[6]以新都侯東弟爲大禖，歲時以祀。[7]家之所尚，種祀天下。[8]姚、嬀、陳、田、王氏凡五姓者，皆黄、虞苗裔，予之同族也。《書》不云乎，‘惇序九族。’[9]其令天下上此五姓名籍于秩宗，[10]皆以爲宗室。世世復，無有所與。[11]其元城王氏，勿令相嫁娶，[12]以别族理親焉。”封陳崇爲統睦侯，奉胡王後；[13]田豐爲世睦侯，奉敬王後。[14]

[1]【顔注】師古曰：遠祖曰祧，音吐堯反（吐，白鷺洲本作“他”）。

[2]【顔注】師古曰：況，賜也。

[3]【顔注】師古曰：復，音扶目反。

[4]【顔注】師古曰：烈，餘業也。自云承黄、虞之後。

[5]【顔注】師古曰：濟南伯王，莽之高祖。【今注】濟南：郡名。本爲齊國博陽郡，後遷治濟水之南東平陵，故地在今山東濟南市章丘區西北。　伯王：周壽昌《漢書注校補》指出，王莽自述爲項羽所封濟北王田安之後。安失國，齊人謂之王家，因以爲氏。安孫遂，字伯紀，處東平陵，是爲濟南之地。莽所稱濟南伯王，即此王遂。因其字伯紀，故稱之爲伯王。“伯”讀爲“霸”，王莽信符命，故借此名以爲祥瑞。

[6]【顔注】孟康曰：黄帝之后也。

[7]【顔注】師古曰：禖，祀也。立此大祠，常以歲時祀其先也。【今注】新都：侯國名。屬南陽郡，治所在今河南新野縣東南王莊鎮九女城村。　案，弟，大德本、殿本作“第”。

[8]【顔注】師古曰：言國已立大禖祠先祖矣，其衆庶之家所尚者，各令傳祀勿絶，普天之下同其法。【今注】案，《漢書考正》劉奉世指出，此指以王莽家所尚之種祀示令天下，傳以爲種祠，必須奉祀，類似漢高祖之枌榆社也。

[9]【顔注】師古曰：《虞書·咎繇謨》之辭也。惇，厚也。【今注】九族：泛指親屬。九族有古文説，認爲九族僅限於父宗。上自高祖、下至玄孫，即玄孫、曾孫、孫、子、身、父、祖父、曾

祖父、高祖父。又有今文説：父族四、母族三、妻族二。父族四是指姑之子、姊妹之子、女兒之子、己之同族，母族三是指母之父、母之母、從母子，妻族二是指岳父、岳母。

［10］【今注】案，袟，大德本、殿本作“秩”。

［11］【顔注】師古曰：復，音方目反。“與”讀曰“預”。

［12］【顔注】師古曰：元城王氏不得與四姓昏娶，以其同祖也。餘它王氏，則不禁焉（殿本此注在“理親焉”下）。【今注】元城：縣名。治所在今河北大名縣東。周壽昌《漢書注校補》謂，特别指出元城王氏，是因王莽所娶爲王咸之女，這裏表示其他王氏得相嫁娶，亦明自己並未與本家結婚。

［13］【顔注】孟康曰：追王陳胡公。【今注】陳崇：南陽人。西漢末，以材能受到權臣王莽信任，任司隸校尉、大司徒司直。新莽時任五威司命，封統睦侯。事見本書卷九九《王莽傳》。

［14］【顔注】孟康曰：追王陳敬仲。

天下牧守皆以前有翟義、趙明等領州郡，[1]懷忠孝，封牧爲男，守爲附城。又封舊恩戴崇、金涉、箕閎、楊並等子皆爲男。[2]

［1］【今注】牧：州牧，州部長官。武帝時設十三州部刺史，監察地方郡國，秩六百石。成帝綏和元年（前 8）改刺史爲州牧，以應上古州伯方牧之義，秩二千石，位次九卿。哀帝建平二年(前 5)復稱刺史，元壽二年（前 1）又改稱州牧。新莽制度崇古，沿用州牧名稱，又因州牧地位高如三公，怠懈於刺舉諸事，故置牧監以爲輔助，職責如漢之刺史。　翟義：成帝朝丞相翟方進之子。見王莽有代漢之意，乃起兵。王莽毒殺平帝之説即出於此次起事。事見本書卷八四《翟義傳》。有學者認爲，翟方進之死與王莽迫害有關，翟義起兵有復仇的因素（參見黄一農《漢成帝與丞相翟方進

死亡之謎》，《社會天文學十講》，復旦大學出版社 2004 年版）。

［2］【今注】案，楊，殿本作“陽”。

遣騎都尉囂等[1]分治黄帝園位於上都橋時，[2]虞帝於零陵九疑，[3]胡王於淮陽陳，[4]敬王於齊臨淄，[5]愍王於城陽莒，[6]伯王於濟南東平陵，孺王於魏郡元城，[7]使者四時致祠。其廟當作者，以天下初定，且祫祭於明堂太廟。[8]

［1］【顔注】師古曰：囂，音許驕反。【今注】騎都尉：漢置，掌監羽林騎，後掌駐屯騎兵，領兵征伐。漢宣帝時，一人監羽林騎，一人領西域都護。秩比二千石。

［2］【顔注】師古曰：橋山之上，故曰橋時也。

［3］【今注】零陵：縣名。治所在今廣西全州縣西南。　九疑：一作“九嶷”，山名。在今湖南寧遠縣南。因其山有九座相似的山峰，故名。又名蒼梧山。傳説舜葬於此。

［4］【今注】胡王：指陳國第一代君主陳胡公，名滿。周武王滅商後，將其長女嫁與滿，封其於陳，奉舜帝後。　淮陽：諸侯王國名。治陳縣。　陳：縣名。治所在今河南淮陽縣。

［5］【今注】敬王：指陳國公子陳完，因陳國内亂而奔齊，改氏爲田，去世後謚號爲敬仲。田完後裔廢齊國君姜氏而自立，史稱田氏代齊。田完乃被田齊奉爲先祖。　臨淄：縣名。治所在今山東淄博市臨淄區齊都鎮。

［6］【顔注】服虔曰：齊愍王。【今注】愍王：此指濟北愍王，非齊愍王，服虔注誤。名安，齊國末代國王田建之孫，早年經歷不詳，秦末時起兵隨項羽入關，獲封濟北王。原齊相田榮不服，於漢元年（前 206）五月擊殺田安。濟北，郡名、諸侯王國名。治博陽（今山東泰安市東南）。　城陽：郡名。治莒縣。　莒：縣名。

治所在今山東莒縣。

［7］【顔注】師古曰：莽之高祖名遂字伯紀，曾祖名賀字翁孺，故謂之伯王、孺王。【今注】伯王：王莽高祖，名遂，字伯紀，田安之孫。　濟南：王國名。本爲齊國博陽郡，後遷治濟水之南東平陵，因而改名濟南郡。　東平陵：縣名。治所在今山東濟南市章丘區西北。　孺王：王莽曾祖，名賀，字翁孺。事見本書卷九八《元后傳》。　魏郡：治鄴縣（今河北臨漳縣西南鄴鎮）。　元城：縣名。治沙鹿旁（今河北大名縣東）。

［8］【今注】祫（xiá）：集合遠近祖先的神主於太祖廟大合祭。　太廟：帝王祭祀祖先的廟宇。

以漢高廟爲文祖廟。[1]莽曰："予之皇始祖考虞帝受嬗于唐，[2]漢氏初祖唐帝，世有傳國之象，[3]予復親受金策於漢高皇帝之靈。惟思褒厚前代，何有忘時？漢氏祖宗有七，[4]以禮立廟于定安國。其園寢廟在京師者，勿罷，祠薦如故。予以秋九月親入漢氏高、元、成、平之廟。諸劉更屬籍京兆大尹，[5]勿解其復，各終厥身，[6]州牧數存問，勿令有侵冤。"

［1］【顔注】師古曰：欲法舜受終於文祖。【今注】高廟：即高祖廟，又稱"太祖廟"，是祭祀開國皇帝劉邦的宗廟。西漢新帝即位，須拜謁高祖廟，以宣示自己的合法性和正統性。霍光廢昌邑王時，即曾以"未見命高廟"爲由。惠帝時始設，地方諸郡國皆立。據《三輔黄圖》，京師高廟在長安城安門街東（參見劉慶柱、李毓芳《關於西漢帝陵形制諸問題探討》，《考古與文物》1985年第5期）。

［2］【顔注】師古曰：嬗，古"禪"字。

［3］【顔注】師古曰：堯傳舜，漢傳莽，自以舜後，故言有傳國之象。

［4］【顔注】蘇林曰：漢本祀祖宗有四，莽以元帝、成帝、平帝爲宗，故有七。【今注】案，祖宗，殿本作“宗祖”。

［5］【今注】諸劉更屬籍京兆大尹：王先謙《漢書補注》指出，此因新莽代劉之後，諸劉不隸於宗正。

［6］【顔注】師古曰：復，音方目反。

又曰：“予前在大麓，至于攝假，[1]深惟漢氏三七之阸，赤德氣盡，思索廣求，[2]所以輔劉延期之術，靡所不用。以故作金刀之利，幾以濟之。[3]然自孔子作《春秋》以爲後王法，[4]至于哀之十四而一代畢，協之於今，亦哀之十四也。[5]赤世計盡，終不可强濟。[6]皇天明威，黄德當興，[7]隆顯大命，屬予以天下。[8]今百姓咸言皇天革漢而立新，[9]廢劉而興王。夫‘劉’之爲字‘卯’‘金’‘刀’也，正月剛卯，金刀之利，皆不得行。[10]博謀卿士，僉曰天人同應，昭然著明。其去剛卯莫以爲佩，除刀錢勿以爲利，承順天心，快百姓意。”乃更作小錢，徑六分，重一銖，文曰“小錢直一”，與前“大錢五十”者爲二品，並行。欲防民盜鑄，乃禁不得挾銅炭。

［1］【顔注】師古曰：大麓者，謂爲大司馬、宰衡時，妄引“舜納于大麓，烈風雷雨不迷”也。攝假，謂初爲攝皇帝，又爲假皇帝。【今注】案，《尚書·堯典》稱舜“納于大麓，烈風雷雨弗迷”。孔安國釋此句云：“麓，録也。納舜使大録萬機之政，陰陽和，風雨時，各以其節，不有迷錯愆伏。明舜之德合於天。”是以

王莽以“大麓”代指其輔政，有自比舜帝之意。

［2］【顔注】師古曰：索亦求也，音山客反（客，殿本作“各”）。

［3］【顔注】師古曰：“幾”讀曰“冀”。

［4］【今注】春秋：書名。編年體史書。以魯國歷史爲主，按魯十二國君爲序。記事起魯隱公元年（前722），至魯哀公十四年（前481），載凡朝聘、會盟、戰争等事。漢代列爲儒家經典之一。春秋本經極簡，故而後儒對其進行了大幅解釋，即傳。漢代有公羊、穀梁、左氏三傳。

［5］【顔注】張晏曰：漢哀帝即位六年，平帝五年，居攝三年，凡十四年。

［6］【今注】案，强，蔡琪本作“彊”。

［7］【今注】案，王莽采五德相生之説，以漢代爲火德尚赤，自命土德尚黄，故有此説。

［8］【顔注】師古曰：屬，之欲反（蔡琪本、大德本、殿本“之”前有“音”字）。

［9］【顔注】師古曰：革，改也。

［10］【顔注】服虔曰：剛卯，以正月卯日作佩之，長三寸，廣一寸，四方，或用玉，或用金，或用桃，著革帶佩之。今有玉在者，銘其一面（面，蔡琪本作“而”），曰“正月剛卯”。金刀，莽所鑄之錢也。晋灼曰：剛卯長一寸，廣五分，四方。當中央從穿作孔，以采絲茸其底，如冠纓頭蕤。刻其上面，作兩行書，文曰“正月剛卯既央，靈殳四方，赤青白黄，四色是當。帝令祝融，以教夔、龍，庶疫剛癉，莫我敢當”。其一銘曰“疾日嚴卯，帝令夔化，順爾固伏，化兹靈殳。既正既直，既觚既方，庶疫剛癉，莫我敢當”。師古曰：今往往有土中得玉剛卯者，案大小及文，服説是也。莽以“劉”字上有“卯”，下有“金”，旁又有“刀”，故禁剛卯及金刀也。

四月，[1]徐鄉侯劉快結黨數千人起兵於其國。[2]快兄殷，故漢膠東王，[3]時改爲扶崇公。快舉兵攻即墨，殷閉城門，自繫獄。吏民距快，快敗走，至長廣死。[4]莽曰："昔予之祖濟南愍王困於燕寇，[5]自齊臨淄出保于莒。宗人田單廣設奇謀，[6]獲殺燕將，復定齊國。今即墨士大夫復同心殄滅反虜，予甚嘉其忠者，憐其無辜。其赦殷等，非快之妻子它親屬當坐者皆勿治。弔問死傷，賜亡者葬錢，人五萬。殷知大命，深疾惡快，以故輒伏厥辜。其滿殷國户萬，地方百里。"又封符命臣十餘人。

［1］【今注】案，蔡琪本、大德本、殿本作"四月"前有"是歲"二字。

［2］【顔注】師古曰：快，膠東恭王子也。而《王子侯表》作"炔"，字從火，與此不同，疑表誤（誤，蔡琪本作"設"）。【今注】徐鄉：侯國名。治所在今山東龍口市西北。成帝元延二年（前11）封膠東共王子劉炔爲徐鄉侯。

［3］【今注】膠東：諸侯王國名。治即墨（今山東平度市東南）。

［4］【今注】長廣：縣名。治所在今山東萊陽市東。

［5］【今注】濟南愍王：此指齊愍王，戰國時齊國君主。其父齊宣王曾攻滅燕國，燕國復國後，燕昭王圖謀復仇。齊愍王時，吞併宋國，引發其他諸侯國之恐懼。燕國乃聯合秦、韓、趙、魏，共五國伐齊，攻破齊都臨淄，連下七十二城，齊愍王敗死。

［6］【今注】田單：戰國時期名將，齊國遠房宗室。五國攻齊時，田單堅守即墨。除燕國之外，其餘四國退兵。燕惠王即位，中田單反間計，免樂毅，改用騎劫爲將。田單用火牛計擊殺騎劫，乃

北進收復齊國故地，受封爲安平君。案，劉快亦在即墨被擊敗，故王莽引此典故。

莽曰："古者，設廬井八家，一夫一婦田百畝，什一而税，則國給民富而頌聲作。[1]此唐虞之道，三代所遵行也。[2]秦爲無道，厚賦税以自供奉，罷民力以極欲，[3]壞聖制，廢井田，[4]是以兼并起，貪鄙生，强者規田以千數，[5]弱者曾無立錐之居。又置奴婢之市，與牛馬同蘭，[6]制於民臣，顓斷其命。姦虐之人因緣爲利，至略賣人妻子，[7]逆天心，誖人倫，[8]繆於'天地之性人爲貴'之義。[9]《書》曰'予則奴戮女'，[10]唯不用命者，然後被此辜矣。[11]漢氏減輕田租，三十而税一，常有更賦，罷癃咸出，[12]而豪民侵陵，分田劫假。厥名三十税一，實什税五也。[13]父子夫婦終年耕芸，[14]所得不足以自存。故富者犬馬餘菽粟，[15]驕而爲邪；貧者不厭糟糠，窮而爲姦。[16]俱陷于辜，刑用不錯。[17]予前在大麓，始令天下公田口井，[18]時則有嘉禾之祥，遭反虜逆賊且止。今更名天下田曰'王田'，奴婢曰'私屬'，皆不得賣買。其男口不盈八，而田過一井者，分餘田予九族鄰里鄉黨。故無田，今當受田者，如制度。敢有非井田聖制，無法惑衆者，投諸四裔，以禦魑魅，[19]如皇始祖考虞帝故事。"[20]

[1]【顔注】師古曰：給，足也。

[2]【今注】三代：夏、商、周。

[3]【顔注】師古曰："罷"讀曰"疲"。

［4］【今注】井田：相傳殷、周時代的一種土地制度。因將土地劃作“井”字形，故名。“井田”一詞，最早見於《穀梁傳》宣公十五年：“古者三百步爲里，名曰井田。”《孟子·滕文公上》：“方里而井，井九百畝，其中爲公田。八家皆私百畝，同養公田。公事畢，然後敢治私事。”近代以來，關於井田制有無，聚訟紛紜。言有者，認爲是土地公有制向私有制過渡的一種土地所有制形態；言無者，認爲井田衹是一種理想（參見朱執信、胡漢民、吕思勉、胡適等《井田制度有無之研究》，上海華通書局 1930 年版；孫筱《井田制與溝洫制》，《心齋問學集》，團結出版社 1993 年版；曹毓英《井田制研究》，華中師範大學出版社 2005 年版；周新芳《近年來井田制研究的趨向與特點》，《江西社會科學》2002 年第 4 期）。

［5］【今注】案，强，蔡琪本作“彊”。

［6］【顔注】師古曰：蘭，謂遮蘭之，若牛馬蘭圈也。【今注】蘭：王先謙《漢書補注》認爲，此爲“闌”的借字。

［7］【今注】略：沈欽韓《漢書疏證》指出，《方言》云：“就室曰搜，於道曰略。略，强取。”《左傳》襄公四年杜預注云：“不以道取爲略。”

［8］【顔注】師古曰：誖，亂也。誖，音布内反。

［9］【顔注】師古曰：《孝經》稱孔子曰“天地之性人爲貴”，故引之。性，生也。

［10］【顔注】師古曰：《夏書·甘誓》之辭也。奴戮，戮之以爲奴也。説《書》者以爲帑（帑，蔡琪本、大德本、殿本作“孥”），子也，戮及妻子。此説非也。《泰誓》云“囚奴正士”（泰，殿本作“秦”），豈及子之謂乎？“女”讀曰“汝”。【今注】案，奴，蔡琪本、殿本作“孥”。

［11］【今注】案，辜，大德本、殿本作“辠”。

［12］【顔注】師古曰：更，音工衡反。罷，音“疲”。癃，音“隆”。

［13］【顔注】師古曰：解並在《食貨志》。【今注】案，什，蔡琪本作“十”。

［14］【顔注】師古曰：“芸”字與“耘”同。

［15］【今注】菽：豆子的總稱。菽爲五穀之一，在秦漢時期是重要的主食。　粟：穀子，去殼後即小米。粟亦是五穀之一，起源於中國，從史前時代便成爲中國人最重要的主食，直至東晉南朝以後，其地位方被稻米與小麥逐漸取代（參見劉興林《先秦兩漢農作物分布組合的考古學研究》，《考古學報》2016年第4期）。

［16］【顔注】師古曰：厭，飽也。

［17］【顔注】師古曰：錯，置也，音千故反。

［18］【顔注】師古曰：計口而爲井田。

［19］【顔注】師古曰：魑，山神也。魅，老物精也。魑，音“螭”。魅，音“媚”。【今注】裔：王先謙《漢書補注》指出，《左傳》文公十八年杜預注釋“裔”爲“邊”。

［20］【今注】案，據《尚書·堯典》記載，舜“流共工于幽洲，放驩兜于崇山，竄三苗于三危，殛鯀于羽山，四罪而天下咸服”。故王莽有此語。

是時百姓便安漢五銖錢，[1]以莽錢大小兩行難知，又數變改不信，皆私以五銖錢市買。訛言大錢當罷，莫肯挾。莽患之，復下書：“諸挾五銖錢，言大錢當罷者，比非井田制，[2]投四裔。”於是農商失業，食貨俱廢，民人至涕泣於市道。及坐賣買田宅奴婢，鑄錢，自諸侯卿大夫至于庶民，抵罪者不可勝數。

［1］【今注】五銖錢：漢代銅錢名。武帝元狩五年（前118），因三銖錢太輕，改鑄五銖錢。重五銖，上有“五銖”二字。一銖爲一兩的二十四分之一。古代以十六兩爲一斤。此制爲後世沿襲，直

至隋代。

[2]【今注】非：王先謙《漢書補注》認爲，此處“非”通“誹”。

秋，遣五威將王奇等十二人班符命四十二篇於天下。[1]德祥五事，符命二十五，福應十二，凡四十二篇。其德祥言文、宣之世黄龍見于成紀、新都，[2]高祖考王伯墓門梓柱生枝葉之屬。[3]符命言井石、金匱之屬。福應言雌雞化爲雄之屬。其文爾雅依託，皆爲作說，[4]大歸言莽當代漢有天下云。[5]總而説之曰："帝王受命，必有德祥之符瑞，協成五命，申以福應，[6]然後能立巍巍之功，傳于子孫，永享無窮之祚。故新室之興也，德祥發於漢三七九世之後。[7]肇命於新都，受瑞於黄支，[8]開王於武功，[9]定命於子同，[10]成命於巴宕，[11]申福於十二應，天所以保祐新室者深矣，[12]固矣！武功丹石出於漢氏平帝末年，火德銷盡，土德當代，皇天眷然，去漢與新，以丹石始命於皇帝。皇帝謙讓，以攝居之，未當天意，故其秋七月，天重以三能文馬。[13]皇帝復謙讓，未即位，故三以鐵契，四以石龜，五以虞符，六以文圭，七以玄印，八以茂陵石書，[14]九以玄龍石，十以神井，十一以大神石，十二以銅符帛圖。申命之瑞，寖以顯著，[15]至于十二，以昭告新皇帝。皇帝深惟上天之威不可不畏，故去攝號，猶尚稱假，改元爲初始，欲以承塞天命，克厭上帝之心。[16]然非皇天所以鄭重降符命之意。[17]故是日天復決其以勉書。[18]又侍郎王盱見人衣白布單衣，赤繢方領，[19]冠小冠，立于王路殿前，謂盱曰：‘今日天同色，以天下人民屬皇帝。’[20]盱怪之，行十餘步，人忽不見。至丙寅暮，漢氏高廟有金匱圖策：‘高帝承天命，以國傳新皇帝。’明旦，宗伯忠孝侯劉宏以聞，[21]乃召公卿議，未決，而大神石人談曰：‘趣新皇帝之高廟受命，毋留！’[22]於是新皇帝立登車，之漢氏高廟受命。受命之日，丁卯也。丁，火，漢氏之德也。[23]卯，劉姓所以爲字也。明漢劉火德盡，而傳於新室也。皇帝謙謙，既備固讓，十二符應迫著，命不可辭，[24]懼然祗畏，葦然閔漢氏之終不可濟，[25]亹亹在左右之不得從意，[26]爲之三夜不御寢，三日不御食，延問公侯卿大夫，僉曰：‘宜奉如上天威命。’於是乃改元定號，海内更始。[27]新室既定，神祇懽喜，申以福應，吉瑞累仍。[28]《詩》曰：‘宜民宜人，受禄于天；保右命之，自天申之。’[29]此之謂也。”五威將奉符命，齎印綬，王侯以下及吏官名更者，[30]外及匈奴、西域，徼外蠻夷，皆即授新室印綬，因收故漢印綬。賜吏爵人二級，民爵人一級，[31]女子百户羊酒，[32]蠻夷幣帛各有差。大赦天下。

[1]【今注】案，《漢書考證》齊召南指出，五威將十二人，各又帥五人，故下文云“五威將帥七十二人還奏事”。

[2]【今注】案，沈欽韓《漢書疏證》指出，據本書卷四《文紀》，文帝十五年（前165），黄龍於成紀出現。卷八《宣紀》黄龍元年（前49）未有見龍的記載，師古引《漢注》，稱此年二月，黄龍見於廣漢郡。本書《地理志》記載廣漢郡有新都縣，則當即莽所

指新都。　成紀：縣名。屬天水，治所在今甘肅静寧縣西南（一說在今甘肅秦安縣北）。

［3］【今注】案，王先謙《漢書補注》認爲，“王伯”當作“伯王”。

［4］【顏注】師古曰：爾雅，近正也。謂近於正經，依古義而爲之説。

［5］【今注】案，王先謙《漢書補注》引王先慎謂四十二篇書不傳，然《五行志》中載其自説德祥之事，不過比附時事，歸美於己而已。

［6］【顏注】師古曰：五命，謂五行之次，相承以受命也。申，重也。

［7］【顏注】蘇林曰：二百一十歲，九天子也。【今注】九世：何焯《義門讀書記》卷二〇指出，孝惠、孝文爲一世，哀、平爲一世，共九世。非蘇注所謂“九天子”。

［8］【顏注】孟康曰：獻生犀。【今注】黄支：國名。位於今南印度東海岸的康契普臘姆（Conjervaram）。

［9］【今注】開王於武功：漢平帝元始五年（5）十二月，武功長上言浚井得白石，其上有文云“告安漢公莽爲皇帝”，故王莽有此言。武功，縣名。治所在今陝西眉縣東。

［10］【顏注】孟康曰：梓潼縣也，莽改也。

［11］【顏注】晉灼曰：巴郡宕渠縣也。【今注】巴：郡名。治江州（今重慶市北嘉陵江北岸）。　宕：宕渠，縣名。治所在今四川渠縣東北。

［12］【今注】案，祐，大德本、殿本作“佑”。

［13］【顏注】服虔曰：三台星也。晉灼曰：許慎説，文馬縞身金精，周成王時犬戎獻之。師古曰：能，音“台”。

［14］【今注】茂陵：漢武帝陵園。

［15］【顏注】師古曰：瀀（瀀，殿本作“瀀”），漸也。

［16］【顔注】師古曰：塞，當也。厭，滿也。

［17］【顔注】師古曰：鄭重猶言頻煩也。重，音直用反。

［18］【顔注】孟康曰：哀章所作策書也。言數有瑞應，莽自謙居攝，天復決其疑，勸勉令爲真也。晉灼曰："勉"字當爲"鼂"。是日自復有鼂書及天下金匱圖策事也。師古曰：孟説是。【今注】案，蔡琪本、殿本作"以"前有"所"字。

［19］【顔注】師古曰：繢者，會五采也。以布爲單衣，以赤加繢爲其方領也。盱，音許于反。繢，胡内反（蔡琪本、大德本"胡"前有"音"字）。【今注】赤繢方領：王先謙《漢書補注》引王引之説，指出正文既明言"赤繢"，則非顔師古所言"五采"。赤繢方領，指以赤色之組爲方領。

［20］【顔注】師古曰：同色者，言五方天神共齊其謀，同其顔色也。字或作"包"。包者，言天總包括天下人衆，而與莽也。其義兩通。屬，委也，音之欲反。

［21］【今注】宗伯：莽更宗正爲宗伯。秦置，一説西周至戰國皆置，秦、漢沿置，管理皇族外戚事務。例由宗室擔任。列卿之一，秩中二千石。

［22］【顔注】師古曰："趣"讀曰"促"。

［23］【今注】案，依據五行學説，天干與五行的配對爲甲乙配木，丙丁配火，戊己配土，庚辛配金，壬癸配水。

［24］【顔注】師古曰：迫，促也。著，明也。

［25］【顔注】師古曰：懼，音"瞿"。瞿然，自失之意也。葦然，變動之貌也。瞿，音居具反。

［26］【顔注】師古曰：亹亹，自勉之意。左右，助也。言欲助漢室而迫天命，不得從其本意也。"左右"音曰"佐佑"也。【今注】案，王先謙《漢書補注》指出，"左右"既然相當於"佐佑"，則不當云"在左右"。"在"字疑爲傳寫加之。顔師古音"佐佑"，其所見本當無"在"字。

［27］【今注】案，王先謙《漢書補注》認爲，“海内”上疑有“與”字。

［28］【顔注】師古曰：申，重也。仍，頻也。

［29］【顔注】師古曰：《大雅·假樂》之詩也。言有功德宜於衆人者，則受天之福禄。天乃保安而佑助之，命以邦國也。申，謂重其意也。“右”讀曰“佑”。

［30］【顔注】師古曰：更，改也。

［31］【今注】爵：漢代承秦行二十等爵制，以示身份，具體爵名參見本書《百官公卿表上》。由於和平時期賜爵輕濫，至漢末三國，吏民已普遍具有民爵的最高等級——公乘，此爵制已名存實亡（參見凌文超《漢初爵制結構的演變與官、民爵的形成》，《中國史研究》2012年第1期）。

［32］【今注】女子：“女子”之解釋，分歧較大。顔師古認爲指的是賜爵者之妻，《後漢書》卷三《章紀》李賢注認爲指的是以女子爲户主的家庭，西嶋定生則認爲包括所有女子（［日］西嶋定生：《中國古代帝國的形成與結構——二十等爵制研究》第四章第三節《關於“女子百户牛酒”》，中華書局2004年版）。　百户羊酒：漢代有賜牛酒之制，王莽改爲羊酒，當是因其追求禮制形式之故。牛酒，牛和酒。古代用作饋贈、宴請、祭祀的物品。“百户”指的是漢廷賞賜民間牛酒的標準。《史記·封禪書》云：“賜民百户牛一，酒十石。”此處賜羊酒當亦相類。因賜牛酒往往與賜爵、賜酺並行，因而有觀點認爲，牛酒是用於賜爵之後的酒禮之會，其用意在於通過坐席的序列確立爵位地位（參見［日］西嶋定生《中國古代帝國的形成與結構——二十等爵制研究》第四章第三節《關於“女子百户牛酒”》；郭俊然《漢代賜牛酒現象探析》，《北方論叢》2016年第6期）。

五威將乘乾文車，[1]駕坤六馬，[2]背負鷩鳥之毛，服飾甚偉。[3]每一將各置左右前後中帥，凡五帥。衣冠車服駕馬，各如其方面色數。[4]將持節，稱太一之使；[5]帥持幢，稱五帝之使。莽命曰：[6]“普天之下，迄于四表，[7]靡所不至。”其東出者，至玄菟、樂浪、高句驪、夫餘；[8]南出者，隃徼外，歷益州，[9]貶句町王爲侯；[10]西出者，至西域，盡改其王爲侯；北出者，至匈奴庭，授單于印，改漢印文，去“璽”曰“章”。單于欲求故印，陳饒椎破之，語在《匈奴傳》。單于大怒，而句町、西域後卒以此皆畔。[11]饒還，拜爲大將軍，封威德子。

[1]【顔注】鄭氏曰：畫天文象於車也。

[2]【顔注】鄭氏曰：坤爲牝馬。六，地數。

[3]【顔注】師古曰：鷩鳥，雉屬，即鵔鸃也。今俗呼之山雞，非也。鷩，音“鼈”。

[4]【顔注】師古曰：色者，東方青，南方赤也。數者，若木數三，火數二之類也。

[5]【今注】太一：其起源或來自數術崇拜，亦即《老子》“一生二”中的“一”。但戰國中晚期以來，這一名詞已逐漸人格化。至漢武帝封禪時，“天神貴者太一，太一佐曰五帝”的説法更得到官方認可，太一遂成爲凌駕於五帝之上的至上神（參見錢寶琮《太一考》，載於《錢寶琮科學史論文選集》，科學出版社 1983 年版）。

[6]【今注】案，大德本“命”前有“策”字。

[7]【顔注】師古曰：迄亦至也（大德本無“亦”字）。

[8]【顔注】師古曰：夫餘，亦東北夷也。樂，音“洛”。浪，音“郎”。夫，音“扶”。【今注】玄菟：郡名。治所在沃沮

縣，其地一般認爲在今朝鮮咸鏡南道咸興，另有今朝鮮境内和遼寧省内的幾種異説。後在昭帝元鳳六年（前 75），遷玄菟郡至遼東，其郡治具體地址仍有若干異説，一般均指在今遼寧省内，也有幾種異説認爲在吉林省内（參見趙紅梅《玄菟郡研究》，博士學位論文，東北師範大學，2006 年）。　樂浪：郡名。治所一般認爲在朝鮮縣（今朝鮮平壤市）。案，樂浪郡持續時間最長，關於其郡治争議相對較少，大部分中國學者都認爲其郡治在今朝鮮大同江流域。　高句驪：古民族名。相傳爲夫餘别種。漢代分布於今鴨緑江及其支流渾江流域。漢武帝時以其地爲高句驪縣，屬玄菟郡。　夫餘：東北古族名。亦作“扶餘”。活動在今松花江中游平原一帶。大約在公元前 2 世紀建立起政權。

［9］【顔注】師古曰："隃"字與"踰"同。【今注】益州：漢武帝所置十三刺史部之一，監察武都、漢中、廣漢、蜀郡、巴郡、犍爲、益州、牂柯等郡國，其地相當於今貴州除東部以外地區；雲南哀牢山、怒江，四川折多山以東；甘肅隴南市武都區、兩當縣、陝西秦嶺以南；及湖北十堰市鄖陽區、保康縣等地。

［10］【今注】句町：又作“鉤町”。縣名。治所在今雲南廣南縣西北。

［11］【今注】畔：同“叛”。叛亂。

冬，靁，[1] 桐華。[2]

［1］【顔注】師古曰：古"雷"字。

［2］【今注】桐華：桐樹開花。

置五威司命，中城四關將軍。司命司上公以下，中城主十二城門。策命統睦侯陳崇曰："咨爾崇。夫不用命者，亂之原也；大姦猾者，賊之本也；鑄僞金錢者，妨寶貨之道也；驕奢踰制者，兇害之端也；漏泄省中及尚書事者，[1]‘機事不密則害成’也；[2]拜爵王庭，謝恩私門者，禄去公室，[3]政從亡矣：[4]凡此六條，國之綱紀。是用建爾作司命，[5]‘柔亦不茹，剛亦不吐，不侮鰥寡，不畏强圉’，[6]帝命帥繇，統睦于朝。”[7]命説符侯崔發曰：“‘重門擊㯓，以待暴客。’[8]女作五威中城將軍，[9]中德既成，天下説符。”[10]命明威侯王級曰：“繞霤之固，南當荆楚。[11]女作五威前關將軍，振武奮衛，明威于前。”命尉睦侯王嘉曰：“羊頭之阸，北當燕趙。[12]女作五威後關將軍，壺口捶扼，尉睦于後。”[13]命堂威侯王奇曰：[14]“肴黽之險，東當鄭衛。[15]女作五威左關將軍，函谷批難，掌威于左。”[16]命懷羌子王福曰：“汧隴之阻，西當戎狄。[17]女作五威右關將軍，成固據守，[18]懷羌于右。”[19]

[1]【今注】漏泄省中：即“漏泄省中語”，指泄漏宫禁内應當保密的言論信息，特别是和皇帝相關者。依照漢律，漏泄省中語屬大罪，當重治（詳參黨超《兩漢“漏泄省中語”考論》，《史學月刊》2016年第12期）。省中，指皇帝居處的宫禁之地。

[2]【顔注】師古曰：《易·上繫》之辭曰“君不密則失臣，臣不密則失身，機事不密則害成”，故引之。

[3]【今注】禄去公室：《論語·季氏》載孔子語云：“禄之去公室，五世矣；政逮於大夫四世矣；故夫三桓之子孫，微矣。”

[4]【今注】案，何焯《義門讀書記》卷二〇指出，莽深畏備其下，故有此第六條。

[5]【今注】作司命：錢大昭《漢書辨疑》指出，“司命”上疑脱“五威”二字。周壽昌《漢書注校補》指出，陳崇本官司直，

此復作司命，即新置之五威司命也。

［6］【顔注】師古曰：引《詩·大雅》美仲山甫之辭，其義並解於上。【今注】案，强，蔡琪本作“彊”。

［7］【顔注】師古曰：帥，循也。“繇”讀與“由”同。

［8］【顔注】師古曰：《易·下繫》之辭也。擊柝，謂擊木以守夜也。暴客，謂姦暴之人來爲寇害者也。柝，音他各反。

［9］【顔注】師古曰：“女”讀曰“汝”。其下並同。

［10］【顔注】師古曰：“説”音“悦”。

［11］【顔注】服虔曰：隘險之道。師古曰：謂之繞霤者，言四面塞阸，其道屈曲，谿谷之水，回繞而霤也。其處即今商州界七盤十二繞是也。霤，力救反（蔡琪本、大德本、殿本“力”前有“音”字）。【今注】案，當，殿本作“常”。

［12］【顔注】師古曰：羊頭，山名，在上黨壺關縣。【今注】羊頭：羊頭山，在今山西沁源縣東北。

［13］【顔注】師古曰：壺口亦山名也。捶阸（阸，大德本、殿本作“扼”），謂據險阸而捶擊也。捶，音之蘂反。【今注】壺口：關名。即壺關，在今山西長治市東南，山勢形如壺口，故得名。　案，棰，蔡琪本、大德本、殿本作“捶”。

［14］【今注】堂威：大德本作“掌威”。王念孫《讀書雜志·漢書第十五》指出，下文即作“掌威”，當以“掌威”爲是。隸書“掌”與“堂”相似，當因此而誤。

［15］【顔注】師古曰：肴，肴山也。黽，黽池也。皆在陝縣之東。黽，音莫善反。【今注】肴：同“崤”。崤山。又稱“嶔崟山”。以古崤縣得名。在今河南洛寧縣西北。　黽（miǎn）：黽池，又作“澠池”。縣名。治所在今河南澠池縣西。戰國時先屬鄭國，後屬韓，復歸秦。

［16］【顔注】師古曰：批，謂糾閉之也。函谷故關，今在桃林縣界。批，音步結反。【今注】函谷：關名。本在今河南靈寶市

境。戰國秦置。漢武帝元鼎三年（前114）徙關至今河南新安縣東，是爲新關，西去故關三百里。三國魏正始元年（240）廢。

[17]【顔注】師古曰：汧，扶風汧縣，有吴山、汧水之阻。隴，謂隴阺也。汧隴相連。汧，音苦堅反。阺，丁禮反。【今注】汧：一作“汧川”。即今陝西西部渭河支流千河。流經汧縣，治所在今陝西隴縣東南。

[18]【今注】成固：縣名。治所在今陝西城固縣東。

[19]【今注】羌：西北古族名。西漢主要分布在今青藏高原邊緣的青海、甘肅及四川等地，以游牧爲主業，兼務農作。部族衆多，不相統屬。

又遣諫大夫五十人分鑄錢於郡國。

是歲長安狂女子碧呼道中[1]曰：“高皇帝大怒，趣歸我國。不者，九月必殺汝！”[2]莽收捕殺之。治者掌寇大夫陳成自免去官。[3]真定劉都等謀舉兵，[4]發覺，皆誅。真定、常山大雨雹。[5]

[1]【顔注】師古曰：碧者，女子名也。呼，叫也（叫，大德本作“吅”），音火故反。

[2]【顔注】師古曰：“趣”讀曰“促”。

[3]【顔注】師古曰：狂妄之（蔡琪本、大德本、殿本“之”後有“人”字），職在掌寇，故云治者。

[4]【今注】真定：諸侯王國名。治真定（今河北正定縣南）。

[5]【顔注】師古曰：雨，音于具反。【今注】常山：郡名、諸侯王國名。治元氏（今河北元氏縣西北）。

二年二月，赦天下。

五威將帥七十二人還奏事，漢諸侯王爲公者，悉上璽綬爲民，無違命者。封將爲子，帥爲男。

初設六筦之令。[1]命縣官酤酒，賣鹽鐵器，鑄錢，諸采取名山大澤衆物者税之。又令市官收賤賣貴，賒貸予民，收息百月三。[2]犧和置酒士，郡一人，乘傳督酒利。[3]禁民不得挾弩鎧，徙西海。[4]

［1］【顔注】師古曰："筦"亦"管"字也。管，主也（蔡琪本、殿本此句後有"韋昭曰謂禁地面猶開一路以專之如筦者"一句）。

［2］【顔注】如淳曰：出百錢與民用，月收其息三錢也。師古曰：貸，音吐戴反。

［3］【顔注】師古曰：督，視察之（視察，殿本作"察視"）。傳，音張戀反。

［4］【今注】徙西海：王先謙《漢書補注》指出，《資治通鑑》卷三七《漢紀》王莽始建國二年作"犯者徙西海"。據此，王氏疑此處有脱字。西海，王莽欲粉飾太平，乃使人以金幣誘羌人獻鮮水海、允谷鹽池等地，王莽以之設西海郡。"西海"所指，即鮮水海，亦即今之青海湖。今青海海晏縣三角城遺址當即西海郡之治所。

匈奴單于求故璽，莽不與，遂寇邊郡，殺略吏民。

十一月，立國將軍建奏："西域將欽上言，[1]九月辛巳，戊己校尉史陳良、終帶共賊殺校尉刁護，[2]劫略吏士，自稱廢漢大將軍，[3]亡入匈奴。又今月癸酉，不知何一男子遮臣建車前，[4]自稱：'漢氏劉子輿，[5]成帝下妻子也。[6]劉氏當復，[7]趣空宮。'[8]收繫男子，即常安姓武字仲。皆逆天違命，大逆無道。請論仲及陳良等親屬當坐者。奏可。[9]漢氏高皇帝比箸戒云，罷吏卒，爲賓食，[10]誠欲承天心，全子孫也。其宗廟不當在常安城中，及諸劉爲諸侯者當與漢俱廢。陛下至仁，久未定。前故安衆侯劉崇、徐鄉侯劉快、[11]陵鄉侯劉曾、[12]扶恩侯劉貴等[13]更聚衆謀反。[14]今狂狡之虜或妄自稱亡漢將軍，或稱成帝子子輿，至犯夷滅，連未止者，此聖恩不蚤絶其萌牙故也。臣愚以爲漢高皇帝爲新室賓，享食明堂。成帝，異姓之兄弟；平帝，壻也；皆不宜復入其廟。元帝與皇太后爲體，[15]聖恩所隆，禮亦宜之。臣請漢氏諸廟在京師者皆罷。諸劉爲諸侯者，以户多少就五等之差；其爲吏者皆罷，待除於家。[16]上當天心，稱高皇帝神靈，[17]塞狂狡之萌。"莽曰："可。嘉新公國師以符命爲予四輔，明德侯劉龔、率禮侯劉嘉等凡三十二人皆知天命，或獻天符，或貢昌言，[18]或捕告反虜，厥功茂焉。諸劉與三十二人同宗共祖者勿罷，賜姓曰王。"唯國師以女配莽子，故不賜姓。改定安太后號曰黄皇室主，絶之於漢也。

[1]【顔注】師古曰：但欽也。

[2]【顔注】師古曰：刁，音"貂"。

[3]【今注】廢漢大將軍：王先謙《漢書補注》引顧炎武説，認爲陳良等實自稱漢大將軍，新莽文書改稱其"廢漢"而已。下文"亡漢將軍"與此相同。

[4]【今注】不知何：王先謙《漢書補注》指出，此意謂"不知何處"。言"何"，是爲省文。漢鐃歌"艾而張羅夷於何"，其意亦爲"夷於何所"。

［5］【今注】劉子輿：關於成帝子“劉子輿”的傳説在當時頗爲流行。新莽覆滅後，亦曾有王郎宣稱爲成帝子劉子輿，起兵於邯鄲，一度令出使河北的劉秀陷入困窘。

［6］【顔注】師古曰：下妻猶言小妻（蔡琪本、殿本句末有“也”字）。【今注】下妻：王先謙《漢書補注》引洪頤煊説，小妻爲妾，下妻非小妻。

［7］【顔注】師古曰：復，音扶福反。

［8］【顔注】師古曰：“趣”讀曰“促”。

［9］【今注】案，王先謙《漢書補注》指出，意爲可孫建所奏。此下當更有“又奏”二字。

［10］【顔注】師古曰：比，頻也。言高帝頻戒云，勿使吏卒守漢廟，欲爲寄食之賓於王氏廟中。【今注】案，箸，蔡琪本、殿本作“著”。

［11］【顔注】師古曰：並解於上。

［12］【顔注】師古曰：楚思王子。

［13］【顔注】師古曰：不知誰子孫。【今注】案，周壽昌《漢書注校補》指出，曾、貴起兵誅莽，不見於本書《王子侯表》，亦未載於傳。

［14］【顔注】師古曰：更，音工衡反。

［15］【顔注】師古曰：夫婦一體也。

［16］【顔注】師古曰：罷黜其職，各使退歸，而言在家待遷除。

［17］【顔注】師古曰：稱，音尺孕反。

［18］【顔注】師古曰：昌，當也（當，大德本作“富”，殿本作“善”）。

冬十二月，雷。

更名匈奴單于曰降奴服于。莽曰：“降奴服于知[1]

威侮五行，[2]背畔四條，[3]侵犯西域，延及邊垂，爲元元害，辠當夷滅。命遣立國將軍孫建等凡十二將，十道並出，共行皇天之威，罰于知之身。[4]惟知先祖故呼韓邪單于稽侯狦[5]累世忠孝，保塞守徼，不忍以一知之罪，滅稽侯狦之世。今分匈奴國土人民以爲十五，立稽侯狦子孫十五人爲單于。遣中郎將藺苞、戴級馳之塞下，[6]召拜當爲單于者。諸匈奴人當坐虜知之法者，皆赦除之。"遣五威將軍苗訢、虎賁將軍王況出五原，[7]厭難將軍陳欽、震狄將軍王巡出雲中，[8]振武將軍王嘉、平狄將軍王萌出代郡，[9]相威將軍李棽、鎮遠將軍李翁出西河，[10]誅貉將軍陽俊、討穢將軍嚴尤出漁陽，[11]奮武將軍王駿、定胡將軍王晏出張掖，及偏裨以下百八十人。[12]募天下囚徒、丁男、甲卒三十萬人，轉衆郡委輸五大夫衣裘、兵器、糧食，長吏送自負海江淮至北邊，[13]使者馳傳督趣，[14]以軍興法從事，[15]天下騷動。先至者屯邊郡，須畢具乃同時出。

[1]【顔注】師古曰：知者，莽改單于之名也，本名囊知牙斯。

[2]【顔注】師古曰：引《夏書·甘誓》之文。

[3]【顔注】師古曰：四條，莽所與作制者，事在《匈奴傳》。

[4]【顔注】師古曰："共"讀曰"恭"。

[5]【顔注】師古曰：狦，音删，又音先安反（蔡琪本此句後有"韋昭曰狦惡犬健也"一句，殿本有"韋昭曰狦惡健犬也"一句）。【今注】稽侯狦：虚閭權渠單于子，匈奴内亂時被尊爲呼韓

邪單于。因不敵其庶兄郅支單于，乃在宣、元時歸附漢朝，統治匈奴故地。事見本書卷九四《匈奴傳》。

［6］【今注】中郎將：官名。秦、西漢時爲中郎長官，職掌宫禁宿衛，隨行護駕，協助郎中令（光禄勳）考核選拔郎官及從官，亦常奉詔出使，職位清要。後又專設五官、左、右中郎將分領中郎及謁者。西漢昭、宣以來，其職多由外戚及親近官員擔任，加中朝官號。隸郎中令，秩比二千石。

［7］【今注】五原：郡名。治九原（今内蒙古包頭市西北）。

［8］【顔注】師古曰：厭，音一涉反。【今注】雲中：郡名。治雲中（今内蒙古托克托縣古城村）。

［9］【今注】代郡：治代縣（今河北蔚縣東北）。

［10］【顔注】師古曰：棽，音所林反（蔡琪本、殿本此句後有“韋昭曰棽音疏禁反字林曰棽支條棽麗也”一句）。【今注】西河：郡名。治平定（今内蒙古鄂爾多斯市東勝區）。

［11］【今注】嚴尤：人名。王莽時大臣，有謀略，多次勸阻王莽對外用兵，然不爲所用。高句驪反時，曾爲王莽誘殺高句驪侯騶。後任大司馬，因不支持王莽攻打匈奴而被罷免。後在鎮壓緑林軍時被劉縯（光武帝劉秀兄）敗於淯陽，乃與王尋、王邑等合軍攻昆陽，獻策不被采納。昆陽大戰敗後奉劉望爲帝，後爲更始政權所擊殺。　漁陽：郡名。治漁陽（今北京市懷柔區北房鎮梨園莊東）。

［12］【今注】張掖：郡名。治觻得（今甘肅張掖市西北）。

［13］【今注】長吏送：長吏，縣令長、尉、丞以上的地方官。

［14］【今注】馳傳：駕馭驛站車馬疾行。

［14］【顔注】師古曰：傳，音張戀反。趣，音“促”。【今注】以軍興法從事：《資治通鑑》卷三七《漢紀》王莽始建國二年胡三省注云：“言事誅斬也。”

莽以錢幣訖不行，[1] 復下書曰：“民以食爲命，以貨爲資，是以八政以食爲首。寶貨皆重則小用不給，皆輕則僦載煩費，[2]輕重大小各有差品，則用便而民樂。”於是造寶貨五品，[3]語在《食貨志》。百姓不從，但行小大錢二品而已。盜鑄錢者不可禁，迺重其法，一家鑄錢，五家坐之，没入爲奴婢。吏民出入持布錢以副符傳，[4]不持者，厨傳勿舍，關津苛留。[5]公卿皆持以入宫殿門，欲以重而行之。

[1]【顔注】師古曰：訖，竟也。

[2]【顔注】師古曰：僦（蔡琪本作“就”），送也，一曰賃也，音子就反。

[3]【今注】五品：王先謙《漢書補注》指出，五品指錢貨、銀貨、龜貨、貝貨、布貨。

[4]【顔注】師古曰：舊法，行者持符傳，即不稽留。今更令持布錢，與符相副，乃得過也。傳，音張戀反。其下亦同。

[5]【顔注】師古曰：厨，行道飲食處。傳，置驛之舍也。苛，問也，音“何”。【今注】苛：王先謙《漢書補注》引蘇輿指出，“苛”與“何”同音通訓。《周禮·射人》云“不敬者苛罰之”，鄭玄注云：“苛，謂詰問之。”《廣雅·釋詁》亦云：“何，問也。”

是時争爲符命封侯，其不爲者相戲曰：“獨無天帝除書乎？”[1]司令陳崇白莽曰：“此開姦臣作福之路而亂天命，宜絶其原。”莽亦厭之，遂使尚書大夫趙並驗治，非五威將率所班，皆下獄。

[1]【今注】除書：沈欽韓《漢書疏證》指出，唐宋時謂之

"除目"。其循例遷換，亦曰熟除。

初，甄豐、劉歆、王舜爲莽腹心，倡導在位，[1]褒揚功德；"安漢""宰衡"之號及封莽母、兩子、兄子，[2]皆豐等所共謀，而豐、舜、歆亦受其賜，並富貴矣，非復欲令莽居攝也。居攝之萌，出於泉陵侯劉慶、前煇光謝囂、長安令田終術。莽羽翼已成，意欲稱攝。豐等承順其意，莽輒復封舜、歆兩子及豐孫。豐等爵位已盛，心意既滿，又實畏漢宗室、天下豪桀。而疏遠欲進者，並作符命，莽遂據以即真，舜、歆内懼而已。豐素剛强，[3]莽覺其不説，[4]故徙大阿、右拂、大司空豐，託符命文，爲更始將軍，[5]與賣餅兒王盛同列。豐父子默默。時子尋爲侍中京兆大尹茂德侯，即作符命，新室當分陝，立二伯，[6]以豐爲右伯，太傅平晏爲左伯，如周召故事。莽即從之，拜豐爲右伯。當述職西出，未行，尋復作符命，言故漢氏平帝后黄皇室主爲尋之妻。莽以詐立，心疑大臣怨謗，欲震威以懼下，因是發怒曰："黄皇室主天下母，此何謂也！"收捕尋。尋亡，豐自殺。尋隨方士入華山，歲餘捕得，辭連國師公歆子侍中東通靈將、五司大夫隆威侯棻，[7]棻弟右曹長水校尉伐虜侯泳，[8]大司空邑弟左關將軍掌威侯奇，[9]及歆門人侍中騎都尉丁隆等，牽引公卿黨親列侯以下，死者數百人。尋手理有"天子"字，莽解其臂入視之，曰："此一大子也，[10]或曰一六子也。六者，戮也。明尋父子當戮死也。"迺流棻于幽州，放尋于三危，殛隆于羽山，[11]皆驛車載其屍傳致云。

［1］【顏注】師古曰：倡，音赤上反。

［2］【今注】宰衡：漢平帝時加王莽號。王莽因伊尹爲阿衡，周公爲太宰，故采此二人稱號爲宰衡，加於安漢公之上以自尊。宰衡位上公，在諸侯王上，掾史秩六百石。

［3］【今注】案，强，蔡琪本作"彊"。

［4］【顏注】師古曰："説"讀曰"悦"。

［5］【顏注】師古曰："拂"讀曰"弼"。

［6］【顏注】師古曰：分陝者，欲依周公、召公故事，自陝以東周公主之，自陝以西召公主之。陝即令陝州（令，蔡琪本、大德本、殿本作"今"），是其地也。伯，長也。陝，音式冉反。【今注】案，蔡琪本、大德本、殿本"新室"前有"言"字。

［7］【今注】案，《漢書考正》劉奉世認爲，"東通靈將、五司大夫"或亦爲訛文。沈欽韓《漢書疏證》認爲，東通靈將，當爲五威將職東方者。五司大夫，當爲前司恭等大夫。此似爲五斗米道符籙中之結銜。王莽信妖妄，其事亦合理。

［8］【今注】長水校尉：漢武帝置，領長水宣曲胡騎，屯戍京師，兼任征伐。爲北軍八校尉之一，秩二千石。

［9］【今注】堂：王先謙《漢書補注》指出，此"堂"亦當作"掌"。

［10］【今注】案，大，蔡琪本、殿本作"天"。

［11］【顏注】師古曰：效舜之罰共工等也（效，蔡琪本作"放"）。殛，誅也，音居力反。【今注】幽州：漢武帝置十三州刺史部之一。轄境相當今北京、河北北部、遼寧大部、天津海河以北及朝鮮大同江流域。　三危：山名。確切所在，説法不一，多以爲在今甘肅敦煌市境内。　羽山：在今山東郯城縣東北。

莽爲人侈口蹷顄，[1]露眼赤精，大聲而嘶。[2]長七尺五寸，好厚履高冠，以氂裝衣，[3]反膺高視，瞰臨左右。[4]是時有用方技待詔黄門者,[5]或問以莽形貌，待詔曰：“莽所謂鴟目虎吻豺狼之聲者也，故能食人，亦當爲人所食。”問者告之，莽誅滅待詔，而封告者。後常翳雲母屏面,[6]非親近莫得見也。

[1]【顔注】師古曰：侈，大也。蹷，短也。顄，頤也。蹷，音其月反（殿本無“音”字）。顄，音胡感反（殿本無“音”字）。

[2]【顔注】師古曰：嘶，聲破也，音先奚反。

[3]【顔注】師古曰：毛之强曲者曰氂（强，蔡琪本作“彊”），以裝褚衣中（褚，殿本作“楮”），令其張起也。“氂”，音力之反，字或作“斄”，音義同。

[4]【顔注】師古曰：瞰，謂遠視也，音口濫反（口，蔡琪本、殿本作“曲”）。

[5]【今注】待詔：初指應漢朝皇帝徵召，以備諮詢顧問。有待詔公車、待詔金馬門、待詔博士等名目。後演變爲官名，有一技之長者，如太史、治曆、音律、本草、相工等皆置。

[6]【顔注】師古曰：屏面即便面，蓋扇之類也。解在《張敞傳》。

是歲，以初睦侯姚恂爲寧始將軍。

三年，莽曰：“百官改更，職事分移，律令儀法，未及悉定，且因漢律令儀法以從事。令公卿大夫諸侯二千石舉吏民有德行通政事能言語明文學者各一人，詣王路四門。”

遣尚書大夫趙並使勞北邊，還言五原北假膏壤殖穀,[1]異時常置田官。乃以並爲田禾將軍，發戍卒屯田北假，以助軍糧。

［1］【顏注】師古曰：北假，地名也。膏壤，言其土肥美也。殖，生也。【今注】北假：古地區名。指今内蒙古河套以北、陰山以南夾山帶河地區。

是時諸將在邊，須大衆集，[1]吏士放縱，而内郡愁於徵發，民棄城郭流亡爲盜賊，并州、平州尤甚。[2]莽令七公六卿號皆兼稱將軍，[3]遣著武將軍逯並等填名都，[4]中郎將、繡衣執法各五十五人，分填緣邊大郡，督大姦猾擅弄兵者，皆便爲姦於外，撓亂州郡，[5]貨賂爲市，侵漁百姓。莽下書曰："虜知罪當夷滅，故遣猛將分十二部，將同時出，一舉而決絕之矣。内置司命軍正，外設軍監十有二人，誠欲以司不奉命，令軍人咸正也。今則不然，各爲權埶，恐猲良民，[6]妄封人頸，得錢者去。[7]毒蠚並作，農民離散。[8]司監若此，可謂稱不？[9]自今以來，敢犯此者，輒捕繫，以名聞。"然猶放縱自若。

［1］【顏注】師古曰：須，待也。

［2］【今注】并州：漢武帝所置十三刺史部之一，監察太原、上黨、雲中、定襄、雁門、代郡，相當於今山西大部和河北、内蒙古的一部分。　平州：《資治通鑑》卷三七《漢紀》王莽始建國三年胡三省注認爲，此時未有平州。東漢末年公孫度自稱平州牧，魏始分幽州置平州。"平"字誤。錢大昕《三史拾遺》卷三指出，本書卷五五《衛青霍去病傳》有云"西河平州人"。錢氏認爲，平州爲縣名，屬西河郡，在并州部内，故云"并州平州"也。亦即

《地理志》之“平周”，“州”“周”當是古字通用。胡注恐非是。沈欽韓《漢書疏證》則認爲，平州當爲王莽分幽州所置，公孫度自立爲平州牧本源於此。沈氏認爲，若如錢大昕説，平州爲西河之縣，在并州部内，則當時僅并州一縣流亡，難以體現當時之亂局。

［3］【今注】七公六卿：王先謙《漢書補注》引《資治通鑑》卷三七《漢紀》王莽始建國三年胡三省注，指出七公爲四輔及三公。六卿則爲羲和、作士、秩宗、典樂、共工、予虞。

［4］【顔注】師古曰：逯，音“録”。填，音竹刃反。此下亦同。

［5］【顔注】師古曰：撓，音火高反。其字從手。

［6］【顔注】師古曰：猲，以威力脅之也，音呼葛反。

［7］【顔注】如淳曰：權臣妄以法枉良人爲僮僕，封其頸以别之也。得顧錢，乃去封。

［8］【顔注】師古曰：藃，音呼各反。

［9］【顔注】師古曰：稱，音尺孕反。

而藺苞、戴級到塞下，招誘單于弟咸、咸子登入塞，脅拜咸爲孝單于，賜黄金千斤，錦繡甚多，遣去；將登至長安，拜爲順單于，留邸。[1]

［1］【今注】案，王先謙《漢書補注》引王先慎指出，據本書卷九四《匈奴傳》，當時始拜咸子助爲順單于，恰逢助病死，故以登代助爲順單于。

太師王舜自莽篡位後病悸，濅劇，死。[1]莽曰：“昔齊太公以淑德累世，[2]爲周氏太師，蓋予之所監也。[3]其以舜子延襲父爵，爲安新公，延弟褒新侯匡爲太師將軍，[4]永爲新室輔。”

[1]【顔注】師古曰：心動曰悸。寖，漸也。悸，音葵季反。【今注】病悸：王念孫《讀書雜志·漢書第十五》指出，《太平御覽·疾病部四》引此作“病喘悸”。王氏認爲，當以《太平御覽》爲是。

[2]【今注】齊太公：即姜尚，又稱吕尚、吕牙、太公望。本東海人，佐助周武王滅商紂，被尊爲師尚父。封於齊地，稱太公。爲齊之始祖。

[3]【顔注】師古曰：監，謂視見也。

[4]【今注】匡：王匡。新莽時有數個同名的王匡，此爲王莽族侄。其祖父王音與王莽父王曼爲堂兄弟，曾任大司馬車騎將軍，在成帝朝輔政。其父王舜爲王莽親信，助王莽奪位，爲新莽四輔之一。王匡被任命爲太師將軍。奉命鎮壓赤眉軍，屢戰不利。復受命守洛陽，在新莽覆滅後降更始政權，被殺。事見《後漢書》卷一一《劉玄劉盆子傳》。

爲太子置師友各四人，秩以大夫。以故大司徒馬宫爲師疑，[1]故少府宗伯鳳爲傅丞，博士袁聖爲阿輔，[2]京兆尹王嘉爲保拂，[3]是爲四師；故尚書令唐林爲胥附，[4]博士李充爲犇走，[5]諫大夫趙襄爲先後，中郎將廉丹爲禦侮，[6]是爲四友。又置師友祭酒及侍中、諫議、六經祭酒各一人，凡九祭酒，[7]秩上卿。琅邪左咸爲講《春秋》、潁川滿昌爲講《詩》、長安國由爲講《易》、平陽唐昌爲講《書》、沛郡陳咸爲講《禮》、崔發爲講《樂》祭酒。[8]遣謁者持安車印綬，[9]即拜楚國龔勝爲太子師友祭酒，[10]勝不應徵，不食而死。

［1］【今注】馬宫：傳見本書卷八一。

［2］【今注】博士：官名。秦置，漢因之，隸屬九卿之一奉常（太常）。漢武帝罷黜百家之前，博士治各家之學，其後乃專立儒學一家。掌議政、制禮、藏書、顧問及教授經學、考核人材、奉命出使等。初秩比四百石，後升比六百石。

［3］【顔注】師古曰："拂"讀曰"弼"。

［4］【今注】尚書令：秦始置，漢沿置，本爲少府屬官，掌章奏文書，武帝後職權漸重。掌凡選署及奏下尚書曹文書衆事。秩千石。　唐林：字子高，沛郡人。好學明經，以明經慎行顯名。漢哀帝時任尚書僕射，左遷敦煌魚澤障候。平帝時，任尚書令。仕王莽，被任爲胥附，爲太子四友，封建德侯。數上疏諫正。　胥附：周壽昌《漢書注校補》認爲即"疏附"。"胥""疏"一音。

［5］【顔注】師古曰：犇，古"奔"字。

［6］【今注】廉丹：新莽將軍，曾受命鎮壓西南夷，後在鎮壓赤眉軍的戰役中戰死。

［7］【今注】九祭酒：王先謙《漢書補注》指出，六經祭酒共六人，再加上師友、侍中、諫議三祭酒，並爲九祭酒。

［8］【今注】琅邪：郡名。秦置，西漢時治東武縣（今山東諸城市）。　左咸：琅邪郡琅邪縣（今山東諸城市西南）人。經學家，受《公羊春秋》於淮陽泠豐，爲博士。哀帝時任大司農、左馮翊、復土將軍、大鴻臚，曾議毁武帝廟事。平帝時賜爵關内侯，新莽時任《春秋》祭酒。事見本書卷七三《韋賢傳》、卷八八《儒林傳》、卷九九下《王莽傳下》。　潁川：郡名。治陽翟（今河南禹州市）。　滿昌：字君都。受《齊詩》於匡衡，官至詹事。王莽時，爲師友祭酒，秩上卿。後以劾奏忤王莽意，免官。　長安：縣名。治所在今陝西西安市西北。　平陽：縣名。治所在今山西臨汾市西南金殿鎮。　沛郡：治相縣（今安徽濉溪縣西北）。　崔發：周壽昌《漢書注校補》指出，崔發，涿郡安平人，崔篆之兄，崔駰

之叔祖也。《後漢書》卷五二《崔駰傳》稱其以佞巧幸於莽，位至大司空。其母師氏能通經學、百家之言，莽寵以殊禮，賜號義成夫人，金印紫綬，顯於新莽一朝。

［9］【今注】謁者：職官名。春秋戰國已有，秦、漢承之。西漢時掌賓贊受事，郎中令（光禄勳）屬官，員七十人，秩比六百石。　安車：可以坐乘的小車。高官告老，君主往往賜予安車，以示優容。

［10］【今注】即拜：王先謙《漢書補注》指出，"即"意爲"就"。就家拜之。　龔勝：傳見本書卷七二。

寧始將軍姚恂免，侍中崇禄侯孔永爲寧始將軍。

是歲，池陽縣有小人景，[1]長尺餘，或乘車馬，或步行，操持萬物，小大各相稱，[2]三日止。

［1］【今注】池陽：縣名。以在池水之陽得名，治所在今陝西涇陽縣西北。

［2］【顔注】師古曰：車馬及物皆稱其人之形。

瀕河郡蝗生。[1]

［1］【顔注】師古曰：謂緣河南北諸郡。瀕，音"頻"，又音"賓"。

河決魏郡，泛清河以東數郡。[1]先是，莽恐河決爲元城冢墓害。[2]及決東去，元城不憂水，故遂不堤塞。[3]

[1]【今注】清河：諸侯王國名、郡名。治清河縣（今河北清河縣東南）。

[2]【今注】元城冢墓：王先謙《漢書補注》據《資治通鑑》卷三七《漢紀》王莽始建國三年胡三省注指出，王莽曾祖賀以下冢墓在魏郡元城。

[3]【今注】案，何焯《義門讀書記》卷二〇據此認爲王莽事事期以利己，故百姓不附。今案，本書《溝洫志》有云："孝武元光中，河決於瓠子，東南注鉅野，通於淮、泗。上使汲黯、鄭當時興人徒塞之，輒復壞。是時武安侯田蚡爲丞相，其奉邑食鄃。鄃居河北，河決而南則鄃無水災，邑收入多。蚡言於上曰：'江河之決皆天事，未易以人力彊塞，彊塞之未必應天。'而望氣用數者亦以爲然，是以久不復塞也。"此二事所言頗類。

四年二月，赦天下。

夏，赤氣出東南，竟天。

厭難將軍陳歆言捕虜生口，[1]虜犯邊者皆孝單于咸子角所爲。莽怒，斬其子登於長安，[2]以視諸蠻夷。[3]

[1]【今注】案，陳歆，錢大昭《漢書辨疑》指出，本書卷九四下《匈奴傳下》記此事作"陳欽"。　生口：俘虜。

[2]【今注】案，於，殿本作"于"。

[3]【顏注】師古曰："視"音曰"示"。

大司馬甄邯死，寧始將軍孔永爲大司馬，侍中大贅侯輔爲寧始將軍。

莽每當出，輒先搜索城中，名曰"橫搜"。[1]是月，橫搜五日。

[1]【顔注】師古曰：索，音山客反（客，殿本作“各”）。横，音胡孟反。【今注】捼：“搜”的異體字。

莽至明堂，授諸侯茅土。下書曰：“予以不德，襲于聖祖，爲萬國主。思安黎元，在于建侯，分州正域，以美風俗。追監前代，爰綱爰紀。惟在《堯典》，十有二州，衛有五服。[1]《詩》國十五，抪徧九州。[2]《殷頌》有‘奄有九有’之言。[3]《禹貢》之九州無并、幽，《周禮·司馬》則無徐、梁。[4]帝王相改，各有云爲。或昭其事，或大其本，厥義箸明，[5]其務一矣。昔周二后受命，故有東都、西都之居。予之受命，蓋亦如之。其以洛陽爲新室東都，常安爲新室西都。邦畿連體，各有采任。州從《禹貢》爲九，爵從周氏有五。諸侯之員千有八百，附城之數亦如之，以俟有功。諸公一同，[6]有衆萬户，土方百里。侯伯一國，衆户五千，土方七十里。子男一則，衆户二千有五百，土方五十里。附城大者食邑九成，衆户九百，土方三十里。自九以下，降殺以兩，[7]至於一成。[8]五差備具，合當一則。今已受茅土者，公十四人，[9]侯九十三人，伯二十一人，[10]子百七十一人，男四百九十七人，凡七百九十六人。附城千五百一十一人。九族之女爲任者，八十三人。及漢氏女孫中山承禮君、遵德君、脩義君更以爲任。[11]十有一公，九卿，十二大夫，二十四元士。定諸國邑采之處，使侍中講理大夫孔秉等與州部衆郡曉知地理圖籍者，共校治于壽成朱鳥堂。予數與群公祭酒上卿親聽視，咸已通矣。夫襃德賞功，所以顯仁賢也；九族和睦，所以褒親親也。予永惟匪解，思稽前人，[12]將章黜陟，以明好惡，安元元焉。”以圖簿未定，未授國邑，且令受奉都内，月錢數千。[13]諸侯皆困乏，至有庸作者。

［1］【顔注】師古曰：並解於上。

［2］【顔注】師古曰：謂周南、召南、衛、王、鄭、齊、魏、唐、秦、陳、鄶、曹、豳、魯、商，凡十五國也。一曰，周南、召南、邶、鄘、衛、王、鄭、齊、魏、唐、秦、陳、鄶、曹、豳，是爲十五國。捬，音普胡反。【今注】捬：沈欽韓《漢書疏證》引《廣雅》云：“捬，布也。”

［3］【顔注】師古曰：《商頌·玄鳥》之詩，美湯有功德，故能覆有九州。

［4］【今注】周禮：原名《周官》。儒家經典之一。傳爲周公所作。西漢時儒師對此書講習較少，自王莽居攝後方被尊爲諸經之一。宋明以後之今文學家多有以此書爲劉歆僞作者。經過近代以來百餘年的研究，學界主流觀點多不同意所謂劉歆僞作説，多認爲是戰國時人所編的一部官制彙編性質的典籍，至晚不晚於西漢初年。此外，據《隋書·經籍志一》記載，《周禮》中《冬官》一篇本佚，係河間獻王拿《考工記》所補。據相關研究，《考工記》年代當早於其他各部分，約在戰國初年（參見彭林《〈周禮〉主體思想與成書年代研究》，中國人民大學出版社 2009 年版；聞人軍《〈考工記〉成書年代新考》，《文史》第 23 輯）。

［5］【今注】案，箸，蔡琪本、大德本、殿本作“著”。

［6］【今注】一同：殿本作“一國”。王先謙《漢書補注》引王文彬指出，《左傳》襄公二十五年云：“列國一同，自是以衰。”《周官·匠人》則云：“方百里爲同。”

［7］【顔注】師古曰：兩兩而降（殿本句末有“也”字）。

殺，音所例反。【今注】隆殺以兩：王文彬指出，《左傳》襄公二十六年云："自上以下，隆殺以兩。"此謂以兩數相減。自九以下，而七，而五，而三，以至於一。

[8]【顔注】如淳曰：十里爲成。

[9]【今注】公十四人：錢大昭《漢書辨疑》指出，十四人指安新公王延、就新公平晏、嘉新公劉歆、美新公哀章、承新公甄邯、章新公王尋、隆新公王邑、奉新公王興、成新公孫建、崇新公王盛、章平公姬黨、宣威公藺苞、揚威公戴級、安定公劉嬰。廣新公甄豐有罪國除，故不在數内。莽之宗室諸公亦不在十四人之内。

[10]【今注】案，二，蔡琪本作"一"。

[11]【今注】中山：諸侯王國名。治盧奴縣（今河北定州市）。

[12]【顔注】師古曰："解"音曰"懈"（音，蔡琪本、大德本、殿本作"讀"）。稽，考也。

[13]【顔注】師古曰：奉，音扶用反。

中郎區博諫莽曰：[1]"井田雖聖王法，其廢久矣。周道既衰，而民不從。秦知順民之心，可以獲大利也，故滅廬井而置阡佰，[2]遂王諸夏，訖今海内未厭其敝。今欲違民心，追復千載絶迹，[3]雖堯舜復起，而無百年之漸，弗能行也。天下初定，萬民新附，誠未可施行。"莽知民怨，[4]迺下書曰："諸名食王田，皆得賣之，勿拘以法。犯私買賣庶人者，且一切勿治。"

[1]【顔注】師古曰：區，姓也，音一侯反。【今注】中郎：官名。郎官的一種，職在侍衛皇帝，入守宫禁，出充車騎。秩比六百石。

［2］【今注】案，佰，蔡琪本、殿本作“陌”。

［3］【顏注】師古曰：復，音扶目反。

［4］【今注】莽知民怨：王念孫《讀書雜志·漢書第十五》指出，《通典·食貨一》引此作“莽知民愁”；本書《食貨志》中亦兩見“莽知民愁”四字。王氏又指出，《説文》有云：“慍，怨也。恚，恨也。”《廣雅》有云：“慍，愁恚也。”《後漢書》卷二《明帝紀》有云“百姓愁怨，情無告訴”。可見“愁”與“怨”同義。《戰國策·秦策》云“上下相愁，民無所聊”，即謂上下相怨。《淮南子·詮言篇》云“己之所生，乃反愁人”，則謂“反怨人”。是以王氏認爲，此“怨”字當從《通典》作“愁”。下文“天下愈愁”，即承此“愁”字而言。

初，五威將帥出，改句町王以爲侯，王邯怨怒不附。[1]莽諷牂柯大尹周歆詐殺邯。[2]邯弟承起兵攻殺歆。先是，莽發高句驪兵，當伐胡，不欲行，郡强迫之，[3]皆亡出塞，因犯法爲寇。遼西大尹田譚追擊之，[4]爲所殺。州郡歸咎於高句驪侯騶。嚴尤奏言：“貉人犯法，不從騶起，正有它心，宜令州郡且尉安之。[5]今猥被以大罪，恐其遂畔，[6]夫餘之屬必有和者。[7]匈奴未克，夫餘、穢貉復起，[8]此大憂也。”莽不尉安，穢貉遂反，詔尤擊之。尤誘高句驪侯騶至而斬焉，傳首長安。莽大説，下書曰：“迺者，命遣猛將，共行天罰，[9]誅滅虜知，分爲十二部，或斷其右臂，或斬其左腋，或潰其胸腹，或紬其兩脅。[10]今年刑在東方，[11]誅貉之部先縱焉。捕斬虜騶，平定東域，虜知殄滅，在于漏刻。此乃天地群神社稷宗廟祐助之福，[12]公卿大夫士民同心將率虓虎之力也。[13]予甚嘉之。其更名高句驪爲下句驪，布告天下，令咸知焉。”於是貉人愈犯邊，東北與西南夷皆亂云。[14]

[1]【顔注】師古曰：邯，句町王之名也，音下甘反。

[2]【今注】牂柯：郡名。治故且蘭（今貴州凱里市西北）。

[3]【今注】案，强，蔡琪本作“彊”。

[4]【今注】遼西：郡名。治陽樂（今遼寧義縣西）。

[5]【顔注】師古曰：假令騶有惡心，亦當且尉安（尉，蔡琪本、大德本、殿本作“慰”）。【今注】正：王先謙《漢書補注》認爲，“正”爲“即”之意。

[6]【顔注】師古曰：猥，多也，厚也。被，加也，音皮義反。【今注】猥：王先謙《漢書補注》認爲，“猥”爲“猝”之意。

[7]【顔注】師古曰：和，應也，音胡卧反。

[8]【今注】穢貉：古民族名。戰國、秦、漢時約分布在單單大嶺以東，相當於今朝鮮江原道及其北部分地區。

[9]【顔注】師古曰：“共”讀曰“恭”。

[10]【顔注】師古曰：“紬”音與“抽”同。

[11]【顔注】張晏曰：是歲在壬申，刑在東方。

[12]【今注】案，祐，大德本、殿本作“佑”。

[13]【顔注】師古曰：虓，音火交反。

[14]【今注】西南夷：西漢時期對分布於今甘肅南部，四川西部、南部，及雲南、貴州一帶少數民族的總稱。

莽志方盛，以爲四夷不足吞滅，專念稽古之事，復下書曰：“伏念予之皇始祖考虞帝，受終文祖，[1]在琁璣玉衡以齊七政，[2]遂類于上帝，禋于六宗，望秩于山川，徧于群神，巡狩五嶽，群后四朝，敷奏以言，明試以功。[3]予之受命即真，到于建國五年，已五載矣。陽九之阸既度，百六之會已過。[4]歲在壽星，填在明堂，倉龍癸酉，德在中宫。[5]觀晉掌歲，龜策告從，[6]其以此年二月建寅之節東巡狩，具禮儀調度。"[7]群公奏請募吏民人馬布帛綿，[8]又請内郡國十二買馬，發帛四十五萬匹，輸常安，前後毋相須。[9]至者過半，莽下書曰："文母太后體不安，其且止待後。"

［1］【今注】文祖：堯之祖廟。

［2］【今注】在琁璣玉衡以齊七政：此爲《尚書·堯典》載舜即位時之語。關於"琁璣玉衡"，一説其意指天文觀測儀器，一説其意指天象。《史記》認爲其所指爲北斗七星，其《天官書》有云："北斗七星，所謂'旋、璣、玉衡以齊七政'……斗爲帝車，運于中央，臨制四鄉。分陰陽，建四時，均五行，移節度，定諸紀，皆繫於斗。"馮時《中國天文考古學》（中國社會科學出版社2010年版）第三章指出，北斗在上古天文學中象徵天帝，地位非常尊崇，所謂"璇璣玉衡"或指北斗，或指觀測北斗之儀器，皆與北斗有關。案，琁，殿本作"璿"。

［3］【顔注】師古曰：解並在前。

［4］【今注】案，數術家以四千六百一十七年爲一元，初入元的一百零六年中，有旱災九年，稱爲"百六陽九"。因以"百六""陽九"指災難之年或厄運。

［5］【顔注】服虔曰：倉龍，太歲也。張晏曰：太歲起於甲寅爲龍，東方倉。癸德在中宫也。晉灼曰：壽星，角亢也。東宫倉龍，房心也。心爲明堂，填星所在，其國昌。莽自謂土也，土行主填星。癸德在中宫，宫又土也。【今注】歲在壽星：先秦以來有所謂歲星紀年法。歲星，即木星，其公轉周期約十二年。分黄道

爲“十二次”，即星紀、玄枵、娵訾、降婁、大梁、實沈、鶉首、鶉火、鶉尾、壽星、大火、析木。以歲星在不同的星次紀年。 填在明堂：填，填星，又作“鎮星”，即土星。明堂，古天文家以心宿代表明堂。王莽自居土德，故以土星位於明堂爲吉兆。 倉龍癸酉：晉灼釋倉龍爲東宫蒼龍，誤。從後文“倉龍庚辰”“倉龍辛巳”來看，“倉龍”位置屢變，則其必非固定在天球面上的恒星甚明。是年干支紀年恰爲癸酉，然則此“倉龍”當從服虔、張晏説，指太歲。一般認爲，因木星公轉周期不足十二年，若干年後會出現誤差，且其在天球面上運行方向與太陽、月亮這兩個重要的計時天體相反，計算不便，故而曆算學家設計了一個與木星相對而運行方向相反的虚擬天體，以十二年爲周期精確運行，稱爲太歲。從而産生了太歲紀年法。確定太歲位置的“太歲年名”實即十二支，其方向與十二次相反，分别爲困敦（子）、赤奮若（丑）、攝提格（寅）、單閼（卯）、執徐（辰）、大荒落（巳）、敦牂（午）、協洽（未）、涒灘（申）、作噩（酉）、閹茂（戌）、大淵獻（亥）。與太歲年名配合使用的有十歲陽名（實即十干）：閼逢（甲）、旃蒙（乙）、柔兆（丙）、强圉（丁）、著雍（戊）、屠維（己）、上章（庚）、重光（辛）、玄黓（壬）、昭陽（癸）。發展到後來，則徑以干支紀年。到東漢時，干支紀年基本已取代歲星紀年。王莽時這些記載同時列歲星位置與太歲干支，當是此種變遷的過渡階段（參見王力《中國古代文化常識》第一章、第二章，世界圖書出版公司 2008 年版；吴浩坤《談談古代用干支紀年月日的問題》，《歷史教學問題》1981 年第 4 期；馬向欣《干支紀年如何從太歲紀年脱胎而來》，《文獻》1995 年第 2 期）。

［6］【顔注】孟康曰：觀辰星進退。掌，主也。晉灼曰：《國語》晉文公以卯出酉入，過五鹿得土，歲在壽星，其日戊申。莽欲法之，以爲吉祥。正以二月建寅之節東巡狩者，取萬物生之始也。視晉識太歲所在，宿度所合，卜筮皆吉，故法之。

[7]【顔注】師古曰：調，音徒釣反（釣，蔡琪本作“吊”）。

[8]【今注】案，殿本無“帛”字。

[9]【顔注】師古曰：須，待也。

是歲，改十一公號，以“新”爲“心”，後又改“心”爲“信”。[1]

[1]【今注】案，王先謙《漢書補注》指出，據此可知“信”“新”通作。

五年二月，文母皇太后崩，葬渭陵，與元帝合而溝絶之。[1]立廟於長安，新室世世獻祭。元帝配食，坐於牀下。莽爲太后服喪三年。

[1]【顔注】如淳曰：葬於司馬門内，作溝絶之。

大司馬孔永乞骸骨，[1]賜安車駟馬，以特進就朝位。[2]同風侯逯並爲大司馬。

[1]【今注】乞骸骨：大臣請求致仕退休的謙辭。

[2]【今注】特進：西漢置，凡諸侯功德優盛、朝廷敬異者賜特進，位在三公下，得自辟僚屬。

是時，長安民聞莽欲都雒陽，[1]不肯繕治室宅，[2]或頗徹之。莽曰：“玄龍石文曰‘定帝德，國雒陽’。[3]符命著明，敢不欽奉！以始建國八年，歲纏星紀，[4]在雒陽之都。其謹繕脩常安之都，勿令壞敗。敢有犯者，輒以名聞，請其罪。”

［1］【今注】雒陽：即洛陽，縣名。治所在今河南洛陽市東北。

［2］【顔注】師古曰：繕，補也。

［3］【今注】國雒陽：周壽昌《漢書注校補》認爲，此爲光武建都之兆。

［4］【顔注】孟康曰：纏，居也。星紀在斗、牽牛閒。師古曰：纏，踐歷也，音直連反。【今注】歲纏星紀：歲星運行至星紀的位置。歲，木星。星紀，星次名，十二次之一，與十二辰之丑相對應，二十八宿中之斗、牛二宿屬之。

是歲，烏孫大小昆彌遣使貢獻。[1]大昆彌者，中國外孫也。其胡婦子爲小昆彌，而烏孫歸附之。莽見匈奴諸邊並侵，意欲得烏孫心，迺遣使者引小昆彌使置大昆彌使上。保成師友祭酒滿昌劾奏使者曰：“夷狄以中國有禮誼，故詘而服從。大昆彌，君也，今序臣使於君使之上，非所以有夷狄也。奉使大不敬！”[2]莽怒，免昌官。

［1］【今注】烏孫：西域大國，分布在今新疆伊犁河至天山一帶。都赤谷城（今新疆阿克蘇河上游、中亞伊什提克一帶）。元狩末元鼎初，漢武帝命張騫二使西域，是爲兩國交好之始。傳見本書卷九六下《西域傳下》。　昆彌：一譯“昆莫”，烏孫王號。

［2］【今注】不敬：漢律罪名。指危害皇帝尊嚴的犯罪行爲。

西域諸國以莽積失恩信，焉耆先畔，[1]殺都護但欽。

[1]【今注】焉耆：西域國名。治員渠城（今新疆焉耆回族自治縣）。

十一月，彗星出，二十餘日，不見。

是歲，以犯挾銅炭者多，除其法。

明年改元曰天鳳。

天鳳元年正月，赦天下。

莽曰："予以二月建寅之節行巡狩之禮，太官齎糒乾肉，[1]内者行張坐卧，[2]所過毋得有所給。[3]予之東巡，必躬載耒，每縣則耕，以勸東作。[4]予之南巡，必躬載耨，每縣則薅，以勸南僞。[5]予之西巡，必躬載銍，每縣則穫，以勸西成。予之北巡，必躬載拂，每縣則粟，以勸蓋臧。[6]畢北巡狩之禮，即于土中居雒陽之都焉。敢有趨讙犯法，輒以軍法從事。"[7]群公奏言："皇帝至孝，往年文母聖體不豫，躬親供養，衣冠稀解。因遭棄群臣悲哀，顔色未復，飲食損少。今一歲四巡，道路萬里，春秋尊，非糒乾肉之所能堪。且無巡狩，須閡大服，以安聖體。[8]臣等盡力養牧兆民，奉稱明詔。"[9]莽曰："群公、群牧、群司、諸侯、庶尹願盡力相帥養牧兆民，欲以稱予，繇此敬聽，[10]其勗之哉！毋食言焉。更以天鳳七年，歲在大梁，倉龍庚辰，行巡狩之禮。[11]厥明年，歲在實沈，倉龍辛巳，即土之中雒陽之都。"迺遣太傅平晏、大司空王邑之雒陽，營相宅兆，[12]圖起宗廟、社稷、郊兆云。

[1]【今注】太官：屬少府，掌皇帝膳食。案，殿本作“大官”。

[2]【顔注】師古曰：糒，乾飯也。張坐卧，謂帷帳茵席也（席，蔡琪本作“蓆”）。糒，音“備”。【今注】内者：王先謙《漢書補注》據《資治通鑑》卷三七《漢紀》王莽天鳳元年胡三省注指出，内者令時屬共工。《續漢志》指出，内者令掌布張諸衣物。

[3]【顔注】師古曰：言自齎食及帷帳以行，在路所經過，不須供費也。

[4]【顔注】師古曰：耒，耕曲禾也（耕，蔡琪本、殿本作“耜”；禾，蔡琪本、大德本、殿本作“木”），音力輩反（輩，蔡琪本、殿本作“對”）。【今注】耒（lěi）：古代一種翻土的農具。

[5]【顔注】師古曰：耨，鉏也。薅（薅，殿本作“媷”），耘去草也（耘，大德本作“耕”）。耨，音奴豆反。薅，音火高反。“僞”音曰“訛”（音，蔡琪本、大德本、殿本作“讀”）。訛，化也。【今注】僞：錢大昭《漢書辨疑》指出，“僞”字古亦省作“爲”。《史記》云“平秩南譌”，司馬貞本作“南爲”。《淮南子·天文訓》云“歲大旱，禾不爲”，高誘注云：“爲，成也。”錢氏認爲，此處“僞”當與“爲”通假。禾成於夏，故云“南爲”。上下文“東作”“西成”，皆言農事。不當如顔注以“僞”爲“訛”，訓爲“化”。

[6]【顔注】師古曰：拂，音佛，所以擊治禾者也，今謂之連枷。粟，謂治粟。

[7]【顔注】劉德曰：趨灌（灌，蔡琪本、大德本、殿本作“讙”），走呼也。

[8]【顔注】師古曰：闋，盡也，音口決反。

[9]【顔注】師古曰：稱，副也。

[10]【顔注】師古曰："繇"讀與"由"同。【今注】案，聽，蔡琪本、殿本作"德"。

[11]【今注】巡狩之禮：何焯《義門讀書記》卷二〇認爲，所謂巡狩爲虚言，以示其重視禮儀，再借臣下之言輟行而已。

[12]【今注】宅兆：王先謙《漢書補注》據《資治通鑑》卷三七《漢紀》王莽天鳳元年胡三省注指出，宅爲居住之地，兆爲壇域、塋界。

三月壬申晦，[1]日有食之。[2]大赦天下。策大司馬逯並曰："日食無光，干戈不戢，其上大司馬印韍，就侯氏朝位。[3]太傅平晏勿領尚書事，[4]省侍中諸曹兼官者。以利苗男訢爲大司馬。"

[1]【今注】晦：農曆每月最末一日。

[2]【今注】日有食之：查諸日食表，公元 14 年 4 月 18 日，亦即王莽天鳳元年三月壬申晦確有日食，陝西西安地區食甚時刻爲早晨 6 時 47 分，食分僅爲 0.29，與此記載相合（參見張培瑜《三千五百年曆日天象》，大象出版社 1997 年版）。

[3]【今注】案，王先謙《漢書補注》引《資治通鑑》卷三七《漢紀》王莽天鳳元年胡三省注指出，此句意爲免其官，以侯爵就朝位。

[4]【顔注】如淳曰：利苗，邑名。【今注】領尚書事：職銜。即以他官兼領尚書政事，參與政務，皆由重臣兼任。尚書，始於戰國，秦時爲少府屬官，掌殿内文書，漢承秦制。漢武帝時漸成爲重要宫廷政治機構，參與國家機密，常以中朝大臣兼領、平、視，以左右曹諸吏平尚書奏事，參與議政決策，宣示詔命。百官奏事先呈尚書，皆爲正、副二封，由領尚書者拆閲副封，加以裁決，

可屏抑不奏。百官選舉任用考察詰責彈劾之責亦歸之。漢成帝時設尚書五人，開始分曹辦事，群臣章奏都經尚書。

莽即真，尤備大臣，抑奪下權，朝臣有言其過失者，輒拔擢。孔仁、趙博、費興等以敢擊大臣，故見信任，[1]擇名官而居之。公卿入宮，吏有常數，太傅平晏從吏過例，掖門僕射苛問不遜，[2]戊曹士收繫僕射。[3]莽大怒，使執法發車騎數百圍大傅府，[4]捕士，即時死。大司空士夜過奉常亭，亭長苛之，告以官名，亭長醉曰：[5]"寧有符傳邪？"[6]士以馬箠擊亭長，[7]亭長斬士，[8]亡，郡縣逐之。家上書，[9]莽曰："亭長奉公，勿逐。"大司空邑斥士以謝。國將哀章頗不清，莽爲選置和叔，[10]敕曰："非但保國將閨門，當保親屬在西州者。"[11]諸公皆輕賤，而章尤甚。

[1]【顔注】師古曰：費，音扶味反。

[2]【顔注】師古曰：僕射苛問平晏，其言不遜。【今注】僕射：秦、漢置爲侍中、謁者、博士、郎等諸官之長。因古時重武臣，以善射者掌事，故名。依其職事爲稱。

[3]【顔注】應劭曰：莽自以土行，故使太傅置戊曹士。士，掾也。蘇林曰：士者，曹掾，屬公府，諸曹次第之名也。師古曰：應説是。

[4]【今注】案，大，蔡琪本、大德本、殿本作"太"。

[5]【今注】亭長：主管亭部的小吏。亭，秦漢時具有軍事治安和郵驛館舍職能的基層單位。

[6]【顔注】師古曰：傳，音張戀反。【今注】案，邪，大德本、殿本作"耶"。

[7]【顏注】師古曰：箠，策也，音止橤反。

[8]【今注】斬士：《漢書考正》劉攽認爲，後云“斥士”，則此不當爲“斬士”，疑是“斫”字。

[9]【顏注】師古曰：亭長家上書自治（周壽昌《漢書注校補》認爲，“治”當作“理”，言其自申理。唐代諱“治”爲“理”，後人回改時，誤將此“理”字改爲“治”）。

[10]【顏注】師古曰：持爲置此官（持，蔡琪本、大德本、殿本作“特”）。【今注】和叔：沈欽韓《漢書疏證》指出，王莽置國將，主北嶽；和叔亦宅朔方，爲國將之副。後有太師羲仲景尚、太傅羲叔士孫喜、國師和仲曹放，可見新莽四輔屬官皆依《虞書》置之。

[11]【今注】西州：錢大昭《漢書辨疑》指出，哀章爲廣漢梓潼人，故曰西州。

四月，隕霜，殺中木，[1]海瀕尤甚。[2]六月，黄霧四塞。七月，大風拔樹，飛北闕直城門屋瓦。[3]雨雹，殺牛羊。

[1]【顏注】師古曰：中，古“草”字。

[2]【顏注】師古曰：邊海之地也。瀕，音“頻”，又音“賓”。

[3]【顏注】師古曰：北闕直城門瓦皆飛也。直城門，長安城門名也。解在《成紀》。【今注】北闕：古代皇宮門外兩邊供瞭望的樓臺，中有通道。本書卷一下《高紀下》云：“蕭何治未央宫，立東闕、北闕、前殿、武庫、大倉。”顏師古注云：“未央殿雖南嚮，而上書奏事謁見之徒皆詣北闕，公車司馬亦在北焉。是則以北闕爲正門，而又有東門、東闕。至於西南兩面，無門闕矣。蓋蕭何初立未央宫，以厭勝之術，理宜然乎？”今案，如顏師古所言，未

央宫確以北闕爲正門，與後世以南門爲正門的習俗大不相同。然其原因非所謂厭勝，而是當時由北極、北斗崇拜帶來的尊北之風。而設東闕則當與上古以來尊日的習俗有關。〔參見宋艷萍《漢闕與漢代政治史觀》，載《形象史學研究》，人民出版社 2014 年版；安子毓《方位尊崇淵源考》，《社會科學戰綫》2017 年第 10 期〕

莽以《周官》《王制》之文，置卒正、連率、大尹，職如太守；屬令、屬長，職如都尉。[1]置州牧、部監二十五人。見禮如三公。[2]監位上大夫，各主五郡。公氏作牧，侯氏卒正，伯氏連率，子氏屬令，男氏屬長，皆世其官，其無爵者爲尹。分長安城旁六鄉，置帥各一人。分三輔爲六尉郡，[3]河東、河内、弘農、河南、潁川、南陽爲六隊郡，[4]置大夫，職如太守；屬正，職如都尉。更名河南大尹曰保忠信卿。益河南屬縣滿三十。置六郊州長各一人，人主五縣。及它官名悉改。大郡至分爲五。[5]郡縣以亭爲名者三百六十，以應符命文也。緣邊又置竟尉，以男爲之。[6]諸侯國閒田，爲黜陟增減云。[7]莽下書曰："常安西都曰六鄉，衆縣曰六尉。義陽東都曰六州，[8]衆縣曰六隊。粟米之内曰内郡，[9]其外曰近郡。有鄣徼者曰邊郡。合百二十有五郡。九州之内，縣二千二百有三。公作甸侯，是爲惟城；諸在侯服，是爲惟寧；在采、任諸侯，是爲惟翰；[10]在賓服，是爲惟屏；[11]在揆文教，奮武衛，是爲惟垣；在九州之外，是爲惟藩：[12]各以其方爲稱，總爲萬國焉。"其後，歲復變更，一郡至五易名，而還復其故。吏民不能紀，每下詔書，輒繫其故名，曰：

“制詔陳留大尹、大尉：[13]其以益歲以南付新平。[14]新平，故淮陽。以雍丘以東付陳定。[15]陳定，故梁郡。[16]以封丘以東付治亭。治亭，故東郡。[17]以陳留以西付祈隧。祈隧，故滎陽。[18]陳留已無復有郡矣。大尹、大尉，[19]皆詣行在所。”[20]其號令變易，皆此類也。

[1]【今注】案，王先謙《漢書補注》據《資治通鑑》卷三七《漢紀》王莽天鳳元年胡三省注指出，《王制》有云“三十國爲卒，卒有正。十國爲連，連有率”。

[2]【今注】案，王念孫《讀書雜志·漢書第十五》指出，《後漢書》卷一三《隗囂傳》注所引此段文字已與今本同，然荀悅《漢紀》則作“置州牧，其禮如三公。郡監二十五人，位上大夫，各主五郡”，意謂州牧之禮秩如三公。王氏認爲，此段文字當以《漢紀》爲是，下文云“州牧位三公”，即是其證。“郡監”以下，意謂分天下爲百二十五郡，郡監二十五人，人主五郡也。今本“其禮”誤作“見禮”，“郡監”誤作“部監”，而“部監二十五人”又誤在“見禮如三公”之上，遂致文不成義。朱一新同意王念孫以《漢紀》正今本《漢書》的觀點，但認爲“見禮”無須修改。朱氏認爲，見禮，意謂朝見之禮。本《傳》中即已數見“見禮”的用法，不須改字。

[3]【顔注】師古曰：《三輔黄圖》云：“渭城、安陵以西，北至栒邑、義渠十縣，屬京尉大夫府，居故長安寺；高陵以北十縣，屬師尉大夫府，居故廷尉府；新豐以東，至湖十縣，屬翊尉大夫府，居城東；霸陵、杜陵，東至藍田，西至武功、郁夷十縣，屬光尉大夫府，居城南；茂陵、槐里以西，至汧十縣，屬扶尉大夫府，居城西；長陵、池陽以北，至雲陽、祋祤十縣，屬列尉大夫府，居城北。”【今注】三輔：長安及周邊的三個郡級區劃，即

京兆尹、左馮翊、右扶風。因地屬畿輔，故不稱郡。在十三州之外，由司隸校尉部負責監察。左馮翊，漢武帝時改左内史置。本書《百官公卿表上》顔師古注引張晏曰："馮，輔也。翊，佐也。"職掌相當於郡太守，轄區相當於一郡。治所在長安城。轄境範圍相當今陝西渭河以北、涇河以東洛河中下游地區。右扶風，秦及漢初設主爵中尉，掌列侯。漢武帝時改名右扶風，掌治内史右地。治長安縣（今陝西西安市西北）。職掌相當於郡太守。

［4］【顔注】師古曰：隊，音"遂"。【今注】河東：郡名。治安邑縣（今山西夏縣西北）。　河内：郡名。治懷縣（今河南武陟縣西南）。　弘農：郡名。治弘農縣（今河南靈寶市東北故函谷關城）。　河南：郡名。即秦三川郡，治洛陽（今河南洛陽市東北）。《漢書考正》劉奉世指出，六隊中，"河南"當爲"滎陽"。下文有"河南大尹更爲保忠信卿"，可證六隊不含河南。今案，後文云"以陳留以西付祈隧。祈隧，故滎陽"，可見劉説是。　南陽：郡名。治宛縣（今河南南陽市宛城區）。

［5］【今注】案，王先謙《漢書補注》引錢大昕曰，《王莽傳》中有翼平連率田況、夙夜連率韓博、壽良卒正王閎。翼平爲北海壽光縣。夙夜爲東萊不夜縣。壽良爲東郡縣。可見王莽分北海爲翼平郡，東萊爲夙夜郡，東郡爲壽良郡。此外，《王莽傳》中還記載了將河南之滎陽别爲祈隧一事。《後漢書》卷二一《邳彤傳》引《東觀漢記》又云王莽從鉅鹿分出和成郡，居下曲陽。以上皆爲《地理志》所皆未記載。

［6］【顔注】師古曰："竟"音曰"境"。

［7］【顔注】師古曰：閒，音"閑"。以擬有功封賜，有罪黜陟也。

［8］【今注】義陽東都曰六州：王先謙《漢書補注》引錢大昕《廿二史考異·漢書三》指出，據本書《地理志》"雒陽，莽曰宜陽"，當即此義陽。劉奉世認爲，"州"當爲"郊"。

［9］【顔注】師古曰：《禹貢》去王城四百里納粟，五百里納米，皆在甸服之内。

［10］【顔注】師古曰：采，采服也。任，男服也。

［11］【顔注】師古曰：賓服，即古衞服也，取諸侯賓服以爲名。

［12］【顔注】師古曰：凡此惟城以下，取《詩·大雅·板》之篇云"价人惟藩，太師惟垣（太，殿本作"大"），大邦惟屏，大宗惟翰，懷德惟寧，宗子惟城"，以爲名號也。解在《諸侯王表》（殿本"表"前有"年"字）。

［13］【今注】制詔：皇帝的命令。蔡邕《獨斷》云："漢天子正號曰皇帝，自稱曰朕，臣民稱之曰陛下，其言曰制詔。" 陳留：郡名。治陳留縣（今河南開封市東南陳留）。

［14］【顔注】蘇林曰：陳留圉縣，莽改曰益歲。【今注】益歲：錢大昕《廿二史考異·漢書三》指出，新莽之益歲，即圉縣。據本書《地理志》，圉縣屬淮陽，不屬陳留，或爲新莽時改屬。圉，縣名。治所在今河南杞縣西南。

［15］【今注】雍丘：縣名。治所在今河南杞縣。

［16］【今注】梁郡：周壽昌《漢書注校補》指出，據此，漢梁國至莽時已稱郡。

［17］【今注】東郡：郡名。治濮陽縣（今河南濮陽市西南）。

［18］【今注】滎陽：縣名。屬河南郡。治所在今河南滎陽市東北。

［19］【今注】案，大，蔡琪本、大德本、殿本作"太"。

［20］【今注】行在所：天子停留之處。通常指天子巡幸所到之處，也可指京師。

令天下小學，戊子代甲子爲六旬首。[1]冠以戊子爲元日，[2]昏以戊寅之旬爲忌日。[3]百姓多不從者。

［1］【今注】戊子代甲子爲六旬首：周壽昌《漢書注校補》指出，古皆以甲子爲六旬首，此當爲王莽所造王光曆。王先謙《漢書補注》引何焯謂，王莽自以爲土德，故改戊子爲六旬首。

［2］【顔注】師古曰：冠，音工喚反。元，善也。

［3］【顔注】師古曰：昏，謂娶妻也。【今注】昏以戊寅之旬爲忌日：王先謙《漢書補注》引錢大昕曰，戊寅旬中無“子”，故忌之。引何焯謂，戊寅支剋幹，故爲忌日。

匈奴單于知死，弟咸立爲單于，求和親。莽遣使者厚賂之，詐許還其侍子登，因購求陳良、終帶等。單于即執良等付使者，檻車詣長安。莽燔燒良等於城北，令吏民會觀之。

緣邊大飢，人相食。諫大夫如普行邊兵，[1]還言：“軍士久屯塞苦，邊郡無以相贍。今單于新和，宜因是罷兵。”校尉韓威進曰：“以新室之威而吞胡虜，無異口中蚤蝨。臣願得勇敢之士五千人，不齎斗粮，[2]飢食虜肉，渴飲其血，可以横行。”莽壯其言，以威爲將軍。然采普言，徵還諸將在邊者。免陳欽等十八人，又罷四關填都尉諸屯兵。[3]會匈奴使還，單于知侍子登前誅死，發兵寇邊，莽復發軍屯。於是邊民流入内郡，爲人奴婢，迺禁吏民敢挾邊民者棄市。[4]

［1］【顔注】師古曰：行，音下更反。

［2］【今注】案，粮，蔡琪本作“糧”。

［3］【今注】罷四關：王先謙《漢書補注》引《資治通鑑》卷三七《漢紀》王莽天鳳元年胡三省注云：“莽置四關，各有鎮都尉領屯兵。”

[4]【今注】棄市：刑罰名。在鬧市執行死刑，尸暴街頭，言與衆人共棄之。

益州蠻夷殺大尹程隆，[1]三邊盡反。遣平蠻將軍馮茂將兵擊之。

[1]【今注】益州：此指益州郡。治滇池（今雲南昆明市晉寧區東）。

寧始將軍侯輔免，講《易》祭酒戴参爲寧始將軍。

二年二月，置酒王路堂，公卿大夫皆佐酒。[1]大赦天下。

[1]【顔注】師古曰：助行酒。

是時，日中見星。

大司馬苗訢左遷司命，以延德侯陳茂爲大司馬。

訛言黄龍墯死黄山宫中，[1]百姓犇走往觀者有萬數。莽惡之，[2]捕繫問語所從起，不能得。

[1]【今注】訛言：王念孫《讀書雜志·漢書第十五》指出，荀悦《漢紀·孝平皇帝紀》、《資治通鑑》卷三八《漢紀》王莽天鳳二年"訛言"上皆有"民"字。若無"民"字，則語意不完整。

[2]【顔注】師古曰：莽自謂黄德，故有此妖。

單于咸既和親，求其子登屍，莽欲遣使送致，恐咸怨恨害使者，迺收前言當誅侍子者故將軍陳欽，以他辠繫獄。欽曰："是欲以我爲説於匈奴也。"[1]遂自殺。莽選儒生能顓對者[2]濟南王咸爲大使，五威將琅邪伏黯等爲帥，使送登屍。敕令掘單于知墓，棘鞭其屍。又令匈奴却塞於漠北，責單于馬萬匹，牛三萬頭，羊十萬頭，及稍所略邊民生口在者皆還之。[3]莽好爲大言如此。咸到單于庭，陳莽威德，責單于背畔之辠，應敵從横，單于不能詘，遂致命而還之。[4]入塞，咸病死，封其子爲伯，伏黯等皆爲子。

[1]【顔注】師古曰：説，解説也。託言以其前建議誅侍子，今故殺之。

[2]【顔注】師古曰："顓"與"專"同。專對，謂應對無方，能專其事。

[3]【今注】案，《漢書考正》劉攽指出，"稍所略"當云"所鈔略"，因傳寫致誤。周壽昌《漢書注校補》認爲，此處非誤。是爲王莽大言匈奴未敢恣掠，衹稍有略於邊民。

[4]【今注】案，《漢書考正》劉奉世認爲，"之"字爲衍。

莽意以爲制定則天下自平，故鋭思於地理，[1]制禮作樂，講合六經之説。公卿旦入暮出，論議連年不決，[2]不暇省獄訟冤結民之急務。縣宰缺者，數年守兼，[3]一切貪殘日甚。中郎將、繡衣執法在郡國者，[4]並乘權執，傳相舉奏。[5]又十一公士分布勸農桑，[6]班時令，案諸章，冠蓋相望，交錯道路，召會吏民，逮捕證左，郡縣賦斂，遞相賕賂，白黑紛然，[7]守闕告訴者多。莽自見前顓權以得漢政，故務自攬衆事，[8]有司受成苟免。[9]諸寶物名、帑藏、錢穀官，皆宦者領之；[10]吏民上封事書，宦官左右開發，尚書不得知。[11]其畏備臣下如此。又好變改制度，政令煩多，當奉行者，輒質問乃以從事，[12]前後相乘，憒眊不渫。[13]莽常御燈火至明，猶不能勝。尚書因是爲姦寢事，[14]上書待報者連年不得去，拘繫郡縣者逢赦而後出，衛卒不交代三歲矣。穀常貴，邊兵二十餘萬人仰衣食，縣官愁苦。[15]五原、代郡尤被其毒，起爲盜賊，數千人爲輩，轉入旁郡。莽遣捕盜將軍孔仁將兵與郡縣合擊，歲餘迺定，邊郡亦略將盡。[16]

[1]【今注】案，理，大德本、殿本作“里”。

[2]【今注】案，論議，大德本、殿本作“議論”。

[3]【顔注】師古曰：不拜正官，權令人守兼。

[4]【今注】案，執，殿本作“埶”。

[5]【今注】案，傳，殿本作“傅”。周壽昌《漢書注校補》認爲，“傳”爲“轉”之意，下文有云“遞相賕賂”，下卷有云“傳相監趣”，當以“傳”字爲是。

[6]【今注】十一公士：王先謙《漢書補注》引《資治通鑑》卷三八《漢紀》王莽天鳳二年胡三省注指出，西漢公府本各有掾屬，莽置十一公後，改掾爲士。

[7]【顔注】師古曰：白黑，謂清濁也。紛然，亂意也。言清濁不分也。【今注】白黑紛然：王先謙《漢書補注》引《資治通鑑》卷三八《漢紀》王莽天鳳二年胡三省注指出，白、黑爲最易識别之顔色，却不能分别，可謂繆亂之甚。

[8]【顔注】師古曰：“擥”與“擥”同，其字從手。

[9]【顔注】師古曰：莽事事自決，成熟乃以付吏，吏苟免

罪責而已。【今注】案，有，蔡琪本作“三”。

[10]【顔注】師古曰：帑，音他莽反，又音“奴”。

[11]【今注】案，王先謙《漢書補注》引《資治通鑑》卷三八《漢紀》王莽天鳳二年胡三省注指出，過去上封事者，先經尚書，乃上奏；王莽怕尚書壅蔽，乃令宦官左右發其封，親自省覽。

[12]【顔注】師古曰：質，正也。

[13]【顔注】師古曰：乘，積也，登也。憒眊，不明也。渫，散也，徹也。憒，音工内反。眊，音莫報反。【今注】前後相乘：王先謙《漢書補注》引胡三省注云：“前者省決未了而後者復來，謂之相乘。” 渫：王念孫《讀書雜志·漢書第十五》指出，顔注“不散”“不徹”，皆與“憒眊”義不相屬。王氏指出，《易·井卦》九三“井渫不食”，荀爽曰“渫去穢濁，清潔之意也”，陸德明《經典釋文》引黄穎云“渫，治也”，《史記》卷八四《屈原賈生列傳》“《易》曰‘井渫不食’”，裴駰《史記集解》引向秀曰“渫者，浚治去泥濁也”，皆其證。據此，王氏認爲，渫爲“治”之意，言事務煩多，故莽憒眊而不能治也。

[14]【今注】尚書因是爲姦寢事：沈欽韓《漢書疏證》指出，《説文》有云：“寢，病卧也。”沈氏指出，病卧則事廢，因而事不行謂之“寢”。王先謙《漢書補注》引胡三省注指出，此句意爲“上書者，尚書不以聞而竊寢其事”。

[15]【顔注】師古曰：仰，音牛向反。

[16]【顔注】師古曰：言其逃亡，結爲盜賊，在者少也。

邯鄲以北大雨霧，[1]水出，深者數丈，流殺數千人。

[1]【今注】邯鄲：縣名。治所在今河北邯鄲市西南。 大雨霧：《漢書考正》劉攽認爲，“霧”字疑非。周壽昌《漢書注校補》

認爲，此指大雨且大霧也。

立國將軍孫建死，司命趙閎爲立國將軍。寧始將軍戴參歸故官，南城將軍廉丹爲寧始將軍。

三年二月乙酉，地震，大雨雪，[1]關東尤甚，深者一丈，竹柏或枯。[2]大司空王邑上書言："視事八年，功業不效，司空之職尤獨廢頓，至迺有地震之變。願乞骸骨。"莽曰："夫地有動有震，震者有害，動者不害。《春秋》記地震，《易》繫坤動，動静辟脅，萬物生焉。[3]災異之變，各有云爲。天地動威，以戒予躬，公何辜焉，而乞骸骨，非所以助予者也。使諸吏散騎司禄大衛脩寧男遵諭予意焉。"[4]

[1]【顔注】師古曰：雨，音于具反。

[2]【今注】或：王念孫《讀書雜志·漢書第十五》指出，"或"當爲"咸"字之誤。荀悦《漢紀·孝平皇帝紀》、《北堂書鈔·天部四》引傳正作"咸"。

[3]【顔注】師古曰：辟，音"闢"（音，蔡琪本、殿本作"讀曰"）。闢（大德本、殿本無此字），開也。脅，收斂也。《易·上繫》之辭曰："夫坤，其動也闢，其静也翕，是以廣生焉。"故莽引之也。"翕""脅"之聲相近，義則同。

[4]【今注】諸吏：漢置，爲加官，凡加此官號者得出入禁中，常侍左右，可舉劾百官，並與左、右曹平分尚書奏事。 散騎：秦朝置。隨皇帝出行，騎而散從，故名。西漢因之，爲加官，武帝時以其掌顧問應對，屬中朝官。

五月，莽下吏禄制度，曰："予遭陽九之阸，百六之會，國用不足，民人騷動，自公卿以下，一月之禄十緵布二匹，[1]或帛一匹。予每念之，未嘗不戚焉。今阸會已度，府帑雖未能充，略頗稍給，[2]其以六月朔庚寅始，賦吏禄皆如制度。”[3]四輔公卿大夫士，下至輿僚，凡十五等。僚禄一歲六十六斛，稍以差增，上至四輔而爲萬斛云。莽又曰：“‘普天之下，莫非王土；率土之賓，莫非王臣。’[4]蓋以天下養焉。《周禮》膳羞百有二十品，今諸侯各食其同、國、則；[5]辟、任、附城食其邑；[6]公、卿、大夫、元士食其采。[7]多少之差，咸有條品。歲豐穰則充其禮，[8]有災害則有所損，與百姓同憂喜也。其用上計時通計，天下幸無災害者，太官膳羞備其品矣；即有災害，以什率多少而損膳焉。[9]東岳太師立國將軍保東方三州一部二十五郡；南嶽太傅前將軍保南方二州一部二十五郡；西嶽國師寧始將軍保西方一州二部二十五郡；[10]北嶽國將衞將軍保北方二州一部二十五郡；大司馬保納卿、言卿、仕卿、作卿、京尉、扶尉、兆隊、右隊、中部左洎前七部；[11]大司徒保樂卿、典卿、宗卿、秩卿、翼尉、光尉、左隊、前隊、中部、右部，有五郡；大司空保予卿、虞卿、共卿、工卿、師尉、列尉、祈隊、後隊、中部洎後十郡；[12]及六司，[13]六卿，皆隨所屬之公保其災害，亦以十率多少而損其禄。郎、從官、中都官吏食禄都内之委者，[14]以太官膳羞備損而爲節。[15]諸侯、辟、任、附城、群吏亦各保其災害。幾上下同心，[16]勸進農業，安元元焉。”莽之制度煩碎如此，課計不可理，吏終不得禄，各因官職爲姦，受取賕賂以自共給。[17]

［1］【顏注】孟康曰：緵，八十縷也。師古曰：緵，音子公反（蔡琪本無“音”字。蔡琪本、殿本此後有“韋昭曰四秉曰莒十莒曰緵十緵爲秅四百秉也”一句）。

［2］【今注】略頗稍：周壽昌《漢書注校補》指出，“略頗稍”三字連文。本書卷三三《魏豹田儋韓信傳》贊云“尚猶頗有存者”，與此句法相似。

［3］【今注】賦：王先謙《漢書補注》引《資治通鑑》卷三八《漢紀》王莽天鳳三年胡三省注指出，爲“布”“與”之意。

［4］【顏注】師古曰：莽引《小雅·北山》之詩也。【今注】案，賓，殿本作“濱”。

［5］【顏注】師古曰：謂公食同，侯伯食國，子男食則也。【今注】案，今，蔡琪本、殿本作“令”。

［6］【顏注】師古曰：辟，君也。任，公主也。辟，音“壁”。任，音“壬”。

［7］【顏注】師古曰：謂因官職而食地也。

［8］【顏注】師古曰：穰，音人掌反。

［9］【今注】什率多少：《漢書考正》宋祁認爲，“什”下當有“計”字。周壽昌《漢書注校補》指出，“什”即“十”也。即所計數也，不能再有“計”字。下文有云“亦以十率多少而損其禄”，可證。今案，周壽昌説是，“什率多少”意即爲“十分之多少”。

［10］【今注】案，二十五，蔡琪本作“三十五”。

［11］【顏注】服虔曰：大司馬保此官，皆如郡守也。晉灼曰：左與前故特七部。師古曰：“洎”亦“臮”字也。臮，及也。隊，音“遂”。此下並同。【今注】七部：《漢書考正》劉奉世指

出，“七部”當云“七郡”。然其相加爲二十二郡，尚未及二十五郡。字或有誤。王念孫《讀書雜志·漢書第十五》認爲，“七部”當爲“十郡”，合五郡、十郡，共二十五郡。

［12］【顔注】師古曰：“共”讀曰“龔”（龔，蔡琪本、殿本作“供”）。

［13］【今注】六司：《漢書考正》劉奉世認爲，司當指三公司卿，即司允、司直、司若。此處當云“司、卿”，“六”爲後人妄加。王先謙《漢書補注》引《資治通鑑》卷三八《漢紀》王莽天鳳三年胡三省注認爲，六司即前文所謂六監。

［14］【今注】委：王先謙《漢書補注》引《資治通鑑》卷三八《漢紀》王莽天鳳三年胡三省注指出，爲積累之意。

［15］【顔注】師古曰：言隨其多少。【今注】案，太，殿本作“大”。

［16］【顔注】師古曰：“幾”音曰“冀”。

［17］【顔注】師古曰：“共”讀曰“供”。

是月戊辰，長平館西岸崩，邕涇水不流，毁而北行。[1]遣大司空王邑行視，[2]還奏狀，群臣上壽，以爲《河圖》所謂“以土填水”，[3]匈奴滅亡之祥也。乃遣并州牧宋弘、游擊都尉任萌等將兵擊匈奴，[4]至邊止屯。

［1］【顔注】師古曰：“邕”讀曰“壅”。【今注】涇水：即今陝西中部涇河，源出寧夏六盤山，經甘肅至陝西西安市高陵區入渭河。案，王先謙《漢書補注》引《資治通鑑》卷三八《漢紀》王莽天鳳三年胡三省注指出，長平館即長平觀，在涇水之南。涇水東南流入渭水，爲岸所壅堵，故毁而北流。

［2］【顔注】師古曰：行，音下更反。

［3］【顔注】師古曰："填"讀與"鎮"同。【今注】河圖：《易·繫辭上》有謂"河出圖，洛出書，聖人則之"。後人對"河圖"乃有不同的解釋，多釋爲啓發伏羲畫八卦的神圖。此處所引當爲漢代經學家爲河圖所附會的讖緯文字。《隋書·經籍志》著録有《河圖》十二卷、《河圖龍文》一卷，當皆爲此類文字。

［4］【今注】案，萌，殿本作"明"。

七月辛酉，霸城門災，民閒所謂青門也。[1]

［1］【顔注】師古曰：《三輔黄圖》云，長安城東出南頭名霸城門，俗以其色青，名曰青門。

戊子晦，日有食之。[1]大赦天下。復令公卿大夫諸侯二千石舉四行各一人。[2]大司馬陳茂以日食免，武建伯嚴尤爲大司馬。[3]

［1］【今注】日有食之：查諸日食表，公元16年8月21日，亦即王莽天鳳三年七月戊子晦確有日食，陝西西安地區食甚時刻爲上午10時28分，食分高達0.84（參見張培瑜《三千五百年曆日天象》）。與此記載相合。

［2］【顔注】師古曰：依漢光禄之四科。【今注】四行：《漢書考正》劉奉世指出，四行當爲前已舉德行、言語、政事、文學，今復令舉之，並非光禄四行。

［3］【顔注】如淳曰：莽之伯、子、男號也。

十月戊辰，王路朱鳥門鳴，晝夜不絶，崔發等曰："虞帝闢四門，通四聰。[1]門鳴者，明當修先聖之禮，招四方之士也。”於是令群臣皆賀，所舉四行從朱鳥門入而對策焉。

[1]【顔注】師古曰：《虞書》叙舜之德也，“闢四門，明四目，達四聰”，故引之。

平蠻將軍馮茂擊句町，士卒疾疫，死者什六七，賦斂民財什取五，益州虚耗而不克，徵還下獄死。更遣寧始將軍廉丹與庸部牧史熊擊句町，[1]頗斬首，有勝。莽徵丹、熊，丹、熊願益調度，必克乃還。復大賦斂，就都大尹馮英不肯給，[2]上言：“自越嶲遂久仇牛、同亭邪豆之屬反畔以來，積且十年，[3]郡縣距擊不已。續用馮茂，苟施一切之政。僰道以南，[4]山險高深，茂多毆衆遠居，[5]費以億計，吏士離毒氣死者什七。[6]今丹、熊懼於自詭期會，[7]調發諸郡兵穀，復訾民取其十四，[8]空破梁州，[9]功終不遂。[10]宜罷兵屯田，明設購賞。”莽怒，免英官。後頗覺寤，曰：“英亦未可厚非。”復以英爲長沙連率。

[1]【今注】庸部：本書卷九五《西南夷傳》顔師古注認爲，王莽改益州爲庸部。《資治通鑑》卷三八《漢紀》王莽天鳳三年胡三省注則指出，王莽區分州、部，設州牧、部監。今史熊爲庸部牧，則又似乎州、部牧合二爲一。譚其驤《新莽職方考》（《二十五史補編》第二册，開明書店 1936 年版）則認爲，王莽時州、部並行，益州仍存，不可謂王莽改益州爲庸部，而部制之細則尚不可詳考。綜合相關記載與顔、胡、譚之説，似是王莽以益州的一部分

爲庸部。益州，漢武帝所置十三刺史部之一，監察武都、漢中、廣漢、蜀郡、巴郡、犍爲、益州、牂柯等郡國，其地相當於今貴州除東部以外地區，雲南哀牢山、怒江及四川折多山以東，甘肅隴南市武都區、兩當縣及陝西秦嶺以南，以及湖北十堰市鄖陽區、保康縣等地。

[2]【今注】就都：錢大昭《漢書辨疑》認爲即故廣漢。王先謙《漢書補注》指出，莽於蜀郡廣都縣置就都大尹。

[3]【顔注】服虔曰：遂久，縣名也。仇牛等越嶲旁夷。【今注】越嶲：郡名。治邛都（今四川西昌市東南）。　遂久：縣名。治所在今雲南玉龍納西族自治縣北部。　同亭：郡名。王莽改漢牂牁郡置。因故夜郎國有"且同亭"，故名"同亭"。

[4]【今注】僰道：道名。治所在今四川宜賓市西南安邊場。道，西漢時少數民族聚居的縣級行政單位。

[5]【顔注】師古曰："敺"讀曰"驅"同。

[6]【顔注】師古曰：離，遭也。

[7]【顔注】師古曰：詭，責也。自以爲憂責。

[8]【顔注】師古曰：發人訾財，十取其四也。【今注】訾：王先謙《漢書補注》引王先慎指出，"訾"爲"量"之意。見《國語·齊語》高誘注、《列子·説符》張湛注。

[9]【今注】梁州：《資治通鑑》卷三八《漢紀》王莽天鳳三年胡三省注云"莽改益州曰梁州"。譚其驤《新莽職方考》認爲，梁州作爲《禹貢》九州之一，其所對應的地域即益州。此處是以古稱代指益州，而並非在制度上改益州爲梁州。

[10]【顔注】師古曰：遂，成也。

翟義黨王孫慶捕得，莽使太醫、尚方與巧屠共刳剥之，[1]量度五臧，[2]以竹筳導其脉，知所終始，[3]云可以治病。[4]

［1］【顔注】師古曰：刳，剖也，音口胡反。

［2］【顔注】師古曰：度，音徒各反。【今注】五臧：即五臟：心、肝、脾、肺、腎。案，臧，蔡琪本作“藏”。

［3］【顔注】師古曰：筵，竹挺也，音“庭”（殿本此注被併入下一條）。

［4］【顔注】師古曰：以知血脉之原，則盡攻療之道也。【今注】案，此爲中國古代關於人體解剖最早的確切記載，在醫學史上意義頗大，相關研究較多。日本學者山田慶兒《中國古代的計量解剖學》（艾素珍譯，《尋根》1995年第4期）認爲，今本《黄帝内經》中關於人體内臟的數據即源於此次解剖。

是歲，遣大使五威將王駿、西域都護李崇將戊己校尉出西域，[1]諸國皆郊迎貢獻焉。諸國前殺都護但欽，駿欲襲之，命佐帥何封、戊己校尉郭欽别將。[2]焉耆詐降，[3]伏兵擊駿等，皆死。欽、封後到，襲擊老弱，從車師還入塞。[4]莽拜欽爲填外將軍，[5]封剿胡子，[6]何封爲集胡男。西域自此絶。

［1］【今注】西域都護：官名。又稱“都護西域”“使西域都護”，宣帝地節二年（前68）初置。西漢時爲加官，以騎都尉、諫大夫等身份使護西域三十六國，秩比二千石。　戊己校尉：官名。屬西域都護，一説屬中央北軍。居車師前王庭，掌屯田，屬官有丞、司馬各一人，候五人。秩比六百石。漢元帝初元元年（前48）置。在西漢大部分時間分設戊校尉、己校尉，至西漢末年可能又合併爲戊己校尉。新莽時廢，東漢時復置。關於“戊己”的含義，有居於西域諸國之中央、無固定治所、厭勝匈奴等説法，有學者認爲，這一命名就是利用“戊己”在五行説中的多重意義，用以表達其多重政治職能（參見李炳泉《兩漢戊己校尉建制考》，《史學月

刊》2002年第6期；孟憲實《西漢戊己校尉新論》，《廣東社會科學》2004年第1期；賈叢江《西漢戊己校尉的名和實》，《中國邊疆史地研究》2006年第4期）。

［2］【顔注】師古曰：别領兵在後也。將，音子亮反。

［3］【今注】焉耆：西域國名。治員渠城，在今新疆焉耆回族自治縣。

［4］【今注】車師：原名姑師。西域諸國之一。國都交河（今新疆吐魯番市西北）。東南通敦煌，南通樓蘭、鄯善，西通焉耆，西北通烏孫，東北通匈奴，爲絲路要地。

［5］【顔注】師古曰：填，音竹刃反。

［6］【顔注】師古曰：剿，音子小反（蔡琪本、殿本此句後有“韋昭曰又作劋音芟”一句）。

漢書　卷九九下

王莽傳第六十九下

四年五月，莽曰："保成師友祭酒唐林、故諫議祭酒琅邪紀逡，[1]孝弟忠恕，[2]敬上愛下，博通舊聞，德行醇備，至於黄髮，靡有愆失。[3]其封林爲建德侯，逡爲封德侯，位皆特進，[4]見禮如三公。[5]賜弟一區，[6]錢三百萬，授几杖焉。"[7]

[1]【顔注】師古曰：逡，音千旬反，字或從彳，其音同耳。【今注】祭酒：官名。古禮，祭祀宴饗，必推年長者一人先舉酒以祭，故以祭酒爲尊敬之稱，因以爲位名。漢代大臣加祭酒名號，表示優尊，並無實際職能。西漢時置六經祭酒，秩上卿；王莽時設六經祭酒共六人，再加上師友、侍中、諫議三祭酒，並爲九祭酒。東漢置博士祭酒，秩六百石，爲五經博士之首。　唐林：字子高，沛郡人。好學明經，以明經慎行顯名。漢哀帝時任尚書僕射，左遷敦煌魚澤障候。平帝時，任尚書令。仕王莽，被任爲胥附，爲太子四友，封建德侯。數上疏諫正。　琅邪：郡名。秦置，西漢時治東武縣（今山東諸城市）。　紀逡：字王思，琅邪人。以明經飭行顯名於世，號爲清名之士。

[2]【今注】案，弟，蔡琪本作"悌"。

[3]【顔注】師古曰：黄髮，老稱，謂白髮盡落，更生黄者。

［4］【今注】特進：西漢置，凡諸侯功德優盛、朝廷敬異者賜特進，位在三公下，得自辟僚屬。

［5］【顔注】師古曰：朝見之禮。【今注】三公：西漢前期，往往在習慣上將太尉、丞相、御史大夫並稱三公，然並未進入實際制度。成帝綏和元年（前8）改御史大夫爲大司空，去大司馬將軍號並設官署，與丞相並稱三公。哀帝建平二年（前5），從朱博之請，復大司空爲御史大夫，去大司馬印綬、官署而冠將軍號。哀帝元壽二年（前1）又復三公，並改丞相爲大司徒。此制爲新莽所承。東漢時，又將三公名號改爲太尉、司徒、司空。

［6］【今注】案，弟，蔡琪本、大德本、殿本作“第”。

［7］【今注】几杖：几案和拐杖。供老者使用。賜几杖有敬老之意。相關研究可參看王曉軒《近十年來漢代王杖制研究綜述》（《洛陽師範學院學報》2011年第1期）。

六月，更授諸侯茅土於明堂，[1]曰：“予制作地理，建封五等，考之經蓺，合之傳記，通於義理，論之思之，至於再三，自始建國之元以來，九年于兹，迺今定矣。予親設文石之平，[2]陳菁茅四色之土，[3]欽告于岱宗泰社后土、先祖先妣，以班授之。[4]各就厥國，[5]養牧民人，用成功業。其在緣邊，若江南，[6]非詔所召，遣侍于帝城者，納言掌貨大夫且調都内故錢，[7]予其禄，[8]公歲八十萬，侯伯四十萬，子男二十萬。”然復不能盡得。莽好空言，慕古法，多封爵人，性實遴嗇，[9]託以地理未定，故且先賦茅土，用慰喜封者。

［1］【今注】茅土：天子分封王、侯時，用代表方位的五色土築壇，按封地所在方向取一色土，包以白茅而授之，作爲受封者得

以有國建社的表徵。　明堂：古代帝王宣明政教的地方。凡朝會、祭祀、慶賞、選士、養老、教學等大典，都在此舉行。

［2］【今注】文石之平：沈欽韓《漢書疏證》指出，《後漢書》卷四〇上《班固傳》載班固《西都賦》有云“左墄右平”，其注引《決疑要注》云：“墄者爲階級，平者以文磚相亞次也。”

［3］【顔注】師古曰：《尚書·禹貢》“苞匭菁茅”。儒者以爲菁，菜名也；茅，三脊茅也。而莽此言以菁茅爲一物，則是謂善茅爲菁茅也。土有五色，而此云四者，中央之土不以封也。菁，音精。【今注】菁茅四色之土：沈欽韓《漢書疏證》指出，《管子·輕重丁》云：“江淮之間，一茅三脊，名曰菁茅。”故《書》疏引鄭注云：“菁茅，茅之有毛刺者。”《周書·作洛》云：“乃建大社于周中，其壝東青土，南赤土，西白土，北驪土，中央疊以黄土。將建諸侯，鑿取其方，一面之土，燾以黄土，苴以白茅，以爲土封。故曰，受列土于周室。”託名孔穎達的《尚書傳》大略亦同。沈氏據此，認爲當是在五方五色土上，皆冒黄土，顔師古見此云四色之土，而謂黄土不封，當誤。

［4］【顔注】師古曰：欽，敬也。班，布也。

［5］【今注】厥：其。

［6］【今注】若：王先謙《漢書補注》指出，爲“及”之意。

［7］【今注】納言掌貨大夫：王莽改大司農爲“納言”。大司農，西漢武帝改大農令置。掌管全國租賦收入和國家財政開支。秩中二千石，列位九卿。貨，指錢。此當指納言屬下掌金錢出入之官。

［8］【顔注】師古曰：調，謂發取之，音徒釣反。次下亦同。

［9］【顔注】師古曰：“遴”讀與“吝”同。

是歲，復明六筦之令。[1]每一筦下，爲設科條防禁，犯者罪至死，吏民抵罪者浸衆。[2]又一切調上公以下諸有奴婢者，率一口出錢三千六百，天下愈愁，盜賊起。納言馮常以六筦諫，[3]莽大怒，免常官。置執法左右刺姦。選用能吏侯霸等分督六尉、六隊，[4]如漢刺史，[5]與三公士郡一人從事。[6]

[1]【今注】六筦：筦，同“管”。指政府對鹽、鐵、酒壟斷專營，專營鑄錢，對采取山澤之物者收税。

[2]【今注】案，㴆，蔡琪本作“浸”，大德本作“寖”，殿本作“寖”。

[3]【今注】納言：周壽昌《漢書注校補》指出，此前有納言掌貨大夫，此後又有納言將軍嚴尤、秩宗將軍嚴茂，可知此即前文（指本書卷九九中《王莽傳中》）所謂之“納卿”“言卿”“秩卿”“宗卿”。

[4]【顔注】師古曰：督，察也。隊，音“遂”。【今注】六尉：王莽分三輔爲六尉郡。分别爲京尉、扶尉、翼尉、光尉、師尉、列尉。　六隊：《後漢書》卷一上《光武帝紀上》李賢注云：“王莽置六隊，郡置大夫一人，職如太守。南陽爲前隊，河内爲後隊，潁川爲左隊，弘農爲右隊，河東爲兆隊，滎陽爲祈隊。”

[5]【今注】刺史：漢武帝時始置，分全國爲十三部州，州置刺史一人。奉詔巡行諸郡，以六條問事，省察治政，黜陟能否，斷理冤獄。無治所，秩六百石。

[6]【今注】三公士：王莽改三公府掾爲士，稱大司馬士、大司徒士、大司空士。

臨淮瓜田儀等爲盜賊，依阻會稽長州，[1]琅邪女子吕母亦起。初，吕母子爲縣吏，爲宰所冤殺。[2]母散家財，以酤酒買兵弩，[3]陰厚貧窮少年，[4]得百餘人，遂攻海曲縣，[5]殺其宰以祭子墓。引兵入海，其衆浸多，後皆萬數。[6]莽遣使者即赦盜賊，還言："盜賊解，輒復合。問其故，皆曰愁法禁煩苛，不得舉手。大作所得，[7]不足以給貢税。閉門自守，又坐鄰伍鑄錢挾銅，姦吏因以愁民。民窮，悉起爲盜賊。"莽大怒，免之。其或順指，言"民驕黠當誅"，及言"時運適然，且滅不久"，莽説，輒遷之。[8]

［1］【顔注】服虔曰：姓瓜田，名儀。師古曰：長州，即枚乘所云"長州之苑"。【今注】臨淮：郡名。治徐縣（今江蘇泗洪縣南）。　會稽：郡名。治吴縣（今江蘇蘇州市）。

［2］【顔注】師古曰：宰，縣令。【今注】宰：王先謙《漢書補注》指出，莽改縣令長曰宰。

［3］【顔注】師古曰：酤，音"姑"。

［4］【今注】少年：秦漢時的"少年"之稱並非簡單的年齒標志，實際有特定的社會含義。秦漢文獻中所謂"少年"，往往是城邑中持與政府不合作態度的社會力量，一般都表現出反正統傾向，是游俠社會的基礎，其行爲甚至構成影響社會安定的重要因素（參見王子今《説秦漢"少年"與"惡少年"》，《中國史研究》1991年第4期）。

［5］【今注】海曲縣：治所在今山東日照市西。案，《漢書考證》齊召南指出，《資治通鑑》即書新市王匡、王鳳，南陽馬武，潁川王常、成丹等，南郡張霸，江夏羊牧等起兵於吕母之後。

［6］【今注】案，《後漢書》卷一一《劉盆子傳》記其後事云："吕母病死，其衆分入赤眉、青犢、銅馬中。"

［7］【今注】案，大，蔡琪本、大德本、殿本作"力"。

［8］【顔注】師古曰："説"讀曰"悦"。

是歲八月，莽親之南郊，鑄作威斗。[1]威斗者，以五石銅爲之，[2]若北斗，長二尺五寸，欲以厭勝衆兵。[3]既成，令司命負之，莽出在前，入在御旁。鑄斗日，大寒，百官人馬有凍死者。

[1]【今注】鑄作威斗：沈欽韓《漢書疏證》指出，《南史》卷三三《何承天傳》有關於此威斗的記載。

[2]【顔注】李奇曰：以五色藥石及銅爲之。蘇林曰：以五色銅鑛，冶之。師古曰：李説是也。若今作鍮石之爲。

[3]【顔注】師古曰：厭，音一葉反。

五年正月朔，北軍南門災。[1]

[1]【今注】北軍：漢代屯衛京城的主力禁衛軍。因西漢時皇帝所在未央宫在長安城南部，故護衛宫城者稱南軍，由衛尉率領；百姓與京師駐防軍在長安城北部，稱北軍，初以中尉統率，武帝時京師軍隊規模擴大，增設八校尉統領。同時更名中尉爲執金吾，不再執掌北軍。（參見黄今言《秦漢軍制史論》，江西人民出版社1993年版，第141—142頁；熊鐵基《秦漢軍事制度史》，廣西人民出版社1990年版，第66頁；臧知非《試論漢代中尉、執金吾和北軍的演變》，《益陽師專學報》1989年第2期） 災：此指火災。《左傳》宣公十六年有云："凡火，人火曰火，天火曰災。"

以大司馬司允費興爲荆州牧，[1]見，問到部方略，興對曰："荆、楊之民率依阻山澤，[2]以漁采爲業。[3]閒者，國張六筦，税山澤，妨奪民之利，連年久旱，百姓飢窮，故爲盜賊。興到部，欲令明曉告盜賊歸田里，假貸犂牛種食，[4]闊其租賦，[5]幾可以解釋安集。”[6]莽怒，免興官。

［1］【今注】大司馬司允：王莽於三公之下分設的司卿之一，位孤卿。三孤卿與納言等六卿並稱九卿。　荆州：西漢武帝時爲“十三刺史部”之一。轄境約當今湖北、湖南二省及河南、貴州、廣西、廣東等省區部分地。　牧：州部長官。漢武帝時設十三州部刺史，監察地方郡國，秩六百石。成帝綏和元年（前8）改刺史爲州牧，以應上古州伯方牧之義，秩二千石，位次九卿。哀帝建平二年（前5）復稱刺史，元壽二年（前1）又改稱州牧。新莽制度崇古，沿用州牧名稱，又因州牧地位高如三公，怠懈於刺舉諸事，故置牧監以爲輔助，職責如漢之刺史。

［2］【今注】楊：楊州，亦作“揚州”。西漢武帝時置，爲十三刺史部之一。轄境相當今江蘇、安徽江淮以南，湖北、河南部分地區，及江西、浙江、福建三省。案，楊，大德本、殿本作“揚”。

［3］【顔注】師古曰：漁，謂捕魚也。采，謂采取蔬果之屬。

［4］【顔注】師古曰：貸，音土戴反。

［5］【顔注】師古曰：闊，寬也。

［6］【顔注】師古曰：“幾”讀曰“冀”。

天下吏以不得奉禄，並爲姦利，郡尹縣宰家累千金。莽下詔曰：“詳考始建國二年胡虜猾夏以來，諸軍吏及緣邊吏大夫以上爲姦利增産致富者，收其家所有財産五分之四，以助邊急。”公府士馳傳天下，考覆貪饕，[1]開吏告其將，[2]奴婢告其主，幾以禁姦，[3]姦愈甚。

[1]【顔注】師古曰：傳，音張戀反。饕，音吐高反。【今注】馳傳：駕馭驛站車馬疾行。

[2]【今注】開：王先謙《漢書補注》認爲，指“開導使言”。蔡琪本作“關”。

[3]【顔注】師古曰：“幾”讀曰“冀”。

皇孫功崇公宗坐自畫容貌，被服天子衣冠，刻印三：一曰“維祉冠存己夏處南山臧薄冰”，[1]二曰“肅聖寶繼”，[2]三曰“德封昌圖”。[3]又宗舅吕寬家前徙合浦，[4]私與宗通，發覺按驗，宗自殺。莽曰：“宗屬爲皇孫，爵爲上公，知寬等叛逆族類，而與交通；刻銅印三，文意甚害，不知厭足，窺欲非望。《春秋》之義，‘君親毋將，將而誅焉’。[5]迷惑失道，自取此辜，烏呼哀哉！宗本名會宗，以制作去二名，今復名會宗。貶厥爵，改厥號，賜謚爲功崇繆伯，以諸伯之禮葬于故同穀城郡。”[6]宗姊妨爲衛將軍王興夫人，[7]祝詛姑，殺婢以絶口。事發覺，莽使中常侍𨡺惲責問妨，[8]并以責興，皆自殺。事連及司命孔仁妻，亦自殺。仁見莽免冠謝，莽使尚書劾仁：[9]“乘《乾》車，駕巛馬，[10]左蒼龍，[11]右白虎，前朱雀，[12]後玄武，右杖威節，左負威斗，號曰赤星，[13]非以驕仁，迺以尊新室之威命也。仁擅免天文冠，大不敬。”[14]有詔勿劾，更易新冠。其好怪如此。[15]

[1]【顔注】文穎曰：祉，福祚也。冠存己，欲襲代也。應劭曰：夏處南山，就陰凉也。臧薄冰，亦以除暑也。

［2］【顔注】應劭曰：莽自謂承聖舜後，能肅敬，得天寶龜以立。宗欲繼其緒。

［3］【顔注】蘇林曰：宗自言以德見封，當遂昌熾，受天下圖籍。

［4］【今注】吕寬：王莽子王宇妻兄。與王宇密謀在王莽府門塗血，以神怪迫懾王莽歸政衛氏。事敗，吕寬、王宇皆死，多人受牽連。事見本書卷九二《游俠傳》、卷九九《王莽傳》。　合浦：郡名。漢武帝元鼎六年（前 111）平南越後置。郡治合浦縣（今廣西浦北縣舊州）。因在偏遠的嶺南，西漢後期常作流放之地。

［5］【顔注】師古曰：《春秋公羊傳》之辭也。以公子牙將爲殺逆而誅之（殺，殿本作"弑"），故云然也。親，謂父母也。【今注】春秋：書名。編年體史書。以魯國歷史爲主，按魯十二國君爲序。記事起魯隱公元年（前 722），至魯哀公十四年（前 481），載凡朝聘、會盟、戰争等事。漢代列爲儒家經典之一。《春秋》本經極簡，故而後儒對其進行了大幅解釋，即傳。漢代有《公羊》《穀梁》《左氏》三傳。此處所指爲《春秋公羊傳》，其作者據説爲戰國時儒者公羊高，起初爲口頭傳授，西漢初年寫成文本。

［6］【顔注】師古曰：同者，宗所封一同之地。

［7］【今注】衛將軍：漢代將軍名號。即掌護衛的高級武官。西漢後期輔政大臣多加衛將軍銜，掌京師屯兵及守衛宫禁。

［8］【顔注】師古曰：䙈，音"帶"，又音徒蓋反。【今注】中常侍：加官。初稱常侍，漢元帝以後稱中常侍。凡列侯、將軍、卿大夫、將、都尉、尚書以至郎中，加此得出入禁中，常侍皇帝左右。武帝以後參與朝議，成爲中朝官。無定員。

［9］【今注】尚書：始於戰國，秦時爲少府屬官，掌殿内文書。漢初承秦制，設令、僕射、丞、尚書吏，掌收發文書，傳達記録詔命章奏，隸少府。漢武帝時漸成爲重要宫廷政治機構，參與國家機密，常以中朝大臣兼領、平、視，以左右曹諸吏平尚書奏事，

參與議政決策，宣示詔命。百官奏事先呈尚書，皆爲正、副二封，由領尚書者拆閱副封，加以裁決，可屏抑不奏。百官選舉任用考察詰責彈劾之責亦歸之。漢成帝時設尚書五人，開始分曹辦事，群臣章奏都經尚書。

［10］【今注】巛：錢大昭《漢書辨疑》指出，即古“坤”字。殿本作“坤”。

［11］【今注】案，蒼，蔡琪本作“倉”。

［12］【今注】案，雀，蔡琪本、大德本、殿本作“鳥”。

［13］【今注】赤星：沈欽韓《漢書疏證》認爲即熒惑，司罰，故以號司命之官。

［14］【今注】不敬：漢律罪名。指危害皇帝尊嚴的犯罪行爲。

［15］【顔注】師古曰：言莽性好爲鬼神怪異之事。

以直道侯王涉爲衛將軍。涉者，曲陽侯根子也。[1]根，成帝世爲大司馬，[2]薦莽自代，莽恩之，[3]以爲曲陽，非令稱，[4]乃追謚根曰直道讓公，涉嗣其爵。

［1］【今注】曲陽：邑名。治所在今山西曲沃縣南。　根：王根，字稚卿。西漢東平陵（今山東濟南市東）人。元帝皇后王政君弟。成帝時以帝舅封曲陽侯。後爲大司馬驃騎將軍，繼其兄王商輔政。歷五歲，以老辭職。哀帝立，遣就國。

［2］【今注】大司馬：《周禮》中所載的夏官之長，掌武事。漢初承秦制，以太尉爲武官之長，且不常置，更不設大司馬一職。漢武帝於元狩四年（前119）漠北大捷後，設大司馬爲加官，分别封衛青、霍去病。自霍光封大司馬大將軍之後，此職乃成爲常置固定之職，内朝官之領袖。成帝時改官制，又以此職比附漢初之太尉，成爲三公之一。

［3］【顔注】師古曰：懷其舊恩也。

［4］【顏注】師古曰：令，善也。曲陽之名，非善稱也。

是歲，赤眉力子都、樊崇等以飢饉相聚，[1]起於琅邪，轉鈔掠，衆皆萬數。遣使者發郡國兵擊之，不能克。

［1］【今注】赤眉：新莽末年農民起義軍，因其成員將眉毛塗成紅色，故名。　力子都：東海人，起兵反莽，有六七萬人。後遣使降更始政權，獲封爲徐州牧。劉秀在河北敗於王郎時曾考慮投奔其軍中。後力子都爲其下屬所殺。其餘部後爲劉秀屬下大將吳漢所擊降。《後漢書》卷二一《任光傳》附其傳。《漢書考正》劉攽認爲，"力"當作"刀"。《漢書考證》齊召南指出，《資治通鑑》作"刀子都"。然本文及《後漢書》皆作"力"。《姓譜》稱黄帝臣力牧之後爲力姓，然則"力"字不誤。案，力，大德本作"刀"。　樊崇：赤眉軍首領。在王莽覆滅後曾投奔更始政權。因不滿其待遇，乃復反，立劉盆子爲帝，攻滅更始，又擊敗劉秀屬下大將鄧禹。後敗於劉秀屬下大將馮異，乃降劉秀，終以謀反罪被殺。

六年春，莽見盜賊多，乃令太史推三萬六千歲歷紀，六歲一改元，布天下。下書曰："《紫閣圖》曰'太一、黄帝皆僊上天，[1]張樂崑崙虔山之上。[2]後世聖主得瑞者，當張樂秦終南山之上'。[3]予之不敏，奉行未明，乃今諭矣。復以寧始將軍爲更始將軍，以順符命。《易》不云乎，[4]'日新之謂盛德，生生之謂易'。[5]予其饗哉！"欲以誑燿百姓，銷解盜賊。衆皆笑之。

［1］【顔注】師古曰：僊，古“仙”字。上，升也。【今注】太一：其起源或來自數術崇拜，亦即《老子》“一生二”中的“一”。但戰國中晚期以來，這一名詞已逐漸人格化。至漢武帝封禪時，“天神貴者太一，太一佐曰五帝”的説法更得到官方認可，太一遂成爲凌駕於五帝之上的至上神（參見錢寶琮《太一考》，載《錢寶琮科學史論文選集》，科學出版社 1983 年版）。　黄帝：傳説中的上古人物，五帝之一。號軒轅氏、有熊氏。與蚩尤戰於涿鹿。因有土德之瑞，故號黄帝。後世很多發明和製作均以黄帝爲始。

［2］【今注】崑崙虔山：沈欽韓《漢書疏證》指出，《穆天子傳》有云：“吉日辛酉，天子升於崑崙之丘，以觀黄帝之宫。”《山海經》有云：“黄帝取峚山之玉榮，投之鍾山之陽。”沈氏認爲，“虔”疑爲“峚”之訛。

［3］【顔注】服虔曰：長安南山，《詩》所謂終南，故秦地，故言秦也【今注】案，秦，蔡琪本作“奏”。

［4］【今注】易：即《易經》或《周易》，本爲以八卦進行卜筮之書，後成爲儒家五經之一。其内容形成時間較早，是研究先秦史，尤其是先秦思想史的重要史料。

［5］【顔注】李奇曰：《易》道生諸當生者也。師古曰：《下繫》之辭（下，蔡琪本作“上”）。體化合變，故曰日新。

初獻《新樂》於明堂、大廟。[1]群臣始冠麟韋之弁。[2]或聞其樂聲，曰：“清厲而哀，[3]非興國之聲也。”

［1］【今注】新樂：王先謙《漢書補注》指出，《資治通鑑》卷三八《漢紀》天鳳六年胡三省注有云：“《新樂》，莽所作。”　大廟：即太廟。帝王祭祀祖先的廟宇。案，大，蔡琪本、大德本、殿本作“太”。

［2］【顔注】李奇曰：鹿皮冠。

［3］【今注】案，哀，殿本作“衰”。

是時，關東飢旱數年，力子都等黨衆寖多。[1]更始將軍廉丹擊益州不能克，[2]徵還。更遣復位後大司馬護軍郭興、庸部牧李曅擊蠻夷若豆等，[3]太傅犧叔士孫喜清潔江湖之盜賊。[4]而匈奴寇邊甚。莽乃大募天下丁男及死罪囚、吏民奴，名曰豬突豨勇，以爲鋭卒。一切税天下吏民，訾三十取一，[5]縑帛皆輸長安。令公卿以下至郡縣黄綬皆保養軍馬，[6]多少各以秩爲差。又博募有奇技術可以攻匈奴者，將待以不次之位。言便宜者以萬數：或言能度水不用舟楫，[7]連馬接騎，濟百萬師；或言不持斗糧，服食藥物，三軍不飢；或言能飛，一日千里，可窺匈奴。莽輒試之，取大鳥翮爲兩翼，[8]頭與身皆著毛，通引環紐，飛數百步墯。莽知其不可用，苟欲獲其名，皆拜爲理軍，賜以車馬，待發。

［1］【顔注】師古曰：寖，漸也。

［2］【今注】廉丹：新莽將軍，曾受命鎮壓西南夷，後在鎮壓赤眉軍的戰役中戰死。　益州：郡名。治滇池縣（今雲南昆明市晉寧區東）。

［3］【今注】護軍：秦置護軍都尉，漢因之，意爲盡護諸將，爲中級武官。漢武帝時以之屬大司馬。成帝時使居大司馬府，比司直。哀帝時更名司寇。平帝時改爲護軍。　庸部：本書卷九五《西南夷傳》顔師古注認爲，王莽改益州爲庸部。益州，漢武帝所置十三刺史部之一，監察武都、漢中、廣漢、蜀郡、巴郡、犍爲、益州、牂柯等郡國，其地相當於今貴州除東部以外地區，雲南哀牢

山、怒江及四川折多山以東，甘肅隴南市武都區、兩當縣及陝西秦嶺以南，以及湖北西北部的十堰市鄖陽區、保康縣等地。

［4］【今注】太傅犧叔：太傅的副職。太傅，新莽官位最高的“四輔”之一。案，犧，殿本作“羲”。傳説中羲叔居南方，“以正中夏”。王先謙《漢書補注》引《資治通鑑》卷三八《漢紀》天鳳六年胡三省注云：“莽以太傅主夏，故置羲叔官。”　清潔：鎮壓、消滅。

［5］【今注】訾：資産。

［6］【顔注】師古曰：保者，言不許其有死失。

［7］【顔注】師古曰：楫，所以刺舟也，音“集”，其字從木。

［8］【顔注】師古曰：羽本曰翮，音胡隔反。【今注】翮：鳥羽的莖狀部分，中空透明。

初，匈奴右骨都侯須卜當，其妻王昭君女也，[1]嘗内附。莽遣昭君兄子和親侯王歙誘呼當至塞下，脅將詣長安，强立以爲須卜善于後安公。[2]始欲誘迎當，大司馬嚴尤諫曰：[3]“當在匈奴右部，兵不侵邊，單于動静，輒語中國，此方面之大助也。于今迎當置長安槀街，一胡人耳，[4]不如在匈奴有益。”莽不聽。既得當，欲遣尤與廉丹擊匈奴，皆賜姓徵氏，號二徵將軍，當誅單于輿而立當代之。[5]出車城西横廐，[6]未發。尤素有智略，非莽攻伐四夷，數諫不從，[7]著古名將樂毅、白起不用之意及言邊事凡三篇，[8]奏以風諫莽。[9]及當出延議，[10]尤固言匈奴可且以爲後，先憂山東盜賊。[11]莽大怒，乃策尤曰：“視事四年，蠻夷猾夏不能遏絶，寇賊姦宄不能殄滅，[12]不畏天威，不用詔命，皃佷自臧，持必不移，[13]懷執異心，非沮軍議。[14]未忍致于理，其上大司馬武建伯印韍，[15]歸故郡。”以降符伯董忠爲大司馬。

［1］【今注】王昭君：名檣（一作“牆”），字昭君。漢元帝時出嫁匈奴呼韓邪單于，號爲寧胡閼氏。案，王昭君之後裔頗顯貴，對匈奴政局有較大影響。其與呼韓邪單于生一子伊屠智牙師，爲右日逐王。後復嫁呼韓邪子復株絫若鞮單于，生二女。長女云號伊墨居次，嫁與匈奴用事大臣右骨都侯須卜當，復號爲須卜居次。云與須卜當生子名奢，後爲大且渠，此外云還有幼子，史失其名。王昭君次女嫁當于氏，號當于居次，其子爲醯櫝王。在西漢末年至新莽朝，王莽與匈奴矛盾頗多，以云、須卜當爲代表的王昭君一系力主匈奴與中原王朝修好，避免了激烈衝突。後王莽將須卜當等帶到長安，立爲須卜單于，欲以之主匈奴。當死後王莽復封其子奢爲後安公，以庶女妻之。後緑林軍推翻新莽王朝，奢等死於戰亂。在俄羅斯南西伯利亞地區米努辛斯科平原有一處漢式宫殿遺址。有觀點認爲，此宫當即王昭君女云所居（參見周連寬《蘇聯南西伯利亞所發現的中國式宫殿遺址》，《考古學報》1956 年第 4 期；孫家洲《“最北方的漢式宫殿”及其歷史解讀》，《文史天地》2018 年第 4 期）。

［2］【顔注】師古曰：善于者，匈奴之號也。後安公者，中國之爵。兩加之。【今注】强：蔡琪本作“彊”。

［3］【今注】嚴尤：人名。王莽時大臣，有謀略，多次勸阻王莽對外用兵，然不爲所用。高句驪反時，曾爲王莽誘殺高句驪侯騶。後任大司馬，因不支持王莽攻打匈奴而被罷免。後在鎮壓緑林軍時被劉縯（光武帝劉秀兄）敗於淯陽，乃與王尋、王邑等合軍攻昆陽，獻策不被采納。昆陽大戰敗後奉劉望爲帝，後爲更始政權所擊殺。

［4］【顔注】師古曰：槀街，蠻夷館所在也。解在《陳湯傳》。槀，音工早反（工，蔡琪本作“王”）。

［5］【顔注】師古曰：輿者，時見爲單于之名。

［6］【今注】車城：王先謙《漢書補注》認爲或當作“軍城”。

［7］【今注】案，本書卷九四下《匈奴傳下》載有嚴尤諫王莽毋大舉伐匈奴之諫語。

［8］【今注】樂毅：戰國時燕國名將，燕昭王時拜爲上將軍，率領燕、趙等五國兵伐齊，下齊七十餘城。後燕惠王即位，中田單反間計，改用騎劫爲將，樂毅出奔趙國，後死於趙國。傳見《史記》卷八〇。　白起：戰國後期秦國名將，《戰國策·趙策》作“公孫起”。伊闕之戰大破魏韓聯軍，攻陷楚國國都郢城。長平之戰重創趙國主力，功勳赫赫。傳見《史記》卷七三。

［9］【顔注】師古曰：“風”讀曰“諷”。

［10］【今注】案，延，蔡琪本、大德本、殿本作“廷”。

［11］【今注】山東：戰國、秦、漢時代，通稱華山或崤山以東爲山東，與“關東”含義相似。

［12］【今注】案，《尚書·堯典》有云：“帝曰：‘皋陶，蠻夷猾夏，寇賊姦宄。汝作士，五刑有服，五服三就。五流有宅，五宅三居。惟明克允！’”

［13］【顔注】師古曰：皃，古“貌”字也。皃佷，言其佷戾見於客貌也（客，蔡琪本、大德本、殿本作“容”）。臧，善也。自以爲善，而固持其所見，不可移易。

［14］【顔注】師古曰：沮，壞也，音材汝反。

［15］【顔注】師古曰：韍者，印之組。【今注】韍（fú）：繫官印的絲帶。

翼平連率田況奏郡縣訾民不實，[1]莽復三十税一。以況忠言憂國，進爵爲伯，賜錢二百萬。衆庶皆詈之。

青、徐民多棄鄉里流亡，[2]老弱死道路，壯者入賊中。

[1]【顔注】師古曰：舉百姓貲財，不以實數。【今注】翼平：王先謙《漢書補注》根據《資治通鑑》胡三省注指出，本書《地理志》記載新莽翼平即北海壽光縣。今案，壽光，縣名。治所在今山東壽光市東北。 連率：官名。王莽置，職如太守。

[2]【今注】青：青州。漢武帝所置十三刺史部之一。轄境約當今山東平原縣、高唐縣以東，河北吴橋縣及山東馬頰河以南，濟南、昌邑、高密、萊陽、棲霞、乳山等市以北地。 徐：徐州。漢武帝所置十三刺史部之一。轄境相當今山東東南部和江蘇長江以北地區。

夙夜連率韓博上言：[1]"有奇士，長丈，[2]大十圍，來至臣府，曰欲奮擊胡虜。自謂巨毋霸，出於蓬萊東南，[3]五城西北昭如海瀕，[4]軺車不能載，三馬不能勝。即日以大車四馬，建虎旗，載霸詣闕。霸卧則枕鼓，以鐵箸食，[5]此皇天所以輔新室也。願陛下作大甲高車，賁育之衣，[6]遣大將一人與虎賁百人迎之於道。京師門户不容者，開高大之，以視百蠻，[7]鎮安天下。"博意欲以風莽。[8]莽聞惡之，留霸在所新豐，[9]更其姓曰巨母氏，謂因文母大后而霸王符也。[10]徵博下獄，以非所宜言，棄市。[11]

[1]【今注】夙夜連率：錢大昕《廿二史考異·漢書三》指出，據本書《地理志》，新莽夙夜即不夜縣。然此云"連率"（亦即太守，一郡之長），則王莽曾改此縣爲郡。今案，不夜，縣名。治所在今山東榮成市北。

［2］【今注】長丈：按漢代度量衡制，一尺合 23 釐米，一丈當合 230 釐米左右。

［3］【今注】蓬萊東南：沈欽韓《漢書疏證》引《元和志》"登州蓬萊縣，漢武帝於此望蓬萊山，因築城，以蓬萊爲名。又大人故城，在黄縣東北二十里"認爲，此城之命名，當因"巨毋霸"而來。

［4］【顔注】師古曰：昭如，海名也。瀕，涯也，音頻，又音"賓"。

［5］【今注】案，箸，大德本、殿本作"著"。

［6］【今注】賁：孟賁。戰國著名武士，傳説能生拔牛角。有衛人、秦人、齊人三説。《尸子》説云："人謂孟賁生乎曰勇，貴乎曰勇，富乎曰勇，三者人之所難而皆不足以易勇，故能懾三軍、服猛獸也。"《墨子·親士》："孟賁之殺，其勇也。"《史記》卷七九《范雎蔡澤列傳》載："成荆、孟賁、王慶忌、夏育之勇焉而死。"裴駰《集解》引許慎曰："孟賁，衛人。"《帝王世紀》誤將他與秦力士孟説混爲一人。　育：夏育。戰國時衛國勇士，力大無窮。《戰國策·秦策三》"夏育叱呼駭三軍，身死庸夫"，高誘注："育，衛人，爲申繻所殺。"

［7］【顔注】晉灼曰：視，音曰"示"。

［8］【顔注】晉灼曰：諷言毋得篡盜而霸。【今注】案，周壽昌《漢書注校補》指出，班固《幽通賦》"巨滔天而泯夏兮"一句，亦以"巨"代指王莽。今案，時新莽已立國十餘年，談何"毋得篡盜而霸"？"毋霸"一名若果在諷勸，其所諫或爲王莽對外用兵一事。

［9］【顔注】師古曰：在所，謂其見到之處。【今注】新豐：縣名。治所在今陝西西安市臨潼區東北陰盤城。劉太公思鄉，漢高帝乃於關中建邑如豐縣，徙豐民實之，號新豐。

［10］【顔注】師古曰：莽字巨君，若言文母出此人，使我致

霸王。【今注】案，大，蔡琪本、大德本、殿本作“太”。

[11]【今注】棄市：刑罰名。在鬧市執行死刑，尸暴街頭，言與衆人共棄之。

明年改元曰地皇，從三萬六千歲歷號也。[1]

[1]【今注】案，王先謙《漢書補注》引蘇輿指出，《太平御覽》卷七八引項峻《始學記》云：“天地立，有天皇十二頭，號曰天靈，治萬八千歲。地皇十二頭，治萬八千歲。”王莽是合天、地皇歷數之。

地皇元年正月乙未，赦天下。下書曰：“方出軍行師，敢有趨讙犯法者，輒論斬，毋須時，[1]盡歲止。”[2]於是春夏斬人都市，[3]百姓震懼，道路以目。

[1]【顔注】師古曰：趨讙，謂趨走而讙譁也。須，待也。

[2]【顔注】師古曰：至此歲盡而止。

[3]【今注】春夏斬人都市：周壽昌《漢書注校補》指出，依漢制，春夏不決囚。

二月壬申，日正黑。莽惡之，下書曰：“迺者日中見昧，陰薄陽，黑氣爲變，百姓莫不驚怪。兆域大將軍王匡遣吏考問上變事者，[1]欲蔽上之明，是以適見于天，[2]以正于理，塞大異焉。”

[1]【今注】兆域大將軍王匡：《漢書考正》劉奉世認爲前有“南城將軍”（廉丹）。“兆域”二字當是“北城”之訛，衍“大”

字。他認爲此王匡並非王舜之子太師王匡。周壽昌《漢書注校補》同意“北城”之判斷，然其根據莽“賜諸州牧號爲大將軍”一句，指出新莽有大將軍之制，“大”字非衍。今案，新莽時有數個重名的王匡。一爲王舜之子，任新莽太師；二爲緑林軍首領；三爲王莽與婢女所生之子。此處之王匡未知是否爲又一人。

［2］【顔注】師古曰：適，音“讁”。讁，責也，徒戹反（蔡琪本、大德本、殿本“徒”前有“音”字；戹，大德本作“厄”）。見，音胡電反。

莽見四方盜賊多，復欲厭之，[1]又下書曰：“予之皇初祖考黄帝定天下，將兵爲上將軍，建華蓋，立斗獻，[2]内設大將，外置大司馬五人，大將軍二十五人，偏將軍百二十五人，裨將軍千二百五十人，校尉萬二千五百人，司馬三萬七千五百人，候十一萬二千五百人，當百一十二萬五千人，[3]士吏四十五萬人，士千三百五十萬人，[4]應協於《易》‘弧矢之利，以威天下’。[5]予受符命之文，稽前人，將條備焉。”[6]於是置前後左右中大司馬之位，賜諸州牧號爲大將軍，郡卒正、連帥、大尹爲偏將軍，[7]屬令長裨將軍，縣宰爲校尉。乘傳使者經歷郡國，日且十輩，[8]倉無見穀[9]以給，傳車馬不能足，賦取道中車馬，[10]取辦於民。

［1］【顔注】師古曰：厭，音一葉反。

［2］【顔注】師古曰：獻，音“犧”（犧，蔡琪本、殿本作“義”）。謂斗魁及杓末，如勺之形也。【今注】華莽：帝王或貴官所用的有文采的傘蓋。沈欽韓《漢書疏證》指出，崔豹《古今注》載黄帝作華蓋之傳説。

[3]【顔注】晉灼曰：當亦官名也。師古曰：當百，官名，百非其數。【今注】案，百一十，蔡琪本、大德本、殿本作“百二十”。

[4]【顔注】晉灼曰：自五大司馬至此皆以五乘之也。師古曰：晉説非也。從上計之，或五或十，或兩或三。

[5]【顔注】師古曰：《易·下繫辭》曰：“弦木爲弧，剡木爲矢，弧矢之利，以威天下。”言所立將率，以合此意。木弓曰弧。

[6]【顔注】師古曰：稽，考也，考法於前人也。

[7]【今注】連帥：即連率。案，王莽設郡卒正、連率、大尹，職皆如太守。

[8]【顔注】師古曰：傳，音張戀反。次下亦同。

[9]【顔注】師古曰：見，謂見在也。

[10]【顔注】師古曰：於道中行者，即執取之，以充事也。

七月，大風毀王路堂。[1]復下書曰：“乃壬午餔時，[2]有列風雷雨發屋折木之變，[3]予甚弁焉，予甚栗焉，予甚恐焉。[4]伏念一旬，迷迺解矣。[5]昔符命文立安爲新遷王，[6]臨國雒陽，[7]爲統義陽王。是時予在攝假，謙不敢當，而以爲公。其後金匱文至，[8]議者皆曰：‘臨國雒陽爲統，謂據土中爲新室統也，宜爲皇太子。’自此後，臨久病，雖瘳不平，朝見挈茵輿行。[9]見王路堂者，張於西廂及後閤更衣中，[10]又以皇后被疾，臨且去本就舍，妃妾在東永巷。[11]壬午，列風毀王路西廂及後閤更衣中室。昭寧堂池東南榆樹大十圍，東僵，擊東閣，閣即東永巷之西垣也。皆破折瓦壞，發屋拔木，予甚驚焉。又候官奏月犯心前星，[12]厥有占，予甚憂之。伏念《紫閣圖》文，太一、黄帝皆得瑞以僊，後世褒主當登終南山。[13]所謂新遷王者，乃太一新遷之後也。[14]統義陽王乃用五統以禮義登陽上遷之後也。臨有兄而稱太子，名不正。宣尼公曰：‘名不正，則言不順，至於刑罰不中，民無所錯手足。’[15]惟即位以來，陰陽未和，風雨不時，數遇枯旱蝗螟爲災，穀稼鮮耗，百姓苦飢，[16]蠻夷猾夏，寇賊姦宄，人民正營，無所錯手足。[17]深惟厥咎，在名不正焉。其立安爲新遷王，臨爲統義陽王，[18]幾以保全二子，[19]子孫千億，外攘四夷，内安中國焉。”

［1］【今注】王路堂：王先謙《漢書補注》指出，新莽王路堂即未央宫前殿。

［2］【今注】案，餔，殿本作“晡”。

［3］【顔注】師古曰：列（列，蔡琪本、殿本作“烈”，下同）風，列暴之風（列暴，蔡琪本作“烈暴”，殿本作“暴烈”）。【今注】案，列，蔡琪本、殿本作“烈”，下同不注。

［4］【顔注】師古曰：弁，疾也。一曰，弁，撫手也，言驚懼也。

［5］【顔注】師古曰：先言列風雷雨，後言迷迺解矣，蓋取舜“納于大麓，列風雷雨不迷”以爲言也。

［6］【顔注】服虔曰：安，莽第三子也。遷，音仙。莽改汝南新蔡曰新遷。師古曰：“遷”猶“僊”耳，不勞假借音。

［7］【今注】雒陽：即洛陽，縣名。治所在今河南洛陽市東北。

［8］【今注】匱：放東西的箱子。

［9］【顔注】服虔曰：有疾以執茵輿之行也。晉灼曰：《漢儀

注》，皇后、婕妤乘輦，餘者以茵，四人舉以行。豈今之板輿而鋪茵乎？師古曰：晉説非也。此直謂坐茵褥之上，而令四人對舉茵之四角，輿而行，何謂板輿乎？

［10］【顔注】李奇曰：張，帳也。晉灼曰：更衣中，謂朝賀易衣服處，室屋名也。【今注】案，周壽昌《漢書注校補》指出，後文有云“後閣更衣中室”故此處“中”下或當有“室”字。

［11］【顔注】師古曰：言臨侍疾，故去其本所居，而來就此止息，是以妃妾在東永巷也。

［12］【今注】候官：王先謙《漢書補注》認爲指候視天文之官。　月犯心前星：月亮運行到了心前星的位置。心，指心宿，二十八宿之一。心宿主要由三顆恒星組成。其中，心宿一（天蝎座σ）又稱“心前星”，代表太子；心宿二（天蝎座α）又稱“心中星”“大火星”，代表帝王；心宿三（天蝎座τ）又稱“心後星”，代表庶子。此天象有對太子不祥的寓意，故後文有改太子臨稱號之舉。

［13］【顔注】李奇曰：褱主，大主也。【今注】終南山：在今陝西西安市南，爲秦嶺山脈主峰之一。

［14］【顔注】服虔曰：太一、黄帝欲令安追繼其後也。

［15］【顔注】師古曰：《論語》載孔子對子路之言。錯，安置也，音千故反。莽追謚孔子爲褒成宣尼公。【今注】案，蔡琪本、殿本無“所”字。

［16］【顔注】師古曰：鮮，少也。耗，虚也。鮮，音先踐反。耗，音火到反。

［17］【顔注】師古曰：正營，惶恐不安之意（蔡琪本、大德本、殿本句末有“也”字）。正，音“征”。【今注】案，王先謙《漢書補注》指出，《資治通鑑》卷三八《漢紀》地皇元年“正”作“征”。

［18］【今注】案，王先謙《漢書補注》指出，此句意指正名

以順符命文。

［19］【顏注】師古曰："幾"讀曰"冀"。

是月，杜陵便殿乘輿虎文衣廢臧在室匣中者[1]出，自樹立外堂上，[2]良久乃委地。吏卒見者以聞，莽惡之，下書曰："寶黄廝赤，[3]其令郎從官皆衣絳。"

［1］【顏注】師古曰：匣，匱也，音"狎"。【今注】杜陵：漢宣帝劉詢墓，地處杜縣（後改杜陵縣），故名。在今陝西西安市雁塔區曲江街道辦事處三兆村西北（參見劉慶柱、李毓芳《西漢十一陵》，陝西人民出版社1987年版）。

［2］【顏注】師古曰：樹，豎也。

［3］【顏注】服虔曰：以黄爲寶，自用其行氣也。廝赤，廝役賤者皆衣赤，賤漢行也。

望氣爲數者多言有土功象，莽又見四方盜賊多，欲視爲自安能建萬世之基者，[1]乃下書曰："予受命遭陽九之戹，百六之會，[2]府帑空虚，百姓匱乏，宗廟未脩，且祫祭於明堂太廟，[3]夙夜永念，非敢寧息。深惟吉昌莫良於今年，予乃卜波水之北，郎池之南，惟玉食。[4]予又卜金水之南，明堂之西，亦惟玉食。予將親築焉。"於是遂營長安城南，[5]提封百頃。九月甲申，莽立載行視，[6]親舉築三下。司徒王尋、大司空王邑持節，[7]及侍中常侍執法杜林等數十人將作。[8]崔發、張邯説莽曰："德盛者文縟，[9]宜崇其制度，宣視海内，[10]且令萬世之後無以復加也。"莽乃博徵天下工匠諸圖畫，以望法度算，[11]及吏民以義入錢穀助，作者駱驛道路。[12]壞徹城西苑中建章、承光、包陽、大臺、儲元宮及平樂、當路、陽禄館，凡十餘所，[13]取其材瓦，以起九廟。是月，大雨六十餘日。令民入米六百斛爲郎，[14]其郎吏增秩賜爵至附城。九廟：一曰黄帝太初祖廟，二曰帝虞始祖昭廟，[15]三曰陳胡王統祖穆廟，[16]四曰齊敬王世祖昭廟，[17]五曰濟北愍王王祖穆廟，[18]凡五廟不墮云；[19]六曰濟南伯王尊禰昭廟，[20]七曰元城孺王尊禰穆廟，[21]八曰陽平頃王戚禰昭廟，[22]九曰新都顯王戚禰穆廟。[23]殿皆重屋。太初祖廟東西南北各四十丈，高十七丈，餘廟半之。爲銅薄櫨，[24]飾以金銀琱文，[25]窮極百工之巧。帶高增下，[26]功費數百鉅萬，[27]卒徒死者萬數。

[1]【顔注】師古曰：視，音“示”。

[2]【今注】案，數術家以四千六百一十七年爲一元，初入元的一百零六年中，有旱災九年，稱爲“百六陽九”。因以“百六”“陽九”指災難之年或厄運。

[3]【今注】祫祭：本書卷七三《韋玄成傳》有云：“祫祭者，毀廟與未毀廟之主皆合食於太祖，父爲昭，子爲穆，孫復爲昭，古之正禮也。”

[4]【顔注】劉德曰：長安南也。晉灼曰：《黄圖》，波、浪（浪，殿本作“郎”），二水名也，在甘泉苑中。師古曰：晉説非也。《黄圖》有西波池、郎池，皆在石城南上林中。玉食，謂龜爲玉兆之文而墨食也。波，音彼皮反（彼，大德本作“波”）。

[5]【顔注】師古曰：蓋所謂金水之南，明堂之西。

[6]【顔注】師古曰：立載，謂立而乘車也。行，音下更反。

[7]【今注】司徒：官名。周設此官，掌土地、人民、教化等。哀帝時以丞相之名不見於經書，改名大司徒，列大司馬之下。今案，本書卷九九中《王莽傳中》有云“丕進侯王尋爲大司徒，章新公”，然則王尋職位當爲大司徒。蓋因東漢光武帝時改大司徒爲司徒，班固或傳寫者受其影響而省稱之。　王尋：新莽重臣。漢平帝時曾以副校尉出使匈奴，新莽建立後出任大司徒。與王邑率大軍鎮壓緑林軍，在昆陽大戰中被劉秀等擊敗，王尋戰死。　大司空：西漢成帝時由御史大夫改名，秩萬石。　王邑：東平陵（今山東濟南市東）人。王莽叔父王商中子，哀帝時襲爵爲成都侯。王莽居攝，翟義起義反莽，王邑任虎牙將軍鎮壓翟義、趙明、霍鴻起義，轉步兵將軍。王莽稱帝後，任大司空，封隆新公。與大司徒王尋率軍鎮壓緑林起義，被敗於昆陽。緑林軍攻入長安，王邑被殺。

[8]【顔注】師古曰：將領築作之人。【今注】侍中：官名。秦始置。西漢爲加官，無員，凡官員加此頭銜即可入禁中，親近皇帝。初掌雜務，後漸與聞朝政，贊導衆事，顧問應對，與公卿大臣論辯，平議尚書奏事，爲中朝要職。設僕射一人。

[9]【顔注】師古曰：文，禮文也。縟，繁也，音“辱”。

[10]【顔注】師古曰：“視”讀曰“示”。

[11]【今注】望法度算：沈欽韓《漢書疏證》指出，此算法見於《周髀算經》。

[12]【顔注】師古曰：駱驛，言不絶。

[13]【顔注】師古曰：自建章以下至陽禄，皆上林苑中館。【今注】建章：建章宫。漢武帝太初元年（前 104）建，其規模宏大奢靡，在本書《郊祀志下》中有描述。故址在今陝西西安市西北二十里，漢長安故城西。　平樂：平樂館，又作“平樂觀”。宫館名。漢高祖時興建，武帝時增修。在未央宫北上林苑中。

[14]【今注】郎：官名。或稱“郎官”“郎吏”。掌守皇宫門户，出行充皇帝車騎。有議郎、中郎、侍郎、郎中等。秩自比六百

石至比三百石不等，無定員。

［15］【今注】帝虞：王念孫《讀書雜志·漢書第十五》認爲當作“虞帝”。即舜帝。傳説中的上古人物，五帝之一。嬀姓，名重華。有虞氏部落首領，又稱虞舜。在位時放逐四凶（鯀、共工、驩兜和三苗），命禹治水，后稷掌農業，契行教化，益管山林，皋陶治法律。後死於蒼梧之野（今湖南寧遠縣南蒼梧山）。

［16］【今注】陳胡王：指陳國第一代君主陳胡公，名滿。周武王滅商後，將其長女嫁與滿，封其於陳，奉舜帝後。

［17］【今注】齊敬王：指陳國公子陳完，因陳國内亂而奔齊，改氏爲田，去世後謚號爲敬仲。田完後裔廢國君姜氏而自立，史稱“田氏代齊”。田完乃被田齊奉爲先祖。

［18］【今注】濟北愍王：指田安，齊國末代國王田建之孫，早年經歷不詳，秦末時起兵隨項羽入關，獲封濟北王。原齊相田榮不服，於漢元年（前206）五月擊殺田安。濟北，郡名、諸侯王國名。治博陽縣（今山東泰安市東南）。

［19］【顔注】師古曰：墮，毁也，音火規反。

［20］【今注】濟南伯王：王莽高祖，名遂，字伯紀，田安之孫。濟南，王國名。本爲齊國博陽郡，後遷治濟水之南東平陵，故地在今山東濟南市章丘區西北。

［21］【今注】元城孺王：王莽曾祖，名賀，字翁孺。事見本書卷九八《元后傳》。元城，縣名。治所在今河北大名縣東。

［22］【今注】陽平頃王：王莽祖父，名稚，字稚君。陽平，侯國名。屬東郡，治所在今山東莘縣。

［23］【今注】新都顯王：王莽之父，名曼，字元卿。新都，侯國名。屬南陽郡，治所在今河南新野縣東南王莊鎮九女城村。案，王氏家族世系參見本書《元后傳》。

［24］【顔注】師古曰：薄櫨，柱上枅，即今所謂楮也。櫨，音“盧”。

［25］【顔注】師古曰："琱"字與"彫"同。

［26］【顔注】師古曰：本因高地而建立之，其旁下者更增築。

［27］【今注】鉅萬：一作"巨萬"。其義歧説較多。顔師古在此釋爲"百萬"，但在本書《食貨志》又釋爲"萬萬"。《史記·平準書》裴駰《集解》引韋昭説，亦釋爲"萬萬"。沈長雲先生經過考證，認爲"鉅萬"當指"千萬"（參見沈長雲《漢代史籍中的"億萬""巨萬"究竟指多少》，《文史》1999年第3輯）。

鉅鹿男子馬適求等謀舉燕趙兵以誅莽，[1]大司空士王丹發覺以聞。莽遣三公大夫逮治黨與，[2]連及郡國豪傑數千人，皆誅死。封丹爲輔國侯。

［1］【顔注】師古曰：馬適，姓也。求，名也。【今注】鉅鹿：郡名。治鉅鹿縣（今河北平鄉縣西南）。

［2］【顔注】師古曰：逮，逮捕之也。已解於上。

自莽爲不順時令，百姓怨恨，莽猶安之，又下書曰："惟設此壹切之法以來，常安六鄉巨邑之都，枹鼓稀鳴，盜賊衰少，[1]百姓安土，歲以有年，此乃立權之力也。今胡虜未滅誅，蠻僰未絶焚，江湖海澤麻沸，盜賊未盡破殄，[2]又興奉宗廟社稷之大作，[3]民衆動搖。今復壹切行此令，盡二年止之，以全元元，[4]救愚姦。"

［1］【顔注】師古曰：巨，大也。枹，所以擊鼓者也，音"浮"（浮，大德本、殿本作"孚"），其字從木。【今注】常安：

據本書卷九九中《王莽傳中》，王莽於始建國元年（9）改長安爲常安。長安，縣名。治所在今陝西西安市西北漢長安城遺址。　枹（fú）鼓：軍旅報警之鼓，代指戰争。枹，鼓槌。

［2］【顔注】師古曰：麻沸，言如亂麻而沸涌。

［3］【今注】社稷：本指古代帝王祭祀的土地神（社）和穀神（稷），常用來代指國家。

［4］【今注】元元：百姓，庶民。《戰國策·秦策一》："制海内，子元元，臣諸侯，非兵不可！"高誘注："元，善也，民之類善故稱元。"

是歲，罷大小錢，更行貨布，長二寸五分，廣一寸，直貨錢二十五。[1]貨錢徑一寸，重五銖，枚直一。兩品竝行。敢盜鑄錢及偏行布貨，伍人知不發舉，皆没入爲官奴婢。[2]

［1］【今注】案，貨錢，錢大昕《廿二史考異·漢書三》指出，本書《食貨志》作"貨泉"。

［2］【顔注】師古曰：伍人，同伍之人，若今伍保者也。

太傅平晏死，[1]以予虞唐尊爲太傅。[2]尊曰："國虚民貧，咎在奢泰。"乃身短衣小褏，乘牝馬柴車，[3]藉槀，瓦器，[4]又以歷遺公卿。[5]出見男女不異路者，尊自下車，以象刑赭幡污染其衣。[6]莽聞而説之，[7]下詔申敕公卿思與厥齊。[8]封尊爲平化侯。

［1］【今注】太傅：此指帝太傅，新莽官位最高的"四輔"之一。　平晏：扶風平陵人。平當子。以明經歷位大司徒，封防

鄉侯。

[2]【今注】予虞：王莽改水衡都尉爲予虞。水衡都尉，官名。西漢武帝始置，職掌上林苑諸事，兼管帝室收入及鑄錢等事，職權頗重。秩比二千石。　唐尊：字伯高。習《尚書》小夏侯之學，以明經飭行顯名於世。受封爲太傅，在新莽政權覆亡時，與王莽同死於未央宫漸臺。

[3]【顔注】師古曰：柴車即棧車。【今注】乘牝馬：牝馬，母馬。《資治通鑑》卷三八《漢紀》王莽地皇元年胡三省注指出，漢代以乘牝馬爲下，唐尊爲上公而乘牝馬，意在矯正奢靡之俗。

[4]【顔注】師古曰：藉槀，去蒲蒻也。瓦器，以瓦爲食器。

[5]【顔注】師古曰：以瓦器盛食，遺公卿也。【今注】案，本書卷七二《王貢兩龔鮑傳》亦叙此事，而稱唐尊因此事"被虚僞名"。

[6]【顔注】師古曰：赭幡，以赭汁漬巾幡。【今注】案，《荀子·正論》有云：世俗之爲説者曰："治古無肉刑，而有象刑：墨黥，慅嬰，共、艾畢，菲、對屨，殺、赭衣而不純。治古如是。"

[7]【顔注】師古曰："説"讀曰"悦"。

[8]【顔注】師古曰：令與尊同此操行也。《論語》稱孔子曰"見賢思齊"，故莽云然。

是時，南郡張霸、江夏羊牧、王匡等起雲杜緑林，[1]號曰下江兵，[2]衆皆萬餘人。武功中水鄉民三舍墊爲池。[3]

[1]【今注】南郡：治江陵縣（今湖北江陵縣）。　江夏：郡名。治西陵縣（今湖北武漢市新洲區西）。　王匡：新莽時有數個同名的王匡，此王匡爲緑林軍元老。當時南方發生饑荒，民衆聚於緑林山挖掘野菜，王匡等爲其評判争執，被推舉爲首領。後因疫疾

散去，分爲數支。此稱王匡所率爲下江兵，《後漢書》卷一一《劉玄傳》則稱其所率爲新市兵。後緑林軍的幾個分支與舂陵劉氏合軍，立劉玄爲帝，建立更始政權，最終攻滅新莽。王匡受封爲比陽王。後更始政權内訌，王匡降於赤眉，合兵攻更始。後又降於劉秀使者宗廣，復被以策劃叛逃之罪處死。事見《後漢書》卷一一《劉玄傳》、卷一六《鄧禹傳》。　雲杜：縣名。治所在今湖北京山縣。　緑林：古山名。即今湖北中部大洪山。

［2］【顔注】晉灼曰：本起江夏雲杜縣，後分西上，入南郡，屯藍口（口，蔡琪本、殿本作“田”），故號下江兵也。【今注】下江兵：新莽末年，王匡等於荆州當陽（今湖北荆門市南）緑林山聚衆造反。至王莽地皇三年（22），因疫疾而分散引去，其中一路號爲下江兵。

［3］【顔注】師古曰：墊，陷也，音丁念反。【今注】武功：縣名。治所在今陝西眉縣東。

二年正月，以州牧位三公，刺舉怠解，[1]更置牧監副，秩元士，冠法冠，行事如漢刺史。

［1］【顔注】師古曰：“解”讀曰“懈”。

是月，莽妻死，謚曰孝睦皇后，葬渭陵長壽園西，令永侍文母，名陵曰億年。初莽妻以莽數殺其子，涕泣失明，莽令太子臨居中養焉。莽妻旁侍者原碧，莽幸之。後臨亦通焉，恐事泄，謀共殺莽。臨妻愔，國師公女，[1]能爲星，[2]語臨宫中且有白衣會。[3]臨喜，以爲所謀且成。後貶爲統義陽王，出在外第，愈憂恐。會莽妻病困，臨予書曰：“上於子孫至嚴，前長孫、中孫年俱三十而死。[4]今臣臨復適三十，誠恐一旦不保中室，則不知死命所在！"[5]莽候妻疾，見其書，大怒，疑臨有惡意，不令得會喪。既葬，收原碧等考問，具服姦、謀殺狀。莽欲祕之，使殺案事使者司命從事，[6]埋獄中，家不知所在。賜臨藥，臨不肯飲，自刺死。使侍中票騎將軍同説侯林賜魂衣璽韍，[7]策書曰："符命文立臨爲統義陽王，此言新室即位三萬六千歲後，爲臨之後者乃當龍陽而起。前過聽議者，以臨爲太子，有列風之變，[8]輒順符命，立爲統義陽王。在此之前，自此之後，不作信順，弗蒙厥佑，夭年隕命，嗚呼哀哉！迹行賜謚，謚曰繆王。"又詔國師公："臨本不知星，事從愔起。"愔亦自殺。

[1]【顔注】師古曰：愔，音一尋反。【今注】國師公：此指劉歆。因其被王莽封爲國師、嘉新公，故有此稱。

[2]【今注】爲：周壽昌《漢書注校補》指出，《後漢書》卷四二《廣陵思王荆傳》有云"私迎能爲星者與謀議"，卷四三《何敞傳》有云"敞通經傳，能爲天官"。據此，周氏認爲，"爲"爲"治"之意，言能治星學。

[3]【今注】案，且，蔡琪本、殿本作"旦"。　白衣會：王先謙《漢書補注》引《資治通鑑》卷三八《漢紀》地皇二年胡三省注云："《晉書・天文志》，木與金合，爲白衣之會；土與金合，亦爲白衣之會。言宫中者，以所會之舍占而知之"。周壽昌《漢書注校補》指出，太子臨聞而喜，是以白衣爲喪服。然《後漢書》卷五二《崔駰傳》云"憲諫，以爲不宜與白衣會"，是知漢稱未仕之服爲白衣。周氏認爲，此象指民庶會於宫中，爲王莽敗亂之兆。今案，周氏所言術數雖不可信，然當爲《漢書》記載此事之思想

背景。

[4]【顔注】師古曰："中"讀曰"仲"。

[5]【顔注】李奇曰：中室，臨之母也。晉灼曰：長樂宫中殿也。師古曰：二説皆非也。中室，室中也。臨自言欲於室中自保全，不可得耳。【今注】中室：周壽昌《漢書注校補》認爲，中室當依李注。新莽時内宫俱稱"室"，如元后稱新室文母，平帝后稱黄皇室主，是故太子臨亦稱其母爲中室。

[6]【今注】司命從事：王先謙《漢書補注》指出，《資治通鑑》卷三八《漢紀》地皇二年胡三省注云："司命從事，司命之屬官。"

[7]【顔注】師古曰："説"讀曰"悦"。【今注】票騎將軍：即驃騎將軍。西漢武帝置爲重號將軍，僅次於大將軍，秩萬石。

[8]【今注】案，列，殿本作"烈"。

是月，新遷王安病死。[1]初，莽爲侯就國時，幸侍者增秩、懷能、開明。懷能生男興，增秩生男匡、女曅，開明生女捷，皆留新都國，以其不明故也。[2]及安疾甚，莽自病無子，爲安作奏，使上言："興等母雖微賤，屬猶皇子，不可以棄。"章視群公，[3]皆曰："安友于兄弟，[4]宜及春夏加封爵。"於是以王車遣使者迎興等，封興爲功脩公，匡爲功建公，曅爲睦脩任，捷爲睦逮任。[5]孫公明公壽病死，[6]旬月四喪焉。[7]莽壞漢孝武、孝昭廟，分葬子孫其中。

[1]【今注】案，王莽與其正妻生四子。長子宇，因以神鬼之事反對王莽隔絶平帝與衛氏而被殺。次子獲擅殺奴婢，王莽令其自殺抵罪。三子安病死。四子臨以謀反罪被王莽毒死。至此王莽嫡子

皆死，故有封庶子一事。

［2］【顔注】師古曰：言侍者或與外人私通所生子女，不可分明也。

［3］【顔注】師古曰："視"讀曰"示"。以所上之章徧示之。

［4］【顔注】師古曰：友，愛也。善兄弟曰友。

［5］【今注】捷爲睦逮任：王先謙《漢書補注》指出，據本書卷九九《匈奴傳》，捷後爲匈奴後安公奢妻。"睦逮任"，《匈奴傳》作"陸逯任"。王氏認爲，"陸"是"睦"之訛；而此"逮"爲"逯"之訛。

［6］【今注】公明：錢大昭《漢書辨疑》認爲當作"功明"，是爲壽所封國名。

［7］【今注】四喪：王先謙《漢書補注》認爲指莽妻與其子臨、安、壽。

魏成大尹李焉與卜者王況謀，[1]況謂焉曰："新室即位以來，民田奴婢不得賣買，數改錢貨，徵發煩數，軍旅騷動，四夷竝侵，百姓怨恨，盜賊竝起，漢家當復興。君姓李，李者徵，[2]徵火也，[3]當爲漢輔。"因爲焉作讖書，言："文帝發忿，居地下趣軍，北告匈奴，南告越人。[4]江中劉信，執敵報怨，復續古先，四年當發軍。江湖有盜，自稱樊王，姓爲劉氏，萬人成行，[5]不受赦令，欲動秦、雒陽。十一年當相攻，太白楊光，[6]歲星入東井，[7]其號當行。"[8]又言莽大臣吉凶，各有日期。會合十餘萬言。焉令吏寫其書，吏亡告之。莽遣使者即捕焉，獄治皆死。

［1］【今注】魏成：錢大昭《漢書辨疑》認爲即漢之魏郡。

[2]【今注】案，者，殿本作“音”。

[3]【顔注】師古曰：徵，音竹里反。【今注】徵火也：徵爲古代五音之一，火爲五行之一。五行學説以五對萬物進行分類對應。在早期的《管子·幼官》中，雖未言及五行，但與徵相對的方位爲北，顔色爲黑，則其對應的五行當爲水。但到了《吕氏春秋·十二紀》《淮南子·天文訓》《時則訓》的分類中，與徵對應的已變爲火。

[4]【顔注】師古曰：“趣”讀曰“促”。

[5]【顔注】師古曰：行，音胡浪反（浪，蔡琪本、大德本、殿本作“郎”）。

[6]【今注】太白：金星。　案，楊，蔡琪本、大德本、殿本作“揚”。

[7]【今注】歲星：木星。　東井：即二十八宿中的井宿，屬於南方朱雀七宿之一。

[8]【顔注】師古曰：號，謂號令也。

三輔盜賊麻起，[1]乃置捕盜都尉官，令執法謁者追擊長安中，[2]建鳴鼓攻賊幡，而使者隨其後。遣太師犧仲景尚、更始將軍護軍王黨將兵擊青、徐，[3]國師和仲曹放助郭興擊句町。[4]轉天下穀幣詣西河、五原、朔方、漁陽，[5]每一郡以百萬數，欲以擊匈奴。

[1]【顔注】師古曰：言起者如亂麻也。【今注】三輔：長安及周邊的三個郡級區劃，即京兆尹、左馮翊、右扶風。因地屬畿輔，故不稱郡。在十三州之外，由司隸校尉部負責監察。京兆尹，西漢京畿地方行政長官之一。武帝時改右内史置，職掌如郡太守。因治京師，又得參與朝政，故又有中央官性質。地位高於郡守，位列諸卿，秩中二千石（一説秩二千石）。右扶風，秦及漢初設主爵

中尉，掌列侯。漢武帝時改名右扶風，掌治内史右地。治長安縣（今陝西西安市西北）。職掌相當於郡太守。左馮翊，見後文注釋。　麻：錢大昭《漢書辨疑》認爲指“言多而難理”。上云“江湖海澤麻沸”，亦爲此意。

［2］【今注】謁者：職官名。春秋戰國已有，秦、漢承之。西漢時掌賓贊受事，郎中令（光禄勳）屬官，員七十人，秩比六百石。　長安：周壽昌《漢書注校補》認爲新莽改稱“常安”。此處爲史臣隨筆而書。

［3］【今注】太師犧仲：太師的副職。太師，新莽官位最高的“四輔”之一。犧仲，傳説中羲氏、和氏世掌天文，堯帝命羲仲居東方，羲叔居南方，和仲居西土，和叔居北方。王莽借此爲官名，分别爲四輔之副職。案，犧，殿本作“羲”。

［4］【今注】國師和仲：國師的副職。國師，新莽官位最高的“四輔”之一。　句町：縣名。治所在今雲南廣南縣西北。句町，又作“鉤町”。　案，《資治通鑑》卷三八《漢紀》王莽地皇二年胡三省注指出，新莽以太師主春，故在其下置羲仲官。國師主秋，故在其屬下置和仲官（用《尚書·堯典》之典故）。諸將軍之下則皆置護軍。今案，依五行方位，主春者位東方，主秋者位西方。此以羲仲攻打東方之青、徐，和仲攻打西方之句町，當亦因此故。

［5］【今注】西河：郡名。治平定縣（今内蒙古鄂爾多斯市東勝區）。　五原：郡名。治九原縣（今内蒙古包頭市西北）。　朔方：西漢武帝時置，治朔方縣（今内蒙古杭錦旗東北）。　漁陽：郡名。治漁陽縣（今北京市懷柔區北房鎮梨園莊東）。

秋，隕霜殺菽，[1]關東大飢，蝗。

［1］【今注】菽：豆子的總稱。菽爲五穀之一，秦漢時期爲重要的主食。

民犯鑄錢，伍人相坐，没入爲官奴婢。其男子檻車，兒女子步，以鐵瑣琅當其頸，傳詣鍾官，以十萬數。[1]到者易其夫婦，[2]愁苦死者什六七。[3]孫喜、景尚、曹放等擊賊不能克，[4]軍師放縱，百姓重困。[5]

[1]【顔注】師古曰：琅當，長鏁也（鏁，蔡琪本作"瑣"）。鍾官，鑄錢之官也（鑄錢，蔡琪本作"主鐵錢"，大德本、殿本作"主鑄錢"）。【今注】案，瑣，大德本、殿本作"鎻"。

[2]【顔注】師古曰：改相配匹，不依其舊也。

[3]【今注】什六七：十之六七。

[4]【今注】【今注】孫喜：王先謙《漢書補注》引汪遠孫認爲，此即前文之"士孫喜"，此處脱一"士"字。

[5]【顔注】師古曰：重，音直用反。

莽以王況讖言荆楚當興，李氏爲輔，[1]欲厭之，[2]廼拜侍中掌牧大夫李棽爲大將軍、楊州牧，賜名聖，[3]使將兵奮擊。

[1]【今注】案，王先謙《漢書補注》指出，《後漢書》卷一《光武帝紀》、卷一五《李通傳》載李通亦聞其父説讖云"劉氏復興，李氏爲輔"，當爲王況之語流傳演變所致。

[2]【顔注】師古曰：厭，音一葉反。

[3]【顔注】師古曰：改其舊名，以聖代讖。棽，音所林反。【今注】案，楊，殿本作"揚"。

上谷儲夏自請願説瓜田儀，[1]莽以爲中郎，使出儀。[2]儀文降，未出而死。[3]莽求其尸葬之，爲起家祠室，[4]諡曰瓜寧殤男，幾以招來其餘，[5]然無肯降者。

[1]【顔注】服虔曰：儲夏，人姓也。【今注】上谷：郡名。治沮陽縣（今河北懷來縣大古城村）。

[2]【顔注】師古曰：説之令自出。【今注】中郎：官名。郎官的一種，職在侍衛皇帝，入守宫禁，出充車騎。秩比六百石。

[3]【顔注】師古曰：上文書言降，而身未出。

[4]【今注】案，家，蔡琪本、大德本、殿本作“冢”。

[5]【顔注】師古曰：“幾”讀曰“冀”。

閏月丙辰，大赦天下，天下大服民私服在詔書前亦釋除。[1]

[1]【顔注】張晏曰：莽妻本以此歲死，天下大服也。私服，自喪其親。皆除之。

郎陽成脩獻符命，[1]言繼立民母，又曰：“黄帝以百二十女致神僊。”莽於是遣中散大夫、謁者各四十五人分行天下，[2]博采鄉里所高有淑女者上名。

[1]【今注】陽成：複姓。本書卷五三《景十三王傳》有陽成昭信。

[2]【顔注】師古曰：行，音下更反。【今注】中散大夫：王先謙《漢書補注》指出，據《續漢書·百官志》，中散大夫秩爲六百石，此時屬司中管轄。

莽夢長樂宮銅人五枚起立，[1]莽惡之，念銅人銘有“皇帝初兼天下”之文，即使尚方工鐫滅所夢銅人膺文。[2]又感漢高廟神靈，[3]遣虎賁武士入高廟，拔劍四面提擊，[4]斧壞户牖，[5]桃湯赭鞭鞭灑屋壁，[6]令輕車校尉居其中，又令中軍北壘居高寢。[7]

［1］【今注】長樂宮銅人：據《史記》卷六《秦始皇本紀》記載，秦始皇收天下兵器，鑄爲“金人十二，重各千石”。張守節《正義》引《三輔舊事》《三國志》《關中記》，指出漢朝時此銅人在長樂宮門，東漢末年董卓毀其十爲錢，餘二。魏明帝欲徙至洛，未遂。石虎徙之至鄴城，後又爲苻堅徙至長安而銷之。王先謙《漢書補注》引《水經注》卷四《河水》，則認爲董卓所毀爲九，餘一座在苻堅亂後被推入河中。

［2］【顔注】師古曰：鐫，鑿也，音子全反。【今注】鐫滅所夢銅人：王先謙《漢書補注》指出，亦即十二枚銅人鐫其五。

［3］【顔注】師古曰：謂夢見譴責。【今注】高廟：即高祖廟，又稱“太祖廟”，是祭祀開國皇帝劉邦的宗廟。西漢新帝即位，須拜謁高祖廟，以宣示自己的合法性和正統性。霍光廢昌邑王時，即曾以“未見命高廟”爲由。惠帝時始設，地方諸郡國皆立。據《三輔黄圖》，京師高廟在長安城安門街東（參見劉慶柱、李毓芳《關於西漢帝陵形制諸問題的探討》，《考古與文物》1985 年第 5 期）。周壽昌《漢書注校補》指出，王莽即令果夢漢高帝譴責，又豈肯告訴他人？周氏認爲，其所感者，爲新莽建國元年（9），長安狂女子所呼“高皇帝大怒”一事。

［4］【顔注】師古曰：提，擲也，音徒計反。

［5］【顔注】師古曰：以斧斫壞之。【今注】户：單扇的門。牖：窗户。

［6］【顔注】師古曰：桃湯灑之，赭鞭鞭之也。赭，赤也。

【今注】桃湯：沈欽韓《漢書疏證》指出，桃湯之典故出自王肅《喪服要記》魯哀公語，稱桃湯起於衛女，嫁楚地的路上聽説丈夫已死，到夫家後治三桃湯，以沐死者。

［7］【顏注】師古曰：徙北軍壘之兵士於高廟寢中屯居也。【今注】中軍北壘：王先謙《漢書補注》認爲，此當作"北軍中壘"。據本書《百官公卿表》，中壘校尉所掌爲北軍壘門内外。

或言黄帝時建華蓋以登僊，莽乃造華蓋九重，高八丈一尺，金瑵羽葆，[1]載以祕機四輪車，[2]駕六馬，[3]力士三百人黄衣幘，[4]車上人擊鼓，輓者皆呼"登僊"。[5]莽出，令在前。百官竊言："此似輀車，非僊物也。"[6]

［1］【顏注】師古曰："瑵"讀曰"爪"。謂蓋弓頭爲爪形。

［2］【顏注】服虔曰：蓋高八丈，其杠皆有屈膝（杠，蔡琪本作"柱"），可上下屈申也。師古曰：言潛爲機關，不使外見，故曰祕機也。

［3］【今注】駕六馬：《史記》卷六《秦始皇本紀》曾記載秦因用水德，對應數字爲六，而有駕六馬之制。然從考古發掘來看，此制當指皇帝在重大場合出行時的個别車駕而言，且此風在戰國時已形成，其後秦漢承之，實與所謂德數無關。之所以有六馬之制，當與先秦時代以"十二""六"爲"天數"之思想有關（參見安子毓《秦"數以六爲紀"淵源考》，《中國史研究》2018年第4期）。是以王莽奉土德數當用五，且其篤信陰陽五行之説，然亦駕六馬。

［4］【今注】黄衣幘：王念孫《讀書雜志·漢書第十五》指出，《太平御覽·車部》引此文作"黄衣赤幘"。《續漢書·輿服志》亦云"武吏常赤幘"。然則此"幘"上脱"赤"字。朱一新指出，依五德之説漢爲火德，尚赤，新莽輕賤漢行，恐不用赤幘。

《續漢書·輿服志》乃漢制，未可以證莽制。僅一《太平御覽》不足據。今案，自戰國晚期以來，五德終始説甚囂塵上，皇帝在名義上多采用此理論，然在具體執行層面往往僅爲具文，敷衍了事。在其實際用色方面，往往與其宣揚的德數不符（參見安子毓《“上黑”淵源考》，《史學月刊》2017 年第 2 期）。此處若無“赤”字，則文氣不暢，似當以王念孫説爲是。

［5］【今注】案，僊，大德本、殿本作“仙”。

［6］【顔注】師古曰：輀車，載喪車，音“而”。

是歲，南郡秦豐衆且萬人。[1]平原女子遲昭平能説經博以八投，[2]亦聚數千人在河阻中。莽召問群臣禽賊方略，皆曰：“此天囚行尸，[3]命在漏刻。”故左將軍公孫禄徵來與議，[4]禄曰：“太史令宗宣典星歷，[5]候氣變，以凶爲吉，亂天文，誤朝廷。太傅平化侯飾虚僞以媮名位，[6]‘賊夫人之子’。[7]國師嘉信公顛倒五經，[8]毁師法，令學士疑惑。明學男張邯、地理侯孫陽造井田，使民棄土業。犧和魯匡設六筦，[9]以窮工商。説符侯崔發阿諛取容，令下情不上通。宜誅此數子以慰天下！”又言：“匈奴不可攻，當與和親。臣恐新室憂不在匈奴，而在封域之中也。”莽怒，使虎賁扶禄出。然頗采其言，左遷魯匡爲五原卒正，以百姓怨非故。六筦非匡所獨造，莽厭衆意而出之。[10]

［1］【今注】秦豐：王先謙《漢書補注》指出，據《後漢書》卷一上《光武帝紀上》，秦豐號爲楚黎王。今案，秦豐後爲劉秀屬下將軍岑彭擊敗，受困於黎丘，被迫出降後被殺。

［2］【顔注】服虔曰：博奕經，以八箭投之。【今注】平原：

郡名。治平原縣（今山東平原縣西南）。

［3］【今注】天囚行尸：王先謙《漢書補注》引《資治通鑑》卷三八《漢紀》地皇二年胡三省注云："言其得罪於天，死在須臾；其猖狂爲盜，特尸行耳。"

［4］【顔注】師古曰："與"讀曰"豫"。【今注】左將軍：官名。漢代有前、後、左、右將軍，漢武帝時始設，初爲大將軍出征時手下裨將臨時名號，事訖即罷；昭宣以後常置，典掌禁兵，戍衛京師，或任征伐，皆位上卿，金印紫綬。　公孫禄：哀帝時爲左將軍，與何武互舉爲大司馬，皆免官。王莽稱帝後，曾復召入朝徵詢鎮壓人民反抗方略，旋遣出。

［5］【今注】太史令：漢九卿之一太常屬官。掌天文曆法，記録瑞應、災異。

［6］【今注】太傅平化侯：指唐尊。

［7］【顔注】師古曰：《論語》稱子路使子羔爲費宰，孔子曰"賊夫人之子"，言羔未知政道，而使宰邑，所以爲賊害也。故禄引此而言。

［8］【今注】嘉信公：錢大昭《漢書辨疑》指出，此指劉歆，其起初封嘉新公，後改。

［9］【今注】犧和：即羲和。王莽以大司農爲羲和，後改爲納言。案，前文已出現納言，此處似爲追述。又案，犧，蔡琪本、殿本作"羲"。

［10］【顔注】師古曰：厭，滿也，音一艷反。

初，四方皆以飢寒窮愁起爲盜賊，稍稍群聚，常思歲熟，[1]得歸鄉里。衆雖萬數，亶稱巨人、從事、三老、祭酒，[2]不敢略有城邑，轉掠求食，日闋而已。[3]諸長吏牧守皆自亂鬭中兵而死，[4]賊非敢欲殺之也，而莽終不諭其故。[5]是歲，大司馬士按章豫州，[6]爲賊所獲，賊送什縣。[7]士還，上書具言狀。莽大怒，下獄以爲誣罔。因下書責七公曰：[8]“夫吏者，理也。宣德明恩，以牧養民，仁之道也。抑强督姦，[9]捕誅盜賊，義之節也。[10]今則不然。盜發不輒得，至成群黨，遮略乘傳宰士。[11]士得脱者，又妄自言：‘我責數賊：“何故爲是？”[12]賊曰：“以貧窮故耳。”賊護出我。’今俗人議者率多若此。惟貧困飢寒，[13]犯法爲非，大者群盜，小者偷穴，不過二科，[14]今乃結謀連黨以千百數，是逆亂之大者，豈飢寒之謂邪？七公其嚴敕卿大夫、卒正、連率、庶尹，謹牧養善民，急捕殄盜賊。有不同心并力，疾惡黜賊，而妄曰飢寒所爲，輒捕繫，請其罪。”於是群下愈恐，莫敢言賊情者，亦不得擅發兵，賊由是遂不制。

[1]【今注】案，熟，殿本作“孰”。

[2]【顔注】師古曰：“亶”讀曰“但”。言不爲大號。

[3]【顔注】師古曰：闋，盡也。隨日而盡也。闋，音空穴反。【今注】日闋而已：王先謙《漢書補注》引《資治通鑑》卷三八《漢紀》地皇二年胡三省注云：“言群盜攻剽所得，日給口體而已。”

[4]【顔注】師古曰：中，傷也。【今注】長吏：縣令長、尉、丞以上的地方官。

[5]【顔注】師古曰：不曉此意也。

[6]【顔注】師古曰：有上章相告者，就而按治之。

[7]【今注】案，什，蔡琪本、大德本、殿本作“付”。

[8]【今注】七公：王先謙《漢書補注》指出，四庫本《漢書》之《考證》釋爲“四輔三公”。

[9]【今注】案，强，蔡琪本作“彊”。

[10]【顔注】師古曰：督，謂察視也。

[11]【顔注】師古曰：傳，音張戀反。

[12]【顔注】師古曰：數，音所具反。

[13]【今注】惟：王先謙《漢書補注》釋爲“思”。

[14]【顔注】師古曰：穴，謂穿牆爲盜也。

唯翼平連率田況素果敢，發民年十八以上四萬餘人，授以庫兵，與刻石爲約。赤麋聞之，不敢入界。[1]況自劾奏，莽讓況：[2]“未賜虎符而擅發兵，此弄兵也，厥辠乏興。[3]以況自詭必禽滅賊，故且勿治。”[4]後況自請出界擊賊，所向皆破。[5]莽以璽書令況領青、徐二州牧事。況上言：“盜賊始發，其原甚微，非部吏、伍人所能禽也。[6]咎在長吏不爲意，縣欺其郡，郡欺朝廷，實百言十，實千言百。朝廷忽略，不輒督責，遂至延曼連州，[7]乃遣將率，多發使者，傳相監趣。[8]郡縣力事上官，應塞詰對，[9]共酒食，具資用，以救斷斬，[10]不給復憂盜賊治官事。[11]將率又不能躬率吏士，戰則爲賊所破，吏氣寖傷，徒費百姓。[12]前幸蒙赦令，賊欲解散，或反遮擊，恐入山谷轉相告語，故郡縣降賊，皆更驚駭，恐見詐滅，因飢饉易動，旬日之間更十餘萬人，此盜賊所以多之故也。今雒陽以東，米石二千。竊見詔書，欲遣太師、更始將軍，二人爪牙重臣，多從人衆，道上空竭，[13]少則亡以威視遠方。[14]宜急選牧、尹以下，明其賞罰，收合離鄉。小國無城郭者，[15]徙其老弱置大城中，積臧穀食，并力固守。

賊來攻城，則不能下，所過無食，埶不得群聚。如此，招之必降，擊之則滅。今空復多出將率，郡縣苦之，反甚於賊。宜盡徵還乘傳諸使者，以休息郡縣。委任臣況以二州盜賊，必平定之。”莽畏惡況，[16]陰爲發代，遣使者賜況璽書。使者至，見況，因令代監其兵。況隨使者西，到，拜爲師尉大夫。況去，齊地遂敗。

[1]【顔注】師古曰：麋，眉也。以朱塗眉，故曰赤眉。古字通用。

[2]【顔注】師古曰：讓，責也。

[3]【顔注】師古曰：擅發之罪，與乏軍興同科也。

[4]【顔注】師古曰：詭，責也。自以爲憂責。

[5]【今注】案，向，蔡琪本、大德本、殿本作“嚮”。

[6]【今注】案，王先謙《漢書補注》引《資治通鑑》卷三八《漢紀》王莽地皇二年胡三省注云：“部吏，部盜賊之吏，郡賊曹、縣游徼、鄉亭長之類是也。伍人，同伍之人，若今伍保者也。”

[7]【顔注】師古曰：延，音弋戰反。“曼”與“蔓”同。

[8]【顔注】師古曰：“趣”讀曰“促”。

[9]【顔注】師古曰：力，勤也。塞，當也。

[10]【顔注】師古曰：交懼斬死之刑也。“共”讀曰“供”。

[11]【顔注】師古曰：給，暇也。

[12]【顔注】師古曰：寖，漸也。

[13]【今注】道上空竭：《資治通鑑》卷三八《漢紀》王莽地皇二年胡三省注指出，此指沿路無法供給大軍後勤。

[14]【顔注】師古曰：“視”讀曰“示”。

[15]【今注】小國：王先謙《漢書補注》認爲指諸列侯國。

[16]【今注】莽畏惡況：王先謙《漢書補注》指出，此指王

莽畏惡其才能。

三年正月，九廟蓋構成，納神主。[1]莽謁見，大駕乘六馬，以五采毛爲龍文衣，著角，長三尺。[2]華蓋車，元戎十乘在前。因賜治廟者司徒、大司空錢各千萬，侍中、中常侍以下皆封。封都匠仇延爲邯淡里附城。[3]

[1]【今注】案，主，蔡琪本作“王”。

[2]【顔注】師古曰：以被馬上也。

[3]【顔注】師古曰：都匠，大匠也。邯，音胡敢反。淡，音大敢反。豐盛之意。

二月，霸橋災，[1]數千人以水沃救，不滅。莽惡之，下書曰：“夫三皇象春，五帝象夏，三王象秋，五伯象冬。皇王，德運也；伯者，繼空續乏以成歷數，故其道駮。[2]惟常安御道多以所近爲名。[3]迺二月癸巳之夜，甲午之辰，火燒霸橋，從東方西行，至甲午夕，橋盡火滅。大司空行視考問，[4]或云寒民舍居橋下，[5]疑以火自燎，爲此災也。[6]其明旦即乙未，立春之日也。予以神明聖祖黄虞遺統受命，至于地皇四年爲十五年。正以三年終冬絶滅霸駮之橋，欲以興成新室統壹長存之道也。又戒此橋空東方之道。[7]今東方歲荒民飢，道路不通，東岳太師亟科條，[8]開東方諸倉，賑貸窮乏，以施仁道。其更名霸館爲長存館，霸橋爲長存橋。”

[1]霸橋：又作“灞橋”，古橋名。在今陝西西安市東灞河上。漢時灞橋在今灞橋西北十餘里。

[2]【顔注】師古曰：“伯”皆讀曰“霸”（殿本無“皆”字）。【今注】案，駮，殿本作“駁”。下同不注。

[3]【今注】常安：王先謙《漢書補注》謂即長安。

[4]【顔注】師古曰：行，音下更反（殿本無此注）。

[5]【顔注】師古曰：舍，止宿也。

[6]【顔注】師古曰：燎，謂炙令腝也。

[7]【今注】戒：王先謙《漢書補注》認爲指天示鑒誡。

[8]【顔注】師古曰：亟，急也，音己力反（殿本無“音己力反”四字）。【今注】案，岳，蔡琪本作“嶽”。

是月，赤眉殺太師犧仲景尚。[1]關東人相食。

[1]【今注】案，犧，殿本作“羲”。

四月，遣太師王匡、更始將軍廉丹東，[1]祖都門外，[2]天大雨，霑衣止。[3]長老嘆曰：“是爲泣軍！”[4]莽曰：“惟陽九之阸，與害氣會，究于去年。枯旱霜蝗，飢饉薦臻，[5]百姓困乏，流離道路，於春尤甚，予甚悼之。[6]今使東岳太師特進褒新侯開東方諸倉，[7]賑貸窮乏。太師公所不過道，分遣大夫謁者竝開諸倉，以全元元。太師公因與廉丹大使五威司命位右大司馬更始將軍平均侯之兖州，填撫所掌，[8]及青、徐故不軌盜賊未盡解散，後復屯聚者，皆清潔之，期於安兆黎矣。”[9]太師、更始合將鋭士十餘萬人，所過放縱。東方爲之語曰：“寧逢赤眉，不逢太師！太師尚可，更始殺我！”卒如田況之言。

[1]【顔注】師古曰：東，謂東出也。【今注】王匡：此爲王莽族侄。其祖父王音與王莽父王曼爲堂兄弟，曾任大司馬車騎將軍，在成帝朝輔政。其父王舜爲王莽親信，助王莽奪位，爲新莽四輔之一。王匡被任命爲太師將軍。奉命鎮壓赤眉軍，屢戰不利。復受命守洛陽，在新莽覆滅後降更始政權，被殺。事見《後漢書》卷一一《劉玄劉盆子傳》。　東：命二人東出鎮壓赤眉軍。

[2]【顔注】師古曰：祖道送匡、丹於都門外（大德本、殿本無“於”字）。

[3]【今注】霑衣：霑，浸濕、沾濕。沈欽韓《漢書疏證》指出，《御覽》卷三六八引《六韜》曰：“雨霑衣裳者謂之潤兵，不霑者謂之泣兵。”又卷一一引《魏武兵書按要》曰：“大軍將行，雨霑衣冠，是謂灑兵，其師有慶。大將始行，雨薄，不濡衣冠，是謂天泣。其將大凶，其卒敗亡。”此傳云“天大雨，霑衣”，則與兵書言不符。今案，“霑衣”後又有“止”字。揣其文意，似缺“未”字，或本作“未霑衣，止”。又案，霑衣止，殿本作“霑衣上”。

[4]【今注】案，爲，殿本作“謂”。

[5]【顔注】師古曰：“薦”讀曰“荐”。荐，仍也。

[6]【今注】案，予，蔡琪本作“于”，下同不注。

[7]【今注】東岳太師特進襃新侯：即太師王匡。王莽用五行學説，以太師主春，位東方，故稱東岳太師。案，岳，蔡琪本作“嶽”。

[8]【顔注】師古曰：之，往也。填，音竹刃反。【今注】廉丹：王先謙《漢書補注》指出，更始將軍即廉丹。疑“廉丹”二字當在“平均侯”下。

[9]【顔注】師古曰：黎，衆也（衆，殿本作“庶”）。

莽又多遣大夫謁者分教民煑草木爲酪，酪不可食，重爲煩費。[1]莽下書曰：“惟民困乏，雖溥開諸倉以賑贍之，[2]猶恐未足。其且開天下山澤之防，諸能采取山澤之物而順月令者，[3]其恣聽之，勿令出稅。至地皇三十年如故，是王光上戊之六年也。[4]如令豪吏猾民辜而攉之，小民弗蒙，非予意也。[5]《易》不云虖，[6]‘損上益下，民說無疆’。[7]《書》云：‘言之不從，是謂不艾。’[8]咨虖群公，可不憂哉！”[9]

[1]【顏注】師古曰：重，音直用反。

[2]【顏注】師古曰：“溥”與“普”同（殿本無此注）。

[3]【今注】月令：戰國以來，在陰陽五行説的影響下，形成的一種規定某月施行某種政事的學説。這一學説被記於《禮記·月令》之中，相同内容亦見於《吕氏春秋·十二紀》。出土簡牘如青川木牘《爲田律》、睡虎地秦簡《田律》、張家山漢簡《二年律令·田律》皆有相關内容。江蘇連雲港市尹灣出土的成帝元延年間東海郡《集簿·以春令》、甘肅敦煌市懸泉置出土的平帝元始五年（5）《詔書四時月令五十條》更是直接標識了“月令”。可見這一學説並非僅僅流於空談，對秦漢實際政治亦有着重要影響。這些出土文獻内容與《禮記·月令》有同有異，關於其文本解釋與差異形成的原因，學界尚存在争議（參見楊振紅《出土簡牘與秦漢社會》第五章，廣西師範大學出版社 2009 年版）。

[4]【顏注】孟康曰：戊，土也，莽所作歷名。

[5]【顏注】師古曰：辜攉，謂獨專其利，而令它人犯者得罪辜也（它，殿本作“他”）。

[6]【今注】案，虖，大德本、殿本作“乎”。

[7]【顏注】師古曰：《益卦》彖辭也。言損上以益下，則人

皆歡悦無窮竟。

［8］【顔注】師古曰：《洪範》之言。"艾"讀曰"乂"。乂，治也。【今注】書：即《尚書》。儒家五經之一。先秦時稱《書》。漢初始稱《尚書》，指上古之書。尚，同"上"。記載上古及夏商事迹，體裁有典、謨、訓、誥、誓、命六種。武帝立五經博士，該書成爲儒家經典之一。據説《尚書》原本達百餘篇，因秦代焚書，導致了《尚書》流傳史上的今古文之争。今文《尚書》爲故秦博士伏生在漢文帝時所傳，用漢隸書寫，故稱《今文尚書》，僅餘二十八篇。後來在漢代多有《古文尚書》被發現的記載，河間獻王所搜爲其中之一。至西晉永嘉之亂時，古文尚書佚失，豫章内史梅赜復獻之，傳於後世。然自宋儒開始懷疑，至清儒閻若璩作《尚書古文疏證》，已證明梅本《古文尚書》爲僞作。至於漢代流傳的《古文尚書》之真僞，尚存在争議。具體到河間獻王所搜之《尚書》，部分學者根據《史記》卷五九《五宗世家》不載獻王搜書事而認爲是後人附會，然無確據（參見劉起釪《尚書學史》，中華書局1989年版）。

［9］【顔注】師古曰：咨者，嘆息之言。

是時下江兵盛，新市朱鮪、平林陳牧等皆復聚衆，[1]攻擊鄉聚。莽遣司命大將軍孔仁部豫州，[2]納言大將軍嚴尤、秩宗大將軍陳茂擊荆州，各從吏士百餘人，乘船從渭入河，[3]至華陰迺出乘傳，[4]到部募士。尤謂茂曰："遣將不與兵符，必先請而後動，是猶紲韓盧而責之獲也。"[5]

［1］【今注】新市：緑林軍因疫疾分散，其中一支號爲新市兵。　朱鮪：緑林軍首領，在劉玄稱帝後獲封大司馬，勸劉玄殺害劉秀之兄劉縯。劉秀稱帝後，攻打朱鮪堅守的洛陽，數月未下，乃

使岑彭勸降朱鮪。朱鮪降後，劉秀遵守誓言不再尋仇，還封其爲扶溝侯。朱鮪後來官至少府。其墓在今山東金鄉縣西李莊，酈道元《水經注》中有記載，至宋代時被發掘，墓中的大量畫像石至近現代猶存，魯迅曾搜集其拓片資料頗多，現存畫像石主要藏於山東石刻藝術博物館（參見沈括《夢溪筆談》卷一九；顧穎《漢畫像藝術概論》，文化藝術出版社 2017 年版）。　平林：地名。在今湖北隨縣東北。新市軍擊隨縣時，平林人陳牧等起兵響應，號爲平林兵。參見《後漢書》卷一一《劉玄傳》。

［2］【今注】豫州：漢武帝所置"十三刺史部"之一。轄境約當今淮河以北伏牛山以東豫東、皖北地區。

［3］【今注】案，舩，蔡琪本、大德本作"船"，殿本作"舡"。　渭：即今渭河。源出今甘肅渭源縣，東流通過陝西關中地區，匯入黄河。　河：黄河。

［4］【今注】華陰：縣名。治所在今陝西華陰市東。因在華山之北，故得名。據《三輔黄圖》，華陰爲京輔都尉駐地。

［5］【顔注】師古曰：紲，繫也。韓盧，古韓國之名犬也。黑色曰盧。

夏，蝗從東方來，蜚蔽天，[1]至長安，入未央宫，[2]緣殿閣。莽發吏民設購賞捕擊。

［1］【顔注】師古曰：蜚，古"飛"字也（蔡琪本、殿本無"也"字）。

［2］【今注】未央宫：漢正宫。在秦章臺基礎上修建，位於漢長安城地勢最高的西南角龍首原上，因在長安城安門大街之西，又稱西宫。《資治通鑑》卷一一《漢紀》高皇帝七年胡三省注云，未央宫周迴二十八里，位置在長安城西南隅。又引李吉甫《元和郡縣圖志》云："東距長樂宫一里，中隔武庫。"（參見李毓芳《漢長安

城未央宫的考古發掘與研究》，《文博》1995 年第 3 期；陳蘇鎮《未央宫四殿考》，《歷史研究》2016 年第 5 期）

莽以天下穀貴，欲厭之，[1]爲大倉，置衛交戟，名曰“政始掖門”。

[1]【顔注】師古曰：厭，音一葉反。

流民入關者數十萬人，迺置養贍官稟食之。[1]使者監領，與小吏共盜其稟，飢死者十七八。先是，莽使中黄門王業領長安市買，[2]賤取於民，民甚患之。業以省費爲功，賜爵附城。莽聞城中飢饉，以問業。業曰：“皆流民也。”乃市所賣梁飰肉羹，持入視莽，[3]曰：“居民食咸如此。”莽信之。

[1]【顔注】師古曰：稟，給也。“食”讀曰“飤”。

[2]【今注】中黄門：漢代給事内廷的宦官。《續漢書·百官志》：“宦者，無員。後增比三百石。掌給事禁中。”

[3]【顔注】師古曰：“視”讀曰“示”。

冬，無鹽索盧恢等舉兵反城。[1]廉丹、王匡攻拔之，斬首萬餘級。莽遣中郎將奉璽書勞丹、匡，[2]進爵爲公，封吏士有功者十餘人。

[1]【顔注】師古曰：索盧，姓也。恢，名也。反城，據城以反也。一曰，反，音“幡”。今語賊猶曰幡城。索，音先各反。【今注】無鹽：縣名。治所在今山東東平縣東南。

［2］【今注】中郎將：秦、西漢時爲中郎長官，職掌宫禁宿衛，隨行護駕，協助郎中令（光禄勳）考核選拔郎官及從官，亦常奉詔出使，職位清要。後又專設五官、左、右中郎將分領中郎等。其職多由外戚及親近官員擔任，加中朝官號。隸郎中令，秩比二千石。

赤眉别校董憲等衆數萬人在梁郡，[1]王匡欲進擊之，廉丹以爲新拔城罷勞，[2]當且休士養威。匡不聽，引兵獨進，丹隨之。合戰成昌，[3]兵敗，匡走。丹使吏持其印韍節付匡曰：[4]"小兒可走，吾不可！"遂止，戰死。校尉汝雲、王隆等二十餘人别鬬，聞之，皆曰："廉公已死，吾誰爲生？"馳犇賊，皆戰死。[5]莽傷之，下書曰："惟公多擁選士精兵，衆郡駿馬倉穀帑藏皆得自調，[6]忽於詔策，離其威節，騎馬呵譟，[7]爲狂刃所害，[8]烏呼哀哉！[9]賜謚曰果公。"

［1］【今注】董憲：兩漢之際的割據軍閥。新莽末起兵響應赤眉起義，擊殺了前來鎮壓的新莽更始將軍廉丹。後降於更始所封梁王劉永，先後受封爲翼漢大將軍、海西王。後敗於劉秀，爲其麾下大將吴漢所擊殺。

［2］【顔注】師古曰："罷"讀曰"疲"。

［3］【顔注】師古曰：成昌，地名也。【今注】成昌：《資治通鑑》卷三八《漢紀》王莽地皇三年胡三省注指出，據《後漢書》，此地當在無鹽縣界。

［4］【今注】案，蔡琪本、大德本、殿本"節"前有"符"字。

［5］【顔注】師古曰：犇，古"奔"字也（蔡琪本無"也"

字）。

［6］【顔注】師古曰：謂發取也，音徒釣反。

［7］【顔注】師古曰：忽，謂怠也。譟，群呼也，音先到反。

［8］【今注】案，狂，蔡琪本作“枉”。

［9］【今注】案，呼，蔡琪本作“乎”。

國將哀章謂莽曰：[1]“皇祖考黄帝之時，中黄直爲將，[2]破殺蚩尤。[3]今臣居中黄直之位，[4]願平山東。”莽遣章馳東，與太師匡并力。又遣大將軍陽浚守敖倉，[5]司徒王尋將十餘萬屯雒陽填南宫，[6]大司馬董忠養士習射中軍北壘，[7]大司空王邑兼三公之職。司徒尋初發長安，宿霸昌厩，[8]亡其黄鉞。尋士房揚素狂直，迺哭曰：“此經所謂‘喪其齊斧’者也！”[9]自劾去。莽擊殺揚。

［1］【今注】哀章：梓潼人，求學長安，見王莽居攝，乃僞造所謂“金匱策書”，稱王莽當爲真天子，又署輔政諸臣十一人，而自竄其名於其中。哀章竟以此被封爲國將、美新公，一躍成爲新莽最頂級的大臣“四輔”之一。後請命出軍，與太師王匡鎮壓赤眉軍，屢戰不利。復與王匡同受命守洛陽，在新莽覆滅後降更始政權，被殺。

［2］【今注】中黄直：王先謙《漢書補注》指出，《太平御覽》卷三二八引《玄女兵法》記載中黄直爲黄帝將，攻破蚩尤。今案，先秦典籍中似不見此名，其命名方式與緯書中“南方赤帝赤熛怒”“西方白帝白招拒”之類頗爲相似，當爲漢代術士之附會。

［3］【今注】蚩尤：上古傳説中的人物，與黄帝作戰而爲之所殺。因傳説其發明五兵，故在秦漢時被作爲戰神祭祀。《史記·封

禪書》祠八神，其中兵主所祠，即蚩尤。關於蚩尤的身份，史籍記載頗爲歧異，最爲常見的説法是指蚩尤爲炎帝臣子，因不服從炎帝而被炎、黄在涿鹿之戰中聯合消滅。然炎帝與黄帝亦曾發生過阪泉之戰，且阪泉與涿鹿很可能是一個地方，而且在史籍中亦頗有關於二人聯繫的蛛絲馬迹的記載。因此，有觀點認爲，炎帝與蚩尤實爲一人。亦有觀點認爲，炎帝爲稱號，蚩尤繼神農氏擔任了炎帝。還有觀點認爲，因炎、黄後裔融合，因而後人構建了黄帝蚩尤之戰來代替黄帝炎帝之戰。要之蚩尤身份與炎帝當有着一而二、二而一的緊密關係。（參見吕思勉《先秦史》第七章第一節《炎黄之争》，上海古籍出版社 1982 年版；田兆元、明亮《論炎帝稱謂的諸種模式與兩漢文化邏輯》，《華東師範大學學報》2007 年第 3 期；劉全志《先秦話語中黄帝身份的衍生及相關文獻形成》，《中國社會科學》2015 年第 11 期）

［4］【今注】案，今，蔡琪本作“令”。

［5］【今注】陽浚：錢大昭《漢書辨疑》疑此即誅貉將軍陽俊。然“浚”“俊”不同，未知孰是。　敖倉：秦漢時期最重要的國家倉廪之一。建在滎陽北敖山之上，故得名。故地在今河南鄭州市西邙山上。

［6］【顔注】師古曰：填，音竹刃反。

［7］【今注】中軍北壘：王先謙《漢書補注》認爲，此亦當作“北軍中壘”。

［8］【顔注】師古曰：霸昌觀之廄也。《三輔黄圖》曰，在城外也。

［9］【顔注】應劭曰：齊，利也。亡其利斧，言無以復斷斬也。師古曰：此《易·巽卦》上九爻辭。

四方盗賊往往數萬人攻城邑，殺二千石以下。[1] 太師王匡等戰數不利。莽知天下潰畔，[2] 事窮計迫，迺議遣風俗大夫司國憲等分行天下，[3]除井田奴婢山澤六筦之禁，即位以來詔令不便於民者皆收還之。待見未發，[4]會世祖與兄齊武王伯升、宛人李通等帥舂陵子弟數千人，[5]招致新市平林朱鮪、陳牧等合攻拔棘陽。是時嚴尤、陳茂破下江兵，成丹、王常等數千人別走，[6]入南陽界。[7]

[1]【今注】二千石：因漢代所得俸禄以米穀爲準，故官秩等級以重量單位“石”名。漢朝二千石爲中央政府機構的列卿，及地方州牧郡守、諸侯王國相等。王莽屢改官名，然禄位當未有大的變化。又可細分爲中二千石、二千石、比二千石三等。據本書《百官公卿表》顔師古注，中二千石者月各百八十斛，二千石者百二十斛，比二千石者百斛。根據張家山漢簡《秩律》與《新書》《史記》等傳世文獻，閻步克先生又指出漢初衹有二千石，並無中二千石等細分等級，最早的中二千石的記載出現在文帝死後景帝發布的詔書中。楊振紅先生則進一步認爲中二千石的官位是文帝時在賈誼的建議下設立的，是爲了區别漢廷官員與諸侯官員之地位。而早期中二千石官員亦不止《百官公卿表》所載諸官，如内史、主爵都尉均曾列於中二千石。（參見閻步克《〈二年律令·秩律〉的中二千石秩級闕如問題》，《河北學刊》2003年第5期；楊振紅《出土簡牘與秦漢社會（續編）》，廣西師範大學出版社2015年版，第51—57頁）

[2]【今注】畔：同“叛”。叛亂。

[3]【顔注】師古曰：行，音下更反。

[4]【今注】待見未發：王先謙《漢書補注》指出，此句意爲待召見而未出發。

[5]【顔注】師古曰：世祖，謂光武皇帝。【今注】伯升：即東漢開國皇帝光武帝劉秀之長兄劉縯，帶領舂陵劉氏宗族起事反

莽，後與緑林軍新市、平林兵聯盟合作，共推劉玄爲帝（更始帝），劉縯獲封大司徒。在劉縯攻占宛城後，因受猜忌，被更始帝劉玄所殺。錢大昕《廿二史考異·漢書三》指出，因伯升爲光武之兄，故字而不名。劉玄爲光武所事之君，故後文亦稱其字聖公。　宛：縣名。治所在今河南南陽市宛城區。　李通：字次元。其家世爲富商，曾仕王莽，後歸家。與春陵劉氏同起兵反莽，其家族爲新莽所族滅。王莽覆滅後，受封爲大將軍，封西平王。後受命出鎮荆州，娶劉秀妹伯姬爲妻。更始滅後，李通投奔劉秀，獲封固始侯，頗受親信，是東漢統一後少數繼續參與政事的開國功臣。漢明帝時圖畫開國功臣像於雲臺，李通亦在其中。傳見《後漢書》卷一五。　春陵：侯國名。治所在今湖北棗陽市南。本南陽郡蔡陽縣白水鄉地，漢元帝初元元年（前48）將春陵侯劉仁封國從零陵郡徙至此地。

［6］【今注】王常：字顔卿。兩漢之際將軍。王莽末年，因爲弟報仇而逃亡，後爲緑林軍首領，在緑林軍因疫疾分散後爲其中平林兵首領。劉縯、劉秀率春陵劉氏子弟起兵後受挫，欲聯合平林兵，在王常協調下得以成功。後與劉秀等攻破昆陽，參與昆陽大戰。後受封爲鄧王，在更始政權覆滅後投降劉秀，受封爲横野大將軍山桑侯。漢明帝時圖畫開國功臣像於雲臺，王常亦在其中。傳見《後漢書》卷一五。

［7］【今注】南陽：郡名。治宛縣（今河南南陽市宛城區）。

十一月，有星孛于張，[1]東南行，五日不見。莽數召問太史令宗宣，諸術數家皆繆對，[2]言天文安善，群賊且滅。莽差以自安。

［1］【今注】孛：一般指彗星，有時也可能指新星和超新星。本書《高紀》李奇注、卷四《文紀》文穎注皆認爲“孛”有除舊布新之寓意。　張：星宿名。二十八宿之一。南宫朱雀七宿之第

五宿。

［2］【今注】術數：利用算數知識研究天文、曆法、占卜、陰陽五行等學問。此處偏指觀測演算天象運行，並進行相關占卜解釋。

四年正月，漢兵得下江王常等以爲助兵，[1]擊前隊大夫甄阜、屬正梁丘賜，[2]皆斬之，殺其衆數萬人。初，京師聞青、徐賊衆數十萬人，訖無文號旌旗表識，[3]咸怪異之。好事者竊言："此豈如古三皇無文書號謚邪？"[4]莽亦心怪，以問群臣，群臣莫對。唯嚴尤曰："此不足怪也。自黄帝、湯、武行師，[5]必待部曲旌旗號令，今此無有者，直飢寒群盜，犬羊相聚，不知爲之耳。"莽大説，[6]群臣盡服。及後漢兵劉伯升起，皆稱將軍，攻城略地，既殺甄阜，移書稱説。莽聞之憂懼。

［1］【今注】案，此前，舂陵劉氏與新市、平林聯軍爲甄阜、梁丘賜大敗於小長安，損失慘重，劉秀姊元及三女、兄仲皆遇害。得下江兵助，方得復振。參見《後漢書》卷一四《齊武王縯傳》、卷一五《王常傳》《鄧晨傳》。

［2］【今注】前隊：新莽改南陽爲前隊。　大夫：王莽在六尉郡、六隊郡設大夫，職如太守。　屬正：王莽在六尉郡、六隊郡設屬正，職如都尉。

［3］【顔注】師古曰：文，謂文章；號，謂大位號也。一曰，號，謂號令也。"識"讀與"幟"同，音式志反。

［4］【顔注】師古曰：欲其事成，故云然也。

［5］【今注】湯：商朝開國君主。　武：周武王，周朝開國

君主。

[6]【顔注】師古曰："説"讀曰"悦"。

漢兵乘勝遂圍宛城。初，世祖族兄聖公先在平林兵中。[1]三月辛巳朔，[2]平林、新市、下江兵將王常、朱鮪等共立聖公爲帝，改年爲更始元年，拜置百官。莽聞之愈恐。欲外視自安，[3]迺染其須髮，[4]進所徵天下淑女，杜陵史氏女爲皇后，[5]聘黄金三萬斤，車馬奴婢雜帛珍寶以巨萬計。莽親迎於前殿兩階間，成同牢之禮于上西堂。備和嬪、美御、和人三，位視公；嬪人九，視卿；美人二十七，視大夫；御人八十一，視元士：凡百二十人，皆佩印韍，執弓韣。[6]封皇后父諶爲和平侯，拜爲寧始將軍，諶子二人皆侍中。是日，大風發屋折木。群臣上壽曰："迺庚子雨水灑道，辛丑清靚無塵，[7]其夕穀風迅疾，從東北來。[8]辛丑，巽之宫日也。巽爲風爲順，[9]后誼明，母道得，温和慈惠之化也。《易》曰：'受兹介福，于其王母。'[10]《禮》曰：'承天之慶，萬福無疆。'[11]諸欲依廢漢火劉，皆沃灌雪除，殄滅無餘雜矣。百穀豐茂，庶草蕃殖，[12]元元驩喜，兆民賴福，天下幸甚！"莽日與方士涿郡昭君等於後宫考驗方術，[13]縱淫樂焉。[14]大赦天下，然猶曰："故漢氏舂陵侯群子劉伯升與其族人婚姻黨與，妄流言惑衆，悖畔天命，及手害更始將軍廉丹、前隊大夫甄阜、屬正梁丘賜，[15]及北狄胡虜逆輿洎南僰虜若豆、孟遷，不用此書。[16]有能捕得此人者，皆封爲上公，食邑萬户，賜寶貨五千萬。"

［1］【今注】世祖：指東漢光武帝劉秀。紀見《後漢書》卷一。　聖公：劉玄，字聖公，史稱更始帝。劉秀同鄉族兄，因其門客犯法而投奔平林兵。後被推舉爲皇帝，年號爲更始。在王莽政權覆滅後定都長安，後爲赤眉軍所敗，投降赤眉後被殺。傳見《後漢書》卷一一。

［2］【今注】三月辛巳朔：周壽昌《漢書注校補》指出，三月，《後漢書》卷一《光武帝紀》作"二月"。他認爲，因新莽改曆，以建丑之月（相當於今農曆十二月）爲正月，則莽之三月，正合漢改夏正後之二月也。此下"四月"，《後漢書》作"三月"，亦同此理。今案，查諸張培瑜《三千五百年曆日天象》，按新莽曆法，是年三月朔日確爲辛巳，可證周説可以成立。

［3］【顏注】師古曰："視"讀曰"示"。

［4］【今注】染其須髮：周壽昌《漢書注校補》認爲，王莽是第一位見於記載的染鬚髮者。

［5］【今注】杜陵：縣名。漢宣帝於杜縣建杜陵，並改杜縣爲杜陵縣，屬京兆尹，故治在今陝西西安市東南。王念孫《讀書雜志·漢書第十五》指出，《太平御覽·皇王部十四》引此有"立"字，《資治通鑑》同。王氏認爲，"杜陵"上原當有"立"字，謂於所徵淑女中選立史氏女爲后。若脱"立"字，則文不成義。

［6］【顏注】師古曰：《禮記·月令》："仲春之月玄鳥至之日（蔡琪本"至"字重出），以太牢祠于高禖，天子親往，后妃率九嬪御，乃禮天子所御。帶以弓韣，授以弓矢，于高禖之前。"韣，弓衣也。帶之者，求男子之祥也。故莽依放之焉。韣，音"獨"。

［7］【顏注】師古曰："靚"即"静"字也。

［8］【顏注】師古曰：穀風即谷風。

［9］【今注】巽：八卦之一。《易·説卦》有云"巽……爲風"。

［10］【顏注】師古曰：《晉卦》六二爻也。介，大也。王母

（王，殿本作“玉”），君母。

［11］【顏注】師古曰：《禮》之祝詞（詞，蔡琪本作“辭”）。【今注】案，沈欽韓《漢書疏證》指出，此語出自《儀禮·士冠禮》。

［12］【顏注】師古曰：蕃，滋也。殖，生也。

［13］【今注】方士：泛指掌握巫醫、占卜、星相等技藝並以之爲業的人。起源於戰國中期燕、齊近海地區以修煉成仙、尋求不死之藥的方術之士。 涿郡：治涿縣（今河北涿州市）。 方術：主要指醫術、養生、求神仙之類的學問。

［14］【今注】案，據此句，王莽與昭君等所行當爲房中術之類。

［15］【今注】案，及，蔡琪本作“乃”。

［16］【顏注】師古曰：輿，匈奴單于名也。洎（洎，蔡琪本作“伯”），及也。若豆、孟遷，蠻夷之名也。言伯升已下，孟遷以上，不在赦令之限也。

又詔：“大師王匡、國將哀章、司命孔仁、兖州牧壽良、卒正王閎、楊州牧李聖亟進所部州郡兵，[1]凡三十萬衆，迫措青、徐盜賊。[2]納言將軍嚴尤、秩宗將軍陳茂、車馬將軍王巡、左隊大夫王吴亟進所部州郡兵凡十萬衆，[3]迫措前隊醜虜。[4]明告以生活丹青之信，[5]復迷惑不解散，皆并力合擊，殄滅之矣！大司空隆新公，宗室戚屬，前以虎牙將軍東指則反虜破壞，西擊則逆賊靡碎，[6]此迺新室威寶之臣也。如黠賊不解散，將遣大司空將百萬之師征伐剿絶之矣！”[7]遣七公幹士隗瞷等七十二人分下赦令，[8]曉諭云，瞷等既出，因逃亡矣。[9]

［1］【顔注】師古曰：亟，急也。【今注】案，大，蔡琪本、大德本、殿本作“太”；楊，大德本、殿本作“揚”。

［2］【顔注】師古曰：“措”讀與“笮”同，音莊客反。下亦放此。

［3］【今注】案，《漢書考正》劉奉世指出，尤、茂前云“大將軍”，此云“將軍”，未知孰誤。　馬，蔡琪本、大德本、殿本作“騎”。　左隊：新莽改潁川爲左隊。潁川，郡名。治陽翟縣（今河南禹州市）。

［4］【今注】前隊醜虜：錢大昕《廿二史考異·漢書三》認爲，“醜虜”所指劉秀兄弟，並感嘆班固於此無所隱諱。今案，錢氏當是因乾嘉時嚴酷的文字禁忌而有此嘆。不過，彼時漢軍已立劉玄爲帝，“醜虜”所指或爲劉玄。

［5］【顔注】師古曰：生活，謂來降者不殺之也。丹青之信，言明著也。

［6］【顔注】師古曰：靡，散也，音武皮反。

［7］【顔注】師古曰：剿，截也，音予小反（予，蔡琪本、殿本作“子”）。

［8］【今注】隗囂：“囂”爲“囂”的異體字。隗囂，字季孟。天水成紀人，兩漢之際的割據軍閥之一。初仕州郡，又輔王莽國師劉歆，後歸鄉。其叔父隗崔起兵反莽，推囂爲主。王莽覆滅後，隗囂被徵入更始朝廷。後復逃歸，聚攬故衆割據隴西。劉秀統一中原、南方及關中地區後，隗囂仍欲保持其獨立地位，遭到東漢朝廷攻打，最終在驚懼中去世。其政權亦終遭覆滅。傳見《後漢書》卷一三。

［9］【今注】案，周壽昌《漢書注校補》指出，《後漢書·隗囂傳》云：“國師劉歆引囂爲士。歆死，囂歸鄉里。”此云“逃亡”，與《後漢書·隗囂傳》不同。

四月，世祖與王常等别攻潁川，下昆陽、郾、定陵。[1]莽聞之愈恐，遣大司空王邑馳傳至雒陽，[2]與司徒王尋發衆郡兵百萬，號曰“虎牙五威兵”，平定山東。得顓封爵，政決於邑，除用徵諸明兵法六十三家術者，[3]各持圖書，受器械，備軍吏。傾府庫以遣邑，多齎珍寶猛獸，欲視饒富，用怖山東。[4]邑至雒陽，州郡各選精兵，牧守自將，定會者四十二萬人，餘在道不絶，車甲士馬之盛，自古出師未嘗有也。

[1]【顔注】師古曰：三縣之名也。郾，音一扇反。【今注】昆陽：縣名。治所在今河南葉縣。　郾（yǎn）：縣名。治所在今河南漯河市郾城區南。　定陵：縣名。治所在今河南舞陽縣東北。

[2]【顔注】師古曰：傳，音張戀反。【今注】案，至雒陽，蔡琪本、殿本作“之洛陽”。

[3]【今注】明兵法六十三家術者：王先謙《漢書補注》指出，本書《藝文志》稱“兵書五十三家”，班固自注“省十家”。是知《七略》載言兵法者有六十三家。《後漢書》卷一《光武帝紀》亦云“莽徵天下能爲兵法者六十三家數百人，並以爲軍吏”。

[4]【顔注】師古曰：“視”讀曰“示”。

六月，邑與司徒尋發雒陽，欲至宛，道出潁川，過昆陽。昆陽時已降漢，漢兵守之。嚴尤、陳茂與二公會，二公縱兵圍昆陽。嚴尤曰：“稱尊號者在宛下，宜亟進。[1]彼破，諸城自定矣。”邑曰：“百萬之師，所過當滅，今屠此城，喋血而進，[2]前歌後舞，顧不快邪！”遂圍城數十重。城中請降，不許。嚴尤又曰：

"'歸師勿遏，圍城爲之闕'，[3]可如兵法，使得逸出，以怖宛下。"邑又不聽。會世祖悉發郾、定陵兵數千人來救昆陽，[4]尋、邑易之，[5]自將萬餘人行陳，[6]敕諸營皆桉部，[7]毋得動，獨迎，與漢兵戰，不利。大軍不敢擅相救，漢兵乘勝殺尋。昆陽中兵出竝戰，邑走，軍亂。天風蜚瓦，[8]雨如注水，大衆崩壞號謼，[9]虎豹股栗，[10]士卒犇走，各還歸其郡。邑獨與所將長安勇敢數千人還雒陽。關中聞之震恐，[11]盜賊竝起。

[1]【顔注】師古曰：亟，急也。

[2]【顔注】師古曰：喋，音牒。

[3]【顔注】師古曰：此兵法之言也。遏，遮也。闕，不合也。【今注】圍城爲之闕：沈欽韓《漢書疏證》指出，曹操注《軍争篇》亦云："《司馬法》曰：'圍其三面，闕其一面，所以示生路也。'"

[4]【今注】案，《後漢書》卷一《光武帝紀上》云"光武乃與敢死者三千人，從城西水上衝其中堅"。敢死者三千，則劉秀所率援軍總兵力似不僅"數千"。

[5]【顔注】師古曰：輕易之也。易，音亦豉反。

[6]【顔注】師古曰：巡行軍陳也。行，音下更反。

[7]【今注】案，桉，蔡琪本、殿本作"按"。

[8]【顔注】師古曰：蜚，古"飛"字。【今注】案，天風，殿本作"大風"。

[9]【顔注】師古曰：謼，音火故反。

[10]【顔注】師古曰：言戰懼甚。【今注】虎豹股栗：周壽昌《漢書注校補》指出，此虎豹皆王邑軍中所有，即前文所云"多齎珍寶猛獸"。今案，《後漢書·光武帝紀上》稱莽軍"驅諸猛

獸虎豹犀象之屬，以助威武”。

［11］【今注】關中：古地名。秦都咸陽，漢都長安，因稱函谷關以西爲關中。秦漢時期還存在廣義的“關中”概念，泛指“包括巴蜀在内的‘殽函’以西的西部地區”（參見王子今《秦漢區域地理學的“大關中”概念》，《人文雜志》2003年第1期）。

又聞漢兵言，莽鴆殺孝平帝。[1]莽迺會公卿以下於王路堂，開所爲平帝請命金縢之策，[2]泣以視群臣。[3]命明學男張邯稱説其德及符命事，因曰：“《易》言：‘伏戎于莽，升其高陵，三歲不興。’[4]‘莽’，皇帝之名。‘升’謂劉伯升。‘高陵’，謂高陵侯子翟義也。言劉升、翟義爲伏戎之兵於新皇帝世，[5]猶殄滅不興也。”群臣皆稱萬歲。又令東方檻車傳送數人，言“劉伯升等皆行大戮”。民知其詐也。

［1］【今注】案，對於王莽毒殺平帝的説法，美國學者畢漢斯以其嫁女予平帝爲由，認爲其没有作案動機（參見崔瑞德、魯惟一主編《劍橋中國秦漢史》第三章，中國社會科學出版社1992年版）。此説顯然是未注意到王莽隔絶乃至殺害平帝母家衛氏一事。單就動機而言，王莽確有作案動機。或因此故，毒殺平帝之説在反莽起義中流傳甚廣。然此説之源頭實出自翟方進之子翟義。王莽居攝時，前丞相翟方進之子東郡太守翟義起兵反莽，最終失敗。本書卷八四《翟義傳》中載翟義與外甥陳豐商議起事時僅云王莽“必代漢家，其漸可見”，起事後却“移檄郡國，言莽鴆殺孝平皇帝，矯攝尊號”。可見翟義實不知此事之原委，爲起事而造此説而已，班固之意甚明。且平帝去世後無遺詔，似非精心策劃之結果。綜上，王莽雖有殺平帝之動機，然史料中並無其殺平帝之確據。平帝

是病死還是毒殺，抑或是被以其他方式害死，已不可確知。

［2］【今注】金縢：用金屬製的帶子將收藏書契的櫃封存。《尚書》有《金縢》篇，記載武王得病，周公祈禱以身代之，將其文封於金縢之匱中。後成王疑周公，發金縢而知周公之忠，君臣乃和解。王莽模仿此事，故亦設金縢之策。

［3］【顔注】師古曰："視"讀曰"示"。

［4］【顔注】師古曰：《同人卦》九三爻辭也。莽，平草也。言伏兵戎於草莽之中，升高陵而望，不敢前進，至于三歲不能起也（能，蔡琪本作"敢"）。

［5］【今注】案，劉升，蔡琪本作"劉伯升"。

先是，衛將軍王涉素養道士西門君惠。[1]君惠好天文讖記，爲涉言："星孛掃宮室，劉氏當復興，國師公姓名是也。"[2]涉信其言，以語大司馬董忠，數俱至國師殿中廬道語星宿，[3]國師不應。後涉特往，對歆涕泣言：[4]"誠欲與公共安宗族，[5]奈何不信涉也！"歆因爲言天文人事，東方必成。涉曰："新都哀侯小被病，[6]功顯君素耆酒，[7]疑帝本非我家子也。[8]董公主中軍精兵，涉領宮衛，伊休侯主殿中，如同心合謀，共劫持帝，東降南陽天子，可以全宗族；不者，俱夷滅矣！"伊休侯者，歆長子也，爲侍中五官中郎將，莽素愛之。歆怨莽殺其三子，[9]又畏大禍至，遂與涉、忠謀，欲發。歆曰："當待太白星出，迺可。"忠以司中大贅起，武侯孫伋亦主兵，復與伋謀。伋歸家，顔色變，不能食。妻怪問之，語其狀。妻以告弟雲陽陳邯，[10]邯欲告之。七月，伋與邯俱告，莽遣使者分召忠等。時忠方講兵都肄，[11]護軍王咸謂忠謀久不發，恐漏泄，不如遂斬使者，勒兵入。忠不聽，遂與歆、涉會省户下。莽令𩔖惲責問，皆服。中黄門各拔刃將忠等送廬，忠拔劍欲自刎，待中王望傳言大司馬反，[12]黄門持劍共格殺之。省中相驚傳，[13]勒兵至郎署，皆拔刃張弩。[14]更始將軍史諶行諸署，[15]告郎吏曰："大司馬有狂病，發，已誅。"皆令弛兵。[16]莽欲以厭凶，[17]使虎賁以斬馬劍挫忠，[18]盛以竹器，傳曰"反虜出"。下書赦大司馬官屬吏士爲忠所詿誤，謀反未發覺者。收忠宗族，以醇醯毒藥、尺白刃叢棘并一坎而埋之。[19]劉歆、王涉皆自殺。莽以二人骨肉舊臣，惡其内潰，[20]故隱其誅。伊休侯疊又以素謹，歆訖不告，[21]但免侍中中郎將，更爲中散大夫。後日殿中鉤盾土山僊人掌旁有白頭公青衣，[22]郎吏見者私謂之國師公。衍功侯喜素善卦，[23]莽使筮之，曰："憂兵火。"莽曰："小兒安得此左道？是迺予之皇祖叔父子僑欲來迎我也。"

［1］【今注】衛將軍：西漢初爲將軍名號，統兵征戰，事訖則罷。漢文帝即位，拜宋昌爲之，總領南、北軍，始成爲重要武職，其後常典京城、皇宫禁衛軍隊。與大將軍、驃騎將軍、車騎將軍皆位比三公。　西門君惠：沈欽韓《漢書疏證》指出，《太平御覽》卷七二〇引《新論》，稱曲陽侯王根迎方士西門君惠，從其學養生之術。

［2］【今注】國師公姓名：國師公，指劉歆，楚元王後裔，劉向子，著名經學家、文獻學家。繼其父劉向在成、哀之際整理群

書，編爲《七略》，奠定了中國古代目録學的基礎。劉歆與王莽相善，利用經學爲新莽代漢奠定了理論基礎，被封爲國師、嘉新公。後因其子女與徒弟被殺而怨王莽，加之外部更始軍之壓力，乃謀劃政變，事敗被殺。據本書卷三六《楚元王傳》記載，劉歆於建平年間改名爲劉秀，與東漢光武帝同名。東漢應劭注引赤伏符“劉秀發兵捕不道”，認爲其改名是爲了應讖言爲帝。在朝爲官却改名以應反讖，與自尋死路何異？此説之荒唐，略一思之即可發現。近人錢穆結合其改名時間，認爲其改名是爲了避諱哀帝劉欣之名，此説當可成立。事實上，史料多有關於劉秀爲帝的讖言。除此之外，《後漢書》卷一五《鄧晨傳》亦云當時有“劉秀當爲天子”之讖，衆人猜測劉歆，而光武以之自比。然此類記載實多爲傳言，不可輕信。

［3］【顔注】師古曰：廬者，宿止之處。道，謂説之也。

［4］【今注】歆：劉歆。

［5］【顔注】師古曰：誠，實也。

［6］【今注】新都哀侯：周壽昌《漢書注校補》指出，哀侯即王莽之父王曼。　小被病：指幼小即病。

［7］【顔注】師古曰：“耆”讀曰“嗜”。

［8］【顔注】如淳曰：言莽母洛薄嗜酒（洛，蔡琪本作“各”），淫逸得莽耳，非王氏子也。設此詐欲以自别不受誅也（蔡琪本、大德本、殿本無“也”字）。

［9］【今注】歆怨莽殺其三子：三子，指劉歆子棻、泳與女兒愔。棻、泳與劉歆之徒丁隆捲入甄豐、甄尋詐作符命一案，被殺。愔嫁王莽太子臨，因太子臨謀反案牽連自殺。子女被殺當係劉歆反王莽之關鍵。關於劉歆反事之梳理，可參見趙國華《劉歆謀反事件考論》（《史學月刊》2016 年第 5 期）。

［10］【今注】雲陽：縣名。屬左馮翊，治所在今陝西淳化縣西北。

［11］【顔注】師古曰：肄，習也，大習兵也。肄，音亦二反。

［12］【今注】案，待中，蔡琪本、大德本、殿本作“侍中”。

［13］【今注】省中：西漢皇宫中有被稱作“宫”“殿”“省”的三個區域。“宫”指整個皇宫，“殿”指皇帝及其輔助官員的辦公區，“省”指皇帝的生活區。省中爲皇帝生活起居和日常辦公的地方，因門户有禁，非侍御者不得入，故又稱禁中。

［14］【今注】案，弩，殿本作“弓”。

［15］【顔注】師古曰：行，音下更反。【今注】更始將軍史諶：《漢書考正》劉奉世指出，此言“更始”，前文言“寧始”，未知孰誤。王鳴盛《十七史商榷》卷二八認爲，莽官本有更始將軍。但上文言拜諶爲寧始將軍，其事已在劉玄改元爲更始之後。此處“更始”及下文“更始將軍諶度渭橋”，恐皆爲“寧”字之訛。

［16］【顔注】師古曰：弛，放也。

［17］【顔注】師古曰：厭，當也，音一葉反。

［18］【顔注】師古曰：“挫”讀曰“剉”，音千卧反。

［19］【今注】醯（xī）：醋。

［20］【顔注】師古曰：王涉，骨肉也。劉歆，舊臣。

［21］【顔注】師古曰：訖猶竟也。歆竟不以所謀告之。

［22］【顔注】鄭氏曰：僊人以掌承承露盤也。【今注】鉤盾：官署名。漢少府屬官有鉤盾令，職掌園苑游觀之事。

［23］【今注】衍功侯喜：錢大昭《漢書辨疑》指出，此當是王光之子。案，王光爲王莽兄子，因私令執金吾殺人，而爲王莽切責，自殺。

莽軍師外破，大臣内畔，左右亡所信，不能復遠念郡國，欲謼邑與計議。[1]崔發曰：“邑素小心，今失大衆而徵，恐其執節引決，宜有以大慰其意。”於是莽遣發馳傳諭邑：[2]“我年老毋適子，[3]欲傳邑以天下。敕亡得謝，見勿復道。”[4]邑到，以爲大司馬。大長秋張邯爲大司徒，[5]崔發爲大司空，司中壽容苗訢爲國師，同説侯林爲衛將軍。[6]莽憂懣不能食，[7]亶飲酒，啗鰒魚。[8]讀軍書倦，因馮几寐，不復就枕矣。[9]性好時日小數，及事迫急，亶爲厭勝。遣使壞渭陵、延陵園門罘罳，[10]曰：“毋使民復思也。”[11]又以墨洿色其周垣。[12]號將至曰“歲宿”，申水爲“助將軍”，右庚“刻木校尉”，前丙“耀金都尉”，又曰：“執大斧，伐枯木；流大水，滅發火。”如此屬不可勝記。

[1]【顔注】師古曰：譁，古“呼”字。

[2]【顔注】師古曰：謂諭告之。傳，音張戀反。

[3]【顔注】師古曰：“適”讀曰“嫡”。【今注】案，毋，殿本作“無”。

[4]【今注】案，王先謙《漢書補注》認爲，此句意爲毋謝失師罪，相見亦勿道前事。

[5]【今注】大長秋：官名。漢置，爲皇后近侍，多由宦官充任。長秋宫是漢朝皇后居住之所在。

[6]【今注】案，同，蔡琪本作“司”。

[7]【顔注】師古曰：懣，音“滿”，又音“悶”。

[8]【顔注】師古曰：亶，音“但”，下亦類此。鰒，海魚也，音“雹”（雹，殿本作“電”）。【今注】案，王先謙《漢書補注》指出，曹操亦喜食鰒魚，故蘇軾《鰒魚行》有云“兩雄一律盜漢家，嗜好亦若肩相差”。

[9]【顔注】師古曰：“馮”讀曰“憑”。

[10]【今注】渭陵：漢元帝劉奭陵，在今陝西咸陽市東北。

延陵：西漢成帝劉驁陵墓。在今陝西咸陽市北（參見劉慶柱、李毓芳《西漢十一陵》，陝西人民出版社 1987 年版）。　罘（fú）罳（sī）：亦作“罘思”。古代設於宮闕、墓闕等上的交疏透孔的窗欞，鏤木爲之。一説爲門闕外之屏。

[11]【今注】毋使民復思：復思，王念孫《讀書雜志·漢書第十五》指出，《太平御覽》之《皇王部十四》《居處部十三》引此作“復思漢”。荀悦《漢紀·孝平皇帝紀》、酈道元《水經注·穀水》並同。王氏認爲，此處當作“毋使民復思漢也”。今本脱“漢”字，以致文義不明。

[12]【顔注】師古曰：洿，染之變其舊色也。洿，音一故反。

秋，太白星流入太微，[1]燭地如月光。

[1]【今注】太白星：即金星。　太微：古星區名。又名“衡”。位於北斗之南，翼軫以北。在黄道北與之緊鄰。以武帝座爲中樞，由東、西、南藩組成屏藩形狀的星空區域。在今后髮、獅子、室女座。

成紀隗崔兄弟共劫大尹李育，[1]以兄子隗囂爲大將軍，攻殺雍州牧陳慶、安定卒正王旬，[2]并其衆，移書郡縣，數莽罪惡萬於桀紂。

[1]【顔注】師古曰：成紀，隴西之縣。【今注】成紀：沈欽韓《漢書疏證》指出，成紀屬天水郡；顔誤爲隴西之縣。今案，成紀，縣名。屬天水郡，治所在今甘肅静寧縣西南（一説今甘肅秦安縣北）。　隗崔兄弟：王先謙《漢書補注》據《後漢書》卷一三《隗囂傳》指出，此指隗崔與其兄隗義。

［2］【今注】安定卒正王旬：王先謙《漢書補注》指出，《後漢書·隗囂傳》作“安定大尹王向”。安定，郡名。治高平縣（今寧夏固原市原州區）。

是月，析人鄧曄、于匡起兵南鄉百餘人。[1]時析宰將兵數千屯鄡亭，備武關。[2]曄、匡謂宰曰：“劉帝已立，君何不知命也！”宰請降，盡得其衆。曄自稱輔漢左將軍，匡右將軍，拔析、丹水，[3]攻武關，都尉朱萌降。[4]進攻右隊大夫宋綱，[5]殺之，西拔湖。[6]莽愈憂，不知所出。崔發言：“《周禮》及《春秋左氏》，國有大災，則哭以厭之。[7]故《易》稱‘先號咷後笑’。[8]宜呼嗟告天以求救。”莽自知敗，迺率群臣至南郊，陳其符命本末，仰天曰：“皇天既命授臣莽，何不殄滅衆賊？即令臣莽非是，願下雷霆誅臣莽！”因搏心大哭，氣盡，伏而叩頭。又作告天策，自陳功勞，千餘言。諸生小民會旦夕哭，爲設飧粥，[9]甚悲哀及能誦策文者除以爲郎，至五千餘人。𩑻惲將領之。

［1］【顔注】師古曰：析，南陽之縣。南鄉，析縣之鄉名。析，音先歷反。【今注】析：縣名。治所在今河南西峽縣。　南鄉：侯國名。其地當即東漢南陽郡南鄉縣，故治在今河南淅川縣西南舊淅川縣城東南原丹江南岸（今已湮於水庫）。

［2］【顔注】師古曰：鄡，音口堯反。【今注】武關：在今陝西商南縣西南。

［3］【今注】丹水：在今山西東南部，源出山西晉城市北，東流入泫水。

［4］【今注】都尉：此當指關都尉。掌守衛關隘，稽察行人，

徵收關税。

［5］【今注】右隊：王莽改弘農爲右隊。弘農，郡名。治弘農縣（今河南靈寶市東北故函谷關城）。

［6］【顔注】師古曰：湖，弘農之縣也，本屬京兆。【今注】湖：縣名。西漢武帝時改胡縣置，治所在今河南靈寶市西北。

［7］【顔注】師古曰：《周禮·春官》之屬女巫氏之職曰（禮，蔡琪本作“礼”）：“凡邦之大災，歌哭而請。”哭者所以告哀也。《春秋左氏傳》宣十二年“楚子圍鄭，旬有七日，鄭人卜行成，不吉；卜臨于太宫，且巷出車，吉。國人大臨，守陴者皆哭”。故發引之以爲言也。猒，音一葉反。【今注】周禮：書名。原名《周官》。儒家經典之一。傳爲周公所作。西漢時儒師對此書講習較少，自王莽居攝後方被尊爲諸經之一。宋明以後之今文學家多有以此書爲劉歆僞作者。經過近代以來百餘年的研究，學界主流觀點多不同意所謂劉歆僞作説，多認爲是戰國時人所編的一部官制彙編性質的典籍，至晚不晚於西漢初年。此外，據《隋書·經籍志一》記載，《周禮》中《冬官》一篇本佚，係河間獻王拿《考工記》所補。據相關研究，《考工記》年代當早於其他各部分，約在戰國初年（參見彭林《〈周禮〉主體思想與成書年代研究》，中國人民大學出版社2009年版；聞人軍《〈考工記〉成書年代新考》，《文史》第23輯）。　春秋左氏：《春秋左氏傳》，即《左氏春秋》《左傳》。春秋三傳之一。與《公羊傳》《穀梁傳》緊扣《春秋》經文進行詞句訓詁、義理講解不同，《左傳》以叙史事細節爲主，且其内容與經文並不完全相合。因而有觀點認爲，《左傳》與《春秋》本無關係，是後人將其附會爲《春秋》之傳。關於其作者，舊傳爲春秋時左丘明，故有《左傳》之名。但其内容多有晚於左丘明者。當代研究者多認爲此書爲戰國早期之作品，不少學者認爲其作者爲孔門弟子中的子夏一派，有觀點認爲其作者爲子夏弟子、軍事家吴起。

[8]【顔注】師古曰：《同人》九五爻辭。號咷，哭也。咷，音“逃”。【今注】案，蔡琪本、大德本“咷”後有“而”字。

[9]【顔注】師古曰：飡，古“湌”字，音千安反。

莽拜將軍九人，皆以虎爲號，號曰“九虎”，將北軍精兵數萬人東，内其妻子宫中以爲質。時省中黄金萬斤者爲一匱，尚有六十匱，黄門、鉤盾、臧府、中尚方處處各有數匱。[1]長樂御府、中御府及都内、平準帑臧錢帛珠玉財物甚衆，[2]莽愈愛之，[3]賜九虎士人四千錢。衆重怨，無鬬意。[4]九虎至華陰回谿，距隘，北從河南至山。于匡持數千弩，乘堆挑戰。鄧曄將二萬餘人從閿鄉南出棗街、作姑，[5]破其一部，北出九虎後擊之。六虎敗走。史熊、王況詣闕歸死，莽使使責死者安在，皆自殺；其四虎亡。[6]三虎郭欽、陳翬、成重收散卒，保京師倉。[7]

[1]【今注】黄門：官署名。隸屬於少府，掌宫中乘輿狗馬倡優鼓吹等事。長官爲黄門令，任職親近天子，多由宦者充任。

[2]【顔注】師古曰：御府有令丞，少府之屬官也，掌珍物。中御府者，皇后之府臧也（臧，蔡琪本作“藏”）。平準令丞屬大司農，亦珍貨所在也。【今注】中御府：官署名。簡稱“御府”。漢承秦置，爲皇宫内收藏皇帝金錢財寶及衣物的機構，隸屬少府。主事長官爲御府令，副長官爲御府丞，由宦者充任。

[3]【今注】愛：周壽昌《漢書注校補》指出，意爲愛惜不能舍。《孟子·梁惠王上》“百姓皆以王爲愛也”，其注釋“愛”爲“嗇”；《國語·魯語上》“人以其子爲愛”，其注釋“愛”爲“吝”。

［4］【顏注】師古曰：重，音直用反（殿本無此注）。

［5］【顏注】師古曰："閿"讀與"聞"同。作姑，邪道所由也（由，殿本作"山"；蔡琪本、殿本此句後尚有"韋昭曰閿音旻"六字）。【今注】閿鄉：古鄉名。屬京兆尹湖縣。在今河南靈寶市西北文鄉。　案，南出，殿本作"南山"。

［6］【顏注】師古曰：六人敗走，二人詣闕自殺（人，蔡琪本作"大"），四人亡。

［7］【顏注】師古曰：九人之中，六人敗走，三人保倉也。京師倉在華陰灌北渭口也。翬，音"暉"。

鄧曄開武關迎漢，丞相司直李松將二千餘人至湖，[1]與曄等共攻京師倉，未下。曄以弘農掾王憲爲校尉，[2]將數百人北度渭，入左馮翊界，[3]降城略地。李松遣偏將軍韓臣等徑西至新豐，與莽波水將軍戰，[4]波水走。韓臣等追奔，遂至長門宫。[5]王憲北至頻陽，[6]所過迎降。[7]大姓櫟陽申碭、下邽王大皆率衆隨憲。[8]屬縣斄嚴春、[9]茂陵董喜、藍田王孟、槐里汝臣、盩厔王扶、陽陵嚴本、杜陵屠門少之屬，[10]衆皆數千人，假號稱漢將。

［1］【今注】丞相司直：官名。佐助丞相，負責監察檢舉。秩比二千石，是丞相府中級别最高的屬官。　李松：李通之堂弟，後在更始政權覆滅時戰死。

［2］【今注】掾：本意爲輔佐，後被用以統稱副官、佐吏等官署吏員。　校尉：武官名。爲秦漢時中級武官，係由一部一校的軍隊編制而來。

［3］【今注】左馮翊：西漢武帝時改左内史置。本書《百官公

卿表上》注："馮，輔也。翊，佐也。"職掌相當於郡太守，轄區相當於一郡，因地屬畿輔，故不稱郡，爲三輔之一。治所在長安城。轄境範圍相當今陝西渭河以北、涇河以東洛河中下游地區。

[4]【今注】波水將軍：錢大昕《廿二史考異·漢書三》據范曄《後漢書》指出，波水將軍即竇融。班固修史時，竇氏正貴盛，故隱其名。竇融，字周公，扶風平陵人，新莽末東漢初割據軍閥之一。孝文皇后弟竇廣國七世孫，有任俠名，其家族在河西累世爲官。其妹爲大司空王邑之小妻。王莽居攝時，竇融受命擊翟義。新莽建立後，竇融曾隨王匡征赤眉，復與王邑征緑林，敗於昆陽。歸長安後，以波水將軍拒更始軍，敗績。在王莽覆滅後降於更始，受封爲張掖屬國都尉，到任後被河西諸郡推爲共主。其後歸附東漢政權，助劉秀擊敗隗囂，在劉秀一統隴蜀後入朝。因其誠心歸附，劉秀予以其極貴盛之地位。漢明帝時圖畫開國功臣像於雲臺，竇融亦在其中。其曾孫女竇氏爲章帝皇后，因而竇氏家族在章帝及和帝前期頗顯貴。班固之父班彪曾避兵禍於河西，爲竇融所重，班固亦頗受竇氏家族親信，曾隨竇憲北征，書文紀功，勒石燕然（該銘文位於今蒙古國杭愛山南麓，已被發現並確認）。後亦受竇氏家族牽連而死。此當爲其諱書竇融之名的原因。

[5]【今注】長門宫：古宫名。在今陝西西安市西北漢長安城東南。因地處長門亭，故名。本爲竇太后女館陶長公主（號竇太主）長門園。以其可爲宿館處所，館陶公主獻與漢武帝，改名"長門宫"。

[6]【今注】頻陽：縣名。治所在今陝西富平縣東北。

[7]【顏注】師古曰：所至之處，皆來迎而降附也（蔡琪本、大德本、殿本"皆"前有"人"字）。

[8]【今注】櫟陽：縣名。秦櫟陽故城，治所在今陝西西安市閻良區武屯鄉。　下邽：縣名。治所在今陝西渭南市東北。

[9]【顏注】師古曰：屬縣，三輔諸縣也。櫱屬右扶風。

“斄”讀與“邰”同（邰，蔡琪本、大德本、殿本作“部”）。其人姓嚴，名春。【今注】斄（tái）：縣名。治所在今陝西武功縣西南。

［10］【顔注】師古曰：姓屠門，名少。【今注】茂陵：縣名。西漢宣帝時改茂陵邑置，屬右扶風。治所在今陝西興平市東北。　藍田：縣名。治所在今陝西藍田縣西灞河西岸，屬京兆尹。　槐里：縣名。治所在今陝西興平市東南。　盩厔：縣名。治所在今陝西周至縣東，屬右扶風。　陽陵：縣名。治所在今陝西咸陽市東北。漢景帝陵園所在地。

時李松、鄧曄以爲京師小小倉尚未可下，何況長安城，當須更始帝大兵到。即引軍至華陰，治攻具。而長安旁兵四會城下，聞天水隗氏兵方到，[1]皆争欲先入城，貪立大功鹵掠之利。[2]

［1］【今注】天水：郡名。治平襄縣（今甘肅通渭縣西）。隗氏：指隗崔、隗囂等所率隴西之兵。

［2］【今注】案，《資治通鑑》卷三九《漢紀》淮陽王更始元年胡三省注指出，此句言入城誅王莽，既可立大功，又得擄掠，故貪二者之利。

莽遣使者分赦城中諸獄囚徒，皆授兵，殺豨飲其血，與誓曰：“有不爲新室者，社鬼記之！”更始將軍史諶將度渭橋，皆散走。諶空還。衆兵發掘莽妻子父祖冢，燒其棺椁及九廟、明堂、辟雍，[1]火照城中。或謂莽曰：“城門卒，東方人，不可信。”莽更發越騎士爲衛，[2]門置六百人，各一校尉。

［1］【今注】辟雍：西周天子所設大學。

［2］【今注】越騎：由歸附越人組成的禁衛軍，由越騎校尉率領，負責戍衛京師，兼任征伐。

十月戊申朔，兵從宣平城門入，民間所謂都門也。[1]張邯行城門，逢兵見殺。[2]王邑、王林、王巡、䠠惲等分將兵距擊北闕下。漢兵貪莽封力戰者七百餘人。[3]會日暮，官府邸第盡犇亡。二日己酉，城中少年朱弟、張魚等恐見鹵掠，趨讙竝和，[4]燒作室門，[5]斧敬法闥，[6]謼曰："反虜王莽，何不出降？"[7]火及掖庭承明，[8]黄皇室主所居也。莽避火宣室前殿，火輒隨之。宫人婦女謕謼曰："當奈何！"時莽紺袀服，[9]帶璽韍，持虞帝匕首。[10]天文郎桉栻於前，[11]曰時加某，莽旋席隨斗柄而坐，曰："天生德於予，漢兵其如予何！"[12]莽時不食，少氣困矣。[13]

［1］【顔注】師古曰：長安城東出北頭第一門。

［2］【顔注】師古曰：行，音下更反。

［3］【顔注】師古曰：獲莽當得封，故貪之而力戰。

［4］【顔注】師古曰：衆群行讙而自相和也。和，音乎卧反。

［5］【今注】作室：王先謙《漢書補注》引程大昌説，認爲作室指未央宫西北織室、暴室之類，《三輔黄圖》謂此爲尚方工作之所。作室門則爲工徒出入之門，當即未央宫之便門。

［6］【顔注】師古曰：敬法，殿名也。闥，小門也。謂斧斫之也。

［7］【顔注】師古曰：謼，音火故反。其下亦同。

［8］【今注】掖庭：也作"掖廷"。秦和漢初稱永巷，漢武帝

時更名掖廷。本指宫中旁舍，嬪妃、宫女居住的地方，因置掖廷令管理，故又爲官署名。屬少府，其長官稱令，另有副長官丞八人，掌後宫宫女及供御雜務，管理宫中詔獄等，由宦者擔任。

［9］【顔注】師古曰：謕，古“啼”字也（大德本無“字也”二字）。紺，深青而楊赤色（楊赤色，蔡琪本、大德本、殿本作“揚赤色也”）。袀，純也。純爲紺服也。袀，音“均”，又弋旬反（弋，蔡琪本、殿本作“式”）。【今注】紺（gàn）：微紅帶深青。　袀（jūn）：純。

［10］【今注】虞帝匕首：《資治通鑑》卷三九《漢紀》淮陽王更始元年胡三省注認爲，所謂虞帝匕首爲王莽自爲之，用以愚人。

［11］【顔注】師古曰：拭（拭，蔡琪本、殿本作“栻”，本注下同），所以占時日。天文即（即，蔡琪本、殿本作“郎”），今之用拭者也。音“式”。【今注】桉拭：沈欽韓《漢書疏證》指出，《唐六典》有云：“太卜令用式之法，其局以楓木爲天，棗心爲地，刻十二辰，下布十二辰，以加占爲常，以月將加卜時，視日辰陰陽以立四課。”沈氏認爲，“拭”當爲“式”。後世六壬、地師等占卜法並用“式”。周壽昌《漢書注校補》指出，《周禮·春官》“太史太師抱天時，與太師同車”，鄭司農注云：“大出師，則太史主抱式，以知天時，處吉凶。”王莽篤信《周官》，故用此制。栻當即今之星盤，以木爲之。《藝文志》五行家有《羡門式法》二十卷，《羡門式》二十卷，即此。亦作“楇”。《博雅》云：“曲道，栻楇也。楇有天地，所以推陰陽，占吉凶也’。”案，桉拭，蔡琪本、殿本作“按栻”。

［12］【顔注】師古曰：《論語》稱孔子曰：“天生德於予，桓魋其如予何?”故莽引之以爲言也。

［13］【今注】少：王先謙《漢書補注》認爲，意爲“稍”。

三日庚戌，晨旦明，群臣扶掖莽，自前殿南下椒除，[1]西出白虎門，和新公王揖奉車待門外。莽就車，之漸臺，[2]欲阻池水，猶抱持符命、威斗，公卿大夫、侍中、黄門郎從官尚千餘人隨之。[3]王邑晝夜戰，罷極，[4]士死傷略盡，馳入宫，閒關至漸臺，[5]見其子侍中睦解衣冠欲逃，邑叱之令還，父子共守莽。軍人入殿中，譁曰："反虜王莽安在?"有美人出房曰："在漸臺。"衆兵追之，圍數百重。臺上亦弓弩與相射，稍稍落去。矢盡，無以復射，短兵接。王邑父子、𧯠惲、王巡戰死，莽入室。下餔時，[6]衆兵上臺，王揖、趙博、苗訢、唐尊、王盛、中常侍王參等皆死臺上。商人杜吴殺莽，[7]取其綬。校尉東海公賓就，故大行治禮，[8]見吴問綬主所在。曰："室中西北陬閒。"[9]就識，斬莽首。[10]軍人分裂莽身，支節肌骨臠分，争相殺者數十人。[11]公賓就持莽首詣王憲。憲自稱漢大將軍，城中兵數十萬皆屬焉，舍東宫，[12]妻莽後宫，乘其車服。

[1]【顔注】服虔曰：邪行閣道下者也。師古曰：除，殿陛之道也。椒，取芬香之名也。

[2]【今注】漸臺：《資治通鑑》卷三九《漢紀》淮陽王更始元年胡三省注指出，此爲未央宫之漸臺。郭璞《水經》稱未央宫臺在滄池中，建章宫漸臺在太液池中。程大昌稱"漸"爲"漬"之意，言臺在水中受其漸漬也。凡是環浸於水之臺，皆可名漸臺。

[3]【今注】黄門郎：官名。給事黄門的郎官，簡稱"黄門郎"。黄門即禁門。本爲加官，至西漢末成爲少府黄門令下屬常設官職。侍從皇帝左右，關通内外。

[4]【顔注】師古曰："罷" 音曰 "疲"。

[5]【顔注】師古曰：閒關猶言崎嶇展轉也。

[6]【今注】案，餔，蔡琪本、殿本作 "晡"。

[7]【今注】杜吴：周壽昌《漢書注校補》指出，《三輔故事》作 "杜虞"，《東觀漢記》亦作 "杜虞"。"吴" "虞" 古字通假。

[8]【顔注】師古曰：公賓，姓也。就，名也。以先經治禮，故識天子綬也。【今注】東海：郡名。秦置，治郯縣（今山東郯城縣北）。 大行治禮：沈欽韓《漢書疏證》據《續漢書·百官志》指出，鴻臚大行令主治禮郎四十七人。

[9]【顔注】師古曰：陬，隅也，音子侯反，又音 "鄒"。

[10]【今注】斬莽首：沈欽韓《漢書疏證》據《東觀漢記》指出，公賓就以此功得封滑侯。

[11]【顔注】師古曰：《三輔舊事》云，臠，切千段。

[12]【顔注】師古曰：舍，止宿也。

六日癸丑，李松、鄧曄入長安，將軍趙萌、申屠建亦至，[1]以王憲得璽綬不輒上，多挾宫女，建天子鼓旗，收斬之。傳莽首詣更始，[2]縣宛市，百姓共提擊之，[3]或切食其舌。

[1]【今注】申屠建：沈欽韓《漢書疏證》指出，《東觀漢記》作 "申屠志"。

[2]【今注】更始：此指劉玄。

[3]【顔注】師古曰：提，擲也，音徒計反。

莽楊州牧李聖、司命孔仁兵敗山東，[1]聖格死，仁將其衆降，已而歎曰："吾聞食人食者死其事。" 拔劍自刺死。及曹部監杜普、陳定大尹沈意、九江連率賈萌皆守郡不降，[2]爲漢兵所誅。賞都大尹王欽及郭欽守京師倉，聞莽死，乃降，更始義之，皆封爲侯。太師王匡、國將哀章降雒陽，傳詣宛，斬之。嚴尤、陳茂敗昆陽下，走至沛郡譙，[3]自稱漢將，召會吏民。尤爲稱説王莽篡位天時所亡聖漢復興狀，茂伏而涕泣。聞故漢鍾武侯劉聖聚衆汝南稱尊號，[4]尤、茂降之。以尤爲大司馬，茂爲丞相。十餘日敗，尤、茂并死。郡縣皆舉城降，天下悉歸漢。

［1］【今注】案，楊州，蔡琪本、大德本、殿本作“揚州”。

［2］【今注】陳定：故梁郡，王莽改爲陳定。梁，西漢諸侯國名，王莽改爲郡。都睢陽縣（今河南商丘市睢陽區）。　九江：郡名。治壽春縣（今安徽壽縣）。　賈萌：沈欽韓《漢書疏證》結合全祖望的研究指出，《輿地志》《太平寰宇記》及《太平御覽》引謝承《後漢書》皆稱賈萌爲討王莽而死，《水經注》稱其與張普争地而死，與《漢書》的説法大相徑庭。

［3］【今注】沛郡：治相縣（今安徽濉溪縣西北）。　譙：縣名。治所在今安徽亳州市譙城區。

［4］【今注】鍾武：侯國名。屬江夏郡。治所在今河南信陽市東南。漢宣帝元康元年（前65）封長沙頃王子劉度爲鍾武侯。本書《地理志》零陵郡下亦有鍾武。零陵本屬長沙國，此鍾武當爲鍾武本源所在，其後北遷，方有江夏之鍾武。與劉秀所在之舂陵相類。　案，劉聖，《資治通鑑》卷三九《漢紀》淮陽王更始元年《考異》指出，《後漢書·劉玄傳》作“劉望”。《通鑑》從《後漢書》。　汝南：郡名。治上蔡縣（今河南上蔡縣西南）。

初，申屠建嘗事崔發爲《詩》，[1]建至，發降之。後復稱説，[2]建令丞相劉賜斬發以徇。史諶、王延、王林、王吴、趙閎亦降，復見殺。初，諸假號兵人人望封侯。申屠建既斬王憲，又揚言三輔黠共殺其主。吏民惶恐，屬縣屯聚，建等不能下，馳白更始。

[1]【顔注】師古曰：就發學《詩》。【今注】詩：指《詩經》，儒家五經之一。

[2]【顔注】師古曰：妄言符命，不順漢。

二年二月，更始到長安，下詔大赦，非王莽子，他皆除其罪，故王氏宗族得全。三輔悉平，更始都長安，居長樂宫。[1]府臧完具，[2]獨未央宫燒攻莽三日，死則案堵復故。更始至，歲餘政教不行。明年夏，赤眉樊崇等衆數十萬人入關，立劉盆子，[3]稱尊號，攻更始，更始降之。赤眉遂燒長安宫室市里，害更始。民飢餓相食，死者數十萬，長安爲虚，[4]城中無人行。宗廟園陵皆發掘，唯霸陵、杜陵完。[5]六月，世祖即位，[6]然後宗廟社稷復立，天下艾安。[7]

[1]【今注】長樂宫：本秦興樂宫，“周迴二十里”（《資治通鑑》卷一一《漢紀》高皇帝五年胡三省注引程大昌《雍録》）。漢高祖時擴建，改名長樂宫，在此視朝。漢惠帝以後爲太后寢宫。遺址在今陝西西安市西北漢長安故城東南隅。

[2]【今注】案，臧，蔡琪本作“藏”。

[3]【今注】劉盆子：西漢皇族，劉邦孫城陽景王劉章之後。

初爲赤眉軍掠入軍中放牧，後被立爲帝。赤眉敗後，降光武帝劉秀，善終。

［4］【顔注】師古曰："虚"讀曰"墟"。

［5］【今注】案，唯，蔡琪本、殿本作"惟"。　霸陵：西漢文帝劉恒陵墓。因地處霸上，故名。在今陝西西安市東北。

［6］【今注】案，更始敗逃於九月，十月降赤眉，是年六月時更始尚在而劉秀登基。班固礙於利害，固顛倒順序以叙此事，然書其月，以留其實。

［7］【顔注】師古曰："艾"讀曰"乂"。【今注】案，據《漢書考正》劉攽推算，王莽三十八爲大司馬，五十一居攝，五十四即真，六十八誅死。居攝三年（8）號初始元年，始建國五，天鳳六，地皇四。

贊曰：王莽始起外戚，折節力行，以要名譽，宗族稱孝，師友歸仁。[1]及其居位輔政，成、哀之際，勤勞國家，直道而行，動見稱述。豈所謂"在家必聞，在國必聞"，"色取仁而行違"者邪？[2]莽既不仁而有佞邪之材，又乘四父歷世之權，[3]遭漢中微，國統三絶，[4]而太后壽考爲之宗主，故得肆其姦慝，以成簒盜之禍。[5]推是言之，亦天時，非人力之致矣。及其竊位南面，處非所據，顛覆之執險於桀紂，而莽晏然自以黄、虞復出也。迺始恣睢，奮其威詐，[6]滔天虐民，窮凶極惡，[7]毒流諸夏，亂延蠻貉，猶未足逞其欲焉。是以四海之内，囂然喪其樂生之心，[8]中外憤怨，遠近俱發，城池不守，支體分裂，遂令天下城邑爲虚，[9]丘壠發掘，害徧生民，辜及朽骨，自書傳所載亂臣賊子無道之人，考其禍敗，未有如莽之甚者也。昔秦燔詩書以立私議，莽誦六蓺以文姦言，[10]同歸殊塗，俱用滅亡，皆炕龍絶氣，非命之運，[11]紫色鼃聲，餘分閏位，[12]聖王之驅除云爾！[13]

［1］【今注】案，歸，蔡琪本作“稱”。

［2］【顔注】師古曰：《論語》載孔子對子張之言也。不仁之人假仁者之色，而所行則違之。朋黨比周，故能在家在國皆有名譽。故贊引之。

［3］【今注】乘四父歷世之權：王先謙《漢書補注》指出，王鳳、王音、王商、王根相繼秉政，皆爲王莽父輩。

［4］【今注】國統三絶：成帝去世後，繼任的哀帝、平帝皆早夭。十餘年間三位皇帝去世，故有此説。

［5］【顔注】師古曰：肆，放也，極也。

［6］【顔注】師古曰：睢，音呼季反。

［7］【顔注】師古曰：滔，漫也。

［8］【顔注】師古曰：嗷然，衆口愁貌也。音五高反（殿本無此四字）。

［9］【顔注】師古曰：“虚”讀曰“墟”。

［10］【顔注】師古曰：以六經之事文飾姦言。【今注】六蓺：指《詩》《書》《易》《禮》《樂》《春秋》六部上古經典。

［11］【顔注】服虔曰：《易》曰“亢龍有悔”，謂無德而居高位也。蘇林曰：非命，非天命之命也。【今注】案，炕，殿本作“亢”。

［12］【顔注】應劭曰：紫，閒色；鼃，邪音也。服虔曰：言莽不得正王之命，知歲月之餘分爲閏也（知，蔡琪本、大德本、殿本作“如”）。師古曰：鼃者，樂之淫聲，非正曲也。近之學者便謂鼃之鳴，已失其義；又欲改此贊“鼃聲”爲“蠅聲”，引《詩》“匪鷄則鳴，蒼蠅之聲”，尤穿鑿矣。【今注】紫色：《論

語·陽貨》云："惡紫之奪朱也。"古以紫爲雜色，朱爲正色，而紫色又接近朱色，故以紫奪朱比喻邪勝正。　餘分：指太陽在天球面上繞一周（實爲地球繞太陽一周）所花費的時間減去曆法紀年時間後所餘的零頭數。餘分積攢起來即形成閏月。　閏位：西漢後期興起的以五行相生爲基礎的新五德終始説中，借用曆法中閏月的概念，稱在位時間較短的帝王、王朝爲閏位，將其視爲兩個有真正德數王朝之間的過渡（參見顧頡剛《五德終始説下的政治和歷史》，載《古史辨》第五册，上海古籍出版社1982年版）。

［13］【顔注】蘇林曰：聖王，光武也。爲光武驅除也。師古曰：言驅逐蠲除，以待聖人也。

漢書　卷一〇〇上

叙傳第七十上[1]

［1］【顔注】師古曰：叙《漢書》以後分爲下卷（蔡琪本、大德本"叙"前有"自"字。殿本無此注）。【今注】案，《南史》卷一八《蕭琛傳》："始琛爲宣城太守，有北僧南度，惟齎一瓠蘆，中有《漢書·序傳》。僧云：'三輔舊老相傳，以爲班固真本。'琛固求得之，其書多有異今者，而紙墨亦古，文字多如龍舉之例，非隸非篆。琛甚秘之。及是以書餉鄱陽王範，獻于東宫。"又卷五〇《劉之遴傳》："時鄱陽嗣王範得班固所撰《漢書》真本獻東宫，皇太子令之遴與張纘、到溉、陸襄等參校異同，之遴録其異狀數十事，其大略云：'案，古本《漢書》稱永平十六年五月二十一日己酉郎班固上，而今本無上書年月日子。又案，古本《叙傳》號爲"中篇"，今本稱爲《叙傳》。又今本《叙傳》載班彪事行，而古本云"彪自有傳"。'"《漢書考證》齊召南以爲此説可疑："《後書·固傳》'固自永平中始受詔，潛精積思二十餘年，至建初中始成'，然則永平十六年乃初受詔，豈容即表上於朝乎？又其父彪以建武中爲徐令、司徒掾、望都長，自不合列傳於《前書》。所謂真本，必非實也，意者好事之徒所爲耶？永平中何由有紙，即此足破其妄。《漢書》自初出即已盛行，八表、《天文志》闕，曹大家且受詔以完其業，然則今本《漢書》確足據矣。稱《叙傳》爲'中篇'，有何義乎？"

班氏之先，[1]與楚同姓，令尹子文後也。[2]子文初生，棄於瞢中，而虎乳之。[3]楚人謂乳“穀”，謂虎“於檡”，[4]故名穀於檡，字子文。楚人謂虎“班”，[5]其子以爲號。[6]秦之滅楚，遷晉、代之間，[7]因氏焉。[8]

[1]【今注】班氏：陳直《漢書新證》據青海湟源出土《趙寬碑》云：“雖楊賈斑杜，弗或過也。”以爲班氏以虎斑得姓，則“斑”當爲正字，“班”爲假借字，趙碑是。又《金石續編》卷一載《劉宋爨龍顏碑》云：“子文詔德於春秋，斑朗紹縱於季漢，斑彪删定漢記，斑固述修道訓，爰暨漢末，采邑於爨，因氏族焉。”以“班”爲“斑”，與趙碑同。其叙爨姓爲班氏之後，則不見於其他古籍。又《隸釋》卷六載《武斑碑》云：“追昔劉向辨賈之徒，比□萬矣。”是“班”字又可假借爲“辨”，僅此一見。或《武斑碑》爲其子弟所書，因諱“斑”字，而改作“辨”字，亦未可知，或非正例。

[2]【今注】令尹：春秋戰國時期楚國最高官職，相當於秦漢丞相。　子文：即鬬穀於菟。春秋時楚國人，爲父鬬伯比與䢵國女所私生，初生時，母不養，棄於雲夢澤，傳説虎來喂乳，後䢵人再使人收養。楚成王時任令尹，曾毀家紓楚國之難，並率軍滅弦，攻隨，爲楚國賢相。案，蔡琪本、大德本、殿本作“文”後有“之”字。

[3]【顔注】師古曰：瞢，雲瞢澤也。《春秋左氏傳》曰：“楚若敖娶於䢵，生鬬伯比。若敖卒，從其母畜於䢵，淫於䢵子之女，生子文焉。䢵夫人使棄諸瞢中，獸乳之。䢵子田，見之，懼而歸，夫人以告，遂使收之。”“瞢”與“夢”同，並音莫風反，又音莫鳳反。【今注】瞢：雲夢澤。古澤藪。或單稱“雲”，或單稱“夢”。據本書《地理志》等漢、魏人記載，澤在今湖北潛江市

西南，後世因水文變遷，學者争議較多，參見譚其驤《雲夢與雲夢澤》（《復旦學報》1980 年 S1 期）、宋焕文《試談雲夢澤的由來及其變遷》（《求索》1983 年第 5 期）、石泉《古雲夢澤“跨江南北”説辨誤》（《武漢大學學報》1993 年第 6 期）。

［4］【顔注】如淳曰：“穀”音“構”。牛羊乳汁之構（之，蔡琪本、大德本、殿本作“曰”）。師古曰：“穀”讀如本字，又音乃茍反。於音“烏”。“檡”字或作“菟”，並音“塗”。【今注】穀：王先謙《漢書補注》曰：“‘穀’當作‘㝅’。《説文》：‘㝅，乳也，從子𣪊聲。’《左·莊三十年》釋文：‘穀，奴走反；《漢書》作“㝅”，音同。’是唐本亦有作‘㝅’者。” 於檡：王先謙《漢書補注》曰：“《方言》：‘虎，江淮南楚閒或謂之於虪。’《左傳》‘虪’作‘菟’，省借字；本書作‘檡’，亦雙聲借字。《玉篇》：‘檡、樗，棗也。’” 案，《漢書考正》宋祁指出，淳化本作“楚人謂‘乳’爲‘穀’，謂‘虎’爲‘於檡’”。

［5］【今注】案，吴恂《漢書注商》以爲楚人既謂虎爲“於檡”，不當復謂“班”，懷疑“虎”下有脱文。

［6］【顔注】師古曰：子文之子鬭班，亦爲楚令尹子（蔡琪本、大德本、殿本無“子”字）。【今注】其子：王先謙《漢書補注》引《資治通鑑》胡三省注云：“《左傳·莊三十年》，申公鬭班殺令尹子元，而鬭穀於菟爲令尹。恐班非子文之子。”何焯《義門讀書記》卷二〇：“《春秋傳》作‘般’，與‘班’同。非殺令尹子元之申公鬭班也。”

［7］【今注】晉代之間：指今河北、山西之間。

［8］【顔注】師古曰：遂以班爲姓。

始皇之末，班壹避墜於樓煩，[1]致馬牛羊數千群。值漢初定，與民無禁，當孝惠、高后時，以財雄邊，[2]出入弋獵，[3]旌旗鼓吹。年百餘歲，以壽終，故北方多以“壹”爲字者。[4]壹生孺。孺爲任俠，[5]州郡歌之。孺生長，官至上谷守。[6]長生回，以茂材爲長子令。[7]

［1］【顏注】師古曰：墬，古“地”字。樓煩，鴈門之縣。【今注】樓煩：戰國趙置，秦屬雁門郡。治所在今山西寧武縣附近。

［2］【顏注】師古曰：國家不設衣服車旗之禁，故班氏以多財而爲邊地之雄豪。

［3］【今注】弋獵：射獵，狩獵。

［4］【顏注】師古曰：馬邑人聶壹之類也。今流俗書本多改此傳“壹”字爲“懿”，非也。【今注】北方多以壹爲字者：陳直《漢書新證》以爲“兩漢人多名‘翁壹’，已見《韓安國傳》注。或有因字須用兩字者，故亦加‘翁’字，如《百官表》少府宋畸字翁壹是也”。

［5］【今注】任俠：指班孺憑藉財力等手段扶助弱小，幫助他人。“任俠”與“俠”“游俠”的區別，以及任俠風尚之於秦漢社會的影響，參見汪涌豪《古代游俠任俠行義活動之考究》（《殷都學刊》1993年第3期）、增淵龍夫《漢代民間秩序的構成與任俠習俗》（《日本學者研究中國史論著選譯第三卷·上古秦漢》，中華書局1993年版，第526—563頁）。

［6］【今注】上谷：郡名。戰國燕置，治沮陽縣（今河北懷來縣大古城村）。

［7］【顏注】師古曰：上黨之縣。“長”讀如本字。【今注】茂材：漢朝選舉科目。西漢稱秀才，始於武帝元封間。東漢避光武帝劉秀諱，改爲茂才，或茂材。　長子：爲上黨郡治。治所在今山西長子縣西南。

回生況，舉孝廉爲郎，[1]積功勞，至上河農都尉，[2]大司農奏課連最，[3]入爲左曹越騎校尉。[4]成帝之初，女爲倢伃，[5]致仕就第，貲累千金，[6]徙昌陵。[7]昌陵後罷，大臣名家皆占數于長安。[8]

［1］【今注】孝廉：漢代選拔科目，孝指孝子，廉指廉潔之士。原爲二科，後多混稱，所舉也不限於孝者和廉吏。郡國每年要向中央推舉一至二人。被舉者大都先除受郎中。

［2］【顔注】師古曰：上河，地名。農都者（蔡琪本、大德本、殿本"都"後有"尉"字），與農事（與，蔡琪本、大德本、殿本作"典"）。【今注】上河：漢時稱黄河在富平縣（今寧夏吴忠市西南）境内一段爲上河。　農都尉：漢武帝置，主屯田積穀，受大司農及郡太守雙重節制。《續漢書·百官志》："邊郡置農都尉，主屯田殖穀。"

［3］【今注】大司農：漢武帝改大農令置。掌管全國租賦收入和國家財政開支。秩中二千石，列位九卿。　課連最：考核連續第一。

［4］【今注】左曹：加官。漢武帝時置，加此者每日朝謁，在殿中收受平省尚書奏事，與右曹合稱諸曹。秩二千石。　越騎校尉：西漢置，屬光禄勳。爲越騎長官，掌宿衛屯兵或奉命征伐。

［5］【今注】倢伃：班婕妤，事迹見本書卷九七下《外戚傳下》。倢伃，宫中女官。又作"婕妤"。

［6］【今注】貲：通"資"。

［7］【今注】昌陵：漢成帝廢陵，在今陝西西安市臨潼區（參見尚民傑《漢成帝昌陵相關問題探討》，《考古與文物》2005年第2期）。

［8］【顔注】師古曰：占，度也。自隱度家之口數而著名籍也。占，音之贍反。

況生三子：伯、斿、穉。伯少受《詩》於師

丹。[1]大將軍王鳳薦伯宜勸學，[2]召見宴昵殿，[3]容貌甚麗，誦説有法，[4]拜爲中常侍。[5]時上方鄉學，[6]鄭寬中、張禹朝夕入説《尚書》《論語》於金華殿中，[7]詔伯受焉。既通大義，又講異同於許商，[8]遷奉車都尉。[9]數年，金華之業絶，出與王、許子弟爲群，[10]在於綺襦紈絝之間，非其好也。[11]

[1]【今注】師丹：傳見本書卷八六。周壽昌《漢書注校補》曰："《儒林傳》，師丹傳《齊詩》學。則伯所受者《齊詩》。"

[2]【今注】王鳳：字孝卿，東平陵（今山東濟南市東）人。王禁子，妹王政君爲元帝皇后。襲父爵陽平侯。成帝時以外戚爲大司馬大將軍，領尚書事，專斷朝政十一年。　勸學：鼓勵人努力學習。周壽昌《漢書注校補》以爲即勸上學，如後世侍講、侍讀之類。《後漢書》卷二四《馬嚴傳》："除子鱄爲郎，令勸學省中"；卷五四《楊秉傳》："以明《尚書》徵入勸講"。《三國志》載蜀尹默、譙周爲勸學從事，晉孟嘉爲勸學從事，見本傳。梁元帝在荆州置勸學從事，見《玉海》。皆是。

[3]【顔注】張晏曰（張晏，蔡琪本、殿本作"師古"）：親戚宴飲會同之殿。【今注】案，宴，殿本作"晏"，同。

[4]【今注】誦説：這裏指講誦經學。

[5]【今注】中常侍：初稱常侍，元帝以後稱中常侍。爲加官，加此得出入禁中，常侍皇帝左右。武帝以後參與朝議，成爲中朝官。無定員。

[6]【顔注】師古曰："鄉"讀曰"嚮"。

[7]【顔注】師古曰：金華殿在未央宫。【今注】鄭寬中：字少君，西漢平陵（今陝西咸陽市西北）人。張山拊弟子，受小夏侯《尚書》。元帝時爲博士，教授太子。成帝即位，賜爵關内侯，遷光禄大夫，領尚書事。　張禹：傳見本書卷八一。楊樹達《漢書窺

管》："寬中講《尚書》，禹講《論語》。"

［8］【今注】許商：字長伯，西漢長安（今陝西西安市）人。周堪弟子，治大夏侯尚書學，又善曆算。官至九卿。楊樹達《漢書窺管》："此講《尚書》異同也。商爲夏侯勝再傳弟子，見《儒林傳》。"

［9］【今注】奉車都尉：西漢武帝置，掌皇帝車輿，入侍左右，多由皇帝親信充任。秩比二千石。

［10］【今注】王許子弟：漢成帝母王家、皇后許家子弟。

［11］【顔注】晉灼曰：白綺之襦（襦，大德本作"檽"，誤），冰紈之絝也。師古曰：紈，素也。綺，今細綾也。並貴戚子弟之服。

家本北邊，志節忼慨，[1]數求使匈奴。河平中，[2]單于來朝，上使伯持節迎於塞下。會定襄大姓石、李群輩報怨，殺追捕吏，[3]伯上狀，因自請願試守期月。[4]上遣侍中中郎將王舜馳傳代伯護單于，[5]并奉璽書印綬，即拜伯爲定襄太守。[6]

［1］【今注】案，忼，蔡琪本作"慷"。

［2］【今注】河平：漢成帝年號（前28—前25）。

［3］【顔注】師古曰：報私怨而殺人，吏追捕之，又殺吏。【今注】定襄：郡名。治成樂縣（今内蒙古和林格爾縣盛樂鎮土城子村古城）。　案，李，蔡琪本、大德本、殿本作"季"。

［4］【顔注】師古曰：欲守定襄太守。期，音"基"。

［5］【顔注】師古曰：傳，音張戀反。【今注】侍中：爲列侯至郎中的加官，無員限。　中郎將：西漢爲中郎長官。職掌宫禁宿衛，隨行護駕。後又專設五官、左、右中郎將，其職多由外戚及親近官員擔任。秩比二千石。　王舜：東平陵（今山東濟南市東）

人。王音子，襲爵爲安陽侯。與王莽相善，莽執政，爲車騎將軍，迎立平帝，遷太保。王莽居攝，爲太傅、左輔。莽稱帝，官至太師，封安新公。　馳傳：駕馭驛站車馬疾行。

［6］【顔注】師古曰：即，就也，就其所居而拜。

定襄聞伯素貴，年少，自請治劇，[1]畏其下車作威，吏民竦息。[2]伯至，請問耆老父祖故人有舊恩者，[3]迎延滿堂，日爲供具，[4]執子孫禮。[5]郡中益弛。[6]諸所賓禮皆名豪，懷恩醉酒，共諫伯宜頗攝録盜賊，[7]具言本謀亡匿處。[8]伯曰："是所望於父師矣。"[9]迺召屬縣長吏，選精進掾史，[10]分部收捕，[11]及它隱伏，旬日盡得。郡中震粟，咸稱神明。[12]

［1］【今注】劇：繁難。此指定襄郡，爲政務繁難之地。

［2］【今注】竦息：謂因恐懼而屏息。

［3］【顔注】師古曰：請，召也。【今注】耆老：老年人。此或特指致仕卿大夫。

［4］【顔注】師古曰：酒食之具也。供，音居用反。

［5］【今注】執子孫禮：王先謙《漢書補注》引蘇輿以爲是極言其敬謹。

［6］【顔注】師古曰：弛（弛，蔡琪本作"弛"），解也。見伯不用威刑，故自解縱。【今注】案，郡，蔡琪本作"部"，誤。弛：放鬆。案，蔡琪本作"弛"。

［7］【今注】攝録：拘捕。楊樹達《漢書窺管》據章太炎《文始》以爲，"録"有約束義，舊皆以録爲之。《毛傳》云："粲，曆録也"，"一輈五束，束有曆録"。《小爾雅·廣詁》："禁，録也。"《列子·楊朱篇》："拘此廢虐之主，録而不舍。"與此"攝録"並

束縛之義。

［8］【今注】本謀：主謀。

［9］【顏注】師古曰：齒爲諸父，尊之如師，故曰父師。

［10］【顏注】師古曰：精明而進趨也。【今注】掾史：屬吏。

［11］【顏注】師古曰：分，音扶問反。【今注】分部：部署。

［12］【顏注】師古曰：㮚，古“栗”字。

歲餘，上徵伯。伯上書願過故郡上父祖冢。有詔，太守都尉以下會。[1]因召宗族，各以親疏加恩施，散數百金。北州以爲榮，[2]長老紀焉。[3]道病中風，[4]既至，以侍中光禄大夫養病，[5]賞賜甚厚，數年未能起。會許皇后廢，[6]班倢伃供養東宫，[7]進侍者李平爲倢伃，[8]而趙飛燕爲皇后，伯遂稱篤。[9]久之，上出過臨候伯，伯惶恐，起眂事。[10]

［1］【顏注】師古曰：同赴其所。【今注】都尉：郡都尉。佐郡太守典武職甲卒，掌治安，防盜賊。秩比二千石。

［2］【今注】北州：指北方州郡。

［3］【顏注】師古曰：紀，記也。

［4］【顏注】師古曰：中，傷也，爲風所傷。【今注】中風：今謂腦血管栓塞或腦内小血管破裂等病患。

［5］【顏注】師古曰：受其秩俸而在家自養也。【今注】光禄大夫：西漢武帝時改中大夫置，屬光禄勳。掌論議，在大夫中地位最爲尊顯。西漢晚期，多作爲貴戚重臣的加官。無員限，秩比二千石。

［6］【今注】許皇后：事迹見本書卷九七下《外戚傳下》。

［7］【顏注】李奇曰：元后，成帝母。【今注】東宫：長樂

宫。遺址位於今陝西西安市西北郊漢長安城東南角。因在未央宫東，故稱東宫。

[8]【今注】李平：事迹見本書《外戚傳下》。

[9]【今注】稱篤：自稱病重。

[10]【顏注】師古曰：眡，古“視”字。【今注】案，周壽昌《漢書注校補》謂，成帝以微行臨候，故伯惶恐也。

自大將軍薨後，[1]富平、定陵侯張放、淳于長等始愛幸，[2]出爲微行，行則同輿執轡；入侍禁中，設宴飲之會，及趙、李諸侍中皆引滿舉白，[3]談关大噱。[4]時乘輿幄坐張畫屏風，[5]畫紂醉踞妲己作長夜之樂。[6]上以伯新起，數目禮之，[7]因顧指畫而問伯："紂爲無道，至於是虖？"[8]伯對曰："《書》云'迺用婦人之言'，[9]何有踞肆於朝？[10]所謂衆惡歸之，不如是之甚者也。"[11]上曰："苟不若此，此圖何戒？"伯曰："'沈湎于酒'，微子所以告去也；[12]'式號式謼'，《大雅》所以流連也。[13]《詩》《書》淫亂之戒，其原皆在於酒。"上迺喟然歎曰："吾久不見班生，今日復聞讜言！"[14]放等不懌，[15]稍自引起更衣，[16]因罷出。

[1]【顏注】師古曰：王鳳。

[2]【今注】張放：事迹見本書卷五九《張湯傳》。淳于長：傳見本書卷九三。

[3]【顏注】服虔曰：舉滿桮，有餘白瀝者，罰之也。孟康曰：舉白，見驗飲酒盡不也。師古曰：謂引取滿觴而飲，飲訖，舉觴告白盡不也。一説，白者，罰爵之名也。飲有不盡者，則以此爵罰之。魏文侯與大夫飲酒，令曰："不釂者，浮以大白（大，

蔡琪本作“太”)。”於是公乘不仁舉白浮君者也。【今注】引滿:謂斟酒滿杯而飲。　舉白:舉杯告盡。陳直《漢書新證》據《鐃歌十八曲·將進酒》云:“將進酒,乘大白。”以爲與本文相同,爲西漢人之習俗語。

[4]【顔注】師古曰:关,古“笑”字也。噱噱,笑聲也。音其略反。或曰,噱謂脣口之中(脣,蔡琪本、殿本作“唇”),大笑則見,此説非。【今注】噱:音 jué。

[5]【顔注】師古曰:坐,音才卧反。【今注】乘輿:特指天子和諸侯所乘坐的車子。這裏代指成帝。

[6]【今注】踞:倚靠。沈欽韓《漢書疏證》據《初學記》引劉向《别録》曰:“臣向與黄門侍郎歆所校《列女傳》,種類相從,爲七篇,以著禍福榮辱之效,是非得失之分,畫之於屏風四堵。”以爲此畫紂醉踞妲己者,亦《孽嬖傳》之一。

[7]【顔注】師古曰:目視而敬之。

[8]【今注】案,虖,殿本作“乎”,同。

[9]【顔注】師古曰:《今文尚書·泰誓》之辭。

[10]【顔注】師古曰:肆,放也,陳也。【今注】踞肆:傲慢,放肆無禮。

[11]【顔注】師古曰:《論語》稱孔子曰:“紂之不善,不如是之甚也。是以君子惡居下流,天下之惡皆歸焉。”故伯引此爲言。

[12]【顔注】師古曰:微子,殷之卿士,封於微,爵稱子也。殷紂錯亂天命,微子作誥,告箕子、比干而去紂。其誥曰:“用沈酗于酒,用亂敗厥德于下。我其發出狂,吾家耄遜于荒。”事見《尚書·微子篇》。

[13]【顔注】師古曰:《大雅·蕩》之詩曰:“式號式謼,俾晝作夜。”言醉酒號呼,以晝爲夜也。流連,言作詩之人嗟歎,而泣涕流連也。而説者乃以流連爲荒亡(荒,大德本、殿本作

“流”)，蓋失之矣。《大雅》所以流連，不謂飲酒之人也。謼，音火故反。【今注】式：發語詞。　謼：周壽昌《漢書注校補》以爲“謼”，今《毛詩》作“呼”，伯所引是《齊詩》説。《説苑·貴德篇》“《詩》云‘式號式呼，俾晝作夜’，言鬬行也”，則《魯詩》説“謼”亦作“呼”。何焯《義門讀書記》卷二〇以爲“沈湎”二語對“引滿舉白”，“式號”二語對“談笑大噱”。　流連：周壽昌《漢書注校補》以爲顔注不指飲酒説，是。但亦無訓爲泣涕者。《毛詩》“泣涕漣漣”，作“漣”不作“連”。《大雅》此篇“天不湎爾以酒”，下專指酒説。流連往復，是以致戒。

[14]【顔注】師古曰：讜言，善言也，音“黨”。

[15]【顔注】師古曰：懌，悦也，音“亦”。

[16]【今注】引起：起身。案，蔡琪本無“起”字。

時長信庭林表適使來，聞見之。[1]後上朝東宫，太后泣曰：“帝間顔色瘦黑，[2]班侍中本大將軍所舉，宜寵異之，益求其比，以輔聖德。[3]宜遣富平侯且就國上。”曰：“諾。”車騎將軍王音聞之，[4]以風丞相御史，[5]奏富平侯罪過，[6]上迺出放爲邊都尉。[7]後復徵又，[8]太后與上書曰：“前所道尚未效，[9]富平侯反復來，其能默虖?”[10]上謝曰：“請今奉詔。”[11]是時許商爲少府，[12]師丹爲光禄勳，[13]上於是引商、丹入爲光禄大夫，伯遷水衡都尉，[14]與兩師並侍中，[15]皆秩中二千石。每朝東宫，常從；及有大政，俱使諭指於公卿。上亦稍厭游宴，復脩經書之業，太后甚悦。丞相方進復奏，[16]富平侯竟就國。會伯病卒，年三十八，朝廷愍惜焉。[17]

［1］【顔注】孟康曰：長信，太后宫名也。庭林表，宫中婦人官名也。師古曰：長信宫庭之林表也。林表官名耳，庭非官稱也。【今注】庭林表：《漢書考正》宋祁引晉灼曰："應劭書作'材表'，宫人之有材能者表其師也。"張晏曰："林，君也。表，外也。於宫外傳威儀也。"吴恂《漢書注商》以爲"庭林"爲"保林"之誤，保林爲皇帝媵妾名號。

［2］【顔注】師古曰：間謂比日也。

［3］【顔注】師古曰：比，類也，音必寐反。

［4］【今注】車騎將軍：西漢初置，掌領車騎士，事訖即罷。武帝後常設，地位僅次於大將軍、驃騎將軍。常典京城、皇宫禁衛軍隊，出征時常總領諸將軍。文官輔政者亦或加此銜，領尚書政務，爲中朝重要官員。　王音：西漢東平陵人。元帝皇后王政君從弟。親附兄王鳳。鳳死代爲大司馬車騎將軍輔政，封安陽侯。輔政八年死。

［5］【顔注】師古曰："風"讀曰"諷"。

［6］【今注】案，本書卷五九《張湯傳》載丞相薛宣、御史大夫翟方進奏張放罪過。周壽昌《漢書注校補》云："《放傳》作'上諸舅皆害其寵'，不專屬音爲是。"王先謙《漢書補注》引司馬光《通鑑考異》以爲王音死於永始二年正月乙巳，翟方進以三月丁酉爲御史大夫。諷丞相御史者，疑非王音也。王繼如《漢書今注》以爲"王音諷之在前，薛、翟參之在後，也有可能"。案，能諷丞相、御史大夫者，宜是輔政王音。《張湯傳》載薛、翟奏稱"前侍御史修等四人奉使至放家逐名捕賊"云云，是奏前御史府已有行動，以製造藉口，王繼如先生説是。

［7］【今注】邊都尉：本書《張湯傳》作"北地都尉"。北地郡，西漢治馬領縣（今甘肅慶陽市西北馬嶺鎮）。

［8］【今注】案，又，蔡琪本、大德本、殿本作"人"，是。

［9］【顔注】張晏曰：謂上所言"班侍中本大將軍所舉，宜

寵異之”。

［10］【顏注】如淳曰：富平侯張放復來，太后安能默然不以爲言。

［11］【今注】奉詔：本書《張湯傳》載“出放爲天水屬國都尉”。

［12］【今注】少府：掌山海池澤之税，供宫廷開支。九卿之一，秩中二千石。

［13］【今注】光禄勳：西漢武帝改郎中令置。掌宫殿掖門户。九卿之一，秩中二千石。楊樹達《漢書窺管》：“光禄大夫爲光禄勳屬官，丹爲光禄勳，不當以爲大夫。丹本傳先叙光禄大夫，後叙光禄勳，則此文兩官爲互誤也。”

［14］【今注】水衡都尉：漢武帝置。掌上林苑，與少府並爲皇帝私府，同掌帝室財政。俸比二千石。

［15］【顏注】如淳曰：兩師，許商、師丹。【今注】案，錢大昕《廿二史考異·漢書三》據本書《百官公卿表下》：“元延元年，侍中光禄大夫趙彪、大伯爲侍中水衡都尉，三年卒。”計其年，正許商、師丹除侍中光禄大夫之時也。伯爲水衡都尉，表失載，疑“趙彪”即“班伯”之訛。楊樹達《漢書窺管》：“《師丹傳》，丹于成帝末年任太子太傅，是哀帝師，非成帝師也。此文疑有誤。”

［16］【今注】方進：翟方進。傳見本書卷八四。

［17］【今注】愍：同“憫”。

斿，博學有俊材，左將軍史丹舉賢良方正，[1]以對策爲議郎，[2]遷諫大夫、右曹中郎將，[3]與劉向校祕書。[4]每奏事，[5]斿以選受詔進讀群書。[6]上器其能，賜以祕書之副。時書不布，[7]自東平思王以叔父求《太史公》、諸子書，[8]大將軍白不許。語在《東平王傳》。[9]斿亦早卒，有子曰嗣，顯名當世。

[1]【今注】左將軍：漢重號將軍之一。有兵事則典掌禁兵，戍衛京師，或任征伐。不常置，秩千石。　史丹：傳見本書卷八二。　賢良方正：賢良爲秦漢時期選舉科目。始於漢文帝，常與方正、文學、能直言極諫者連稱，也稱賢良文學、賢良方正。

[2]【今注】對策：就政事、經義等設問，由應試者對答，稱爲對策。　議郎：西漢置。職掌顧問應對，參與議政，指陳得失。隸光禄勳，秩比六百石。

[3]【今注】諫大夫：漢武帝置。掌諫争、顧問應對，議論朝政。屬光禄勳，無定員，秩比八百石。

[4]【今注】劉向：傳見本書卷三六。　祕書：皇家藏書。

[5]【顔注】師古曰：斿每奏校書之事。

[6]【顔注】師古曰：於天子前讀書。

[7]【顔注】師古曰：謂不出之於群下。

[8]【今注】東平思王：即劉宇。傳見本書卷八〇。　太史公：司馬遷《史記》。

[9]【顔注】師古曰：此言東平王求書不得，而斿獲賜祕書，明見寵異。

穉，少爲黄門郎中常侍，[1]方直自守。成帝季年，[2]立定阿王爲太子，[3]數遣中盾請問近臣，[4]穉獨不敢荅。[5]哀帝即位，出穉爲西河屬國都尉，[6]遷廣平相。[7]王莽少與穉兄弟同列友善，[8]兄事斿而弟畜穉。[9]斿之卒也，脩緦麻，[10]賻賵甚厚。[11]

[1]【今注】黄門郎：秦、西漢郎官給事於黄闥宫門之内者，稱黄門郎或黄門侍郎。掌侍從左右，秩六百石。

[2]【今注】季年：末年。

[3]【今注】定阿王：即漢哀帝。阿，蔡琪本、大德本、殿本

作“陶”，是。

［4］【顔注】師古曰："盾”讀曰“允”。《百官表》云詹事之屬官也。《漢舊儀》云秩四百石，主徼巡宫中。【今注】中盾：太子家官。《漢舊儀》云："中盾秩四百石，主周衞徼循。"《漢書考證》引蕭該《音義》曰："中盾，韋昭曰：'太子宫中盾長也。'該案，盾，音'允'。"王先謙《漢書補注》以爲即“中允”，音近字通。《淮南·俶真訓》“引楯萬物，群英萌生”，高誘注“'楯'讀'允恭'之'允'”，與此同。

［5］【顔注】師古曰：言其慎。

［6］【今注】西河：西河郡。漢武帝時置，治平定縣（今内蒙古伊金霍洛旗東南境）。　屬國都尉：漢武帝時置五屬國於西北邊郡，安置内附匈奴族，而設都尉主之，掌民政軍事，兼負戍衞邊塞之責。秩比二千石。

［7］【今注】廣平：廣平國。哀帝時改廣平郡復置，治廣平縣（今河北雞澤縣東南）。

［8］【今注】同列：同僚。楊樹達《漢書窺管》："莽成帝時爲黄門郎，與穉爲同列也。"

［9］【顔注】師古曰：事斿如兄，遇穉如弟。

［10］【今注】脩：飾。　緦麻：行五服中之最輕者，孝服用細麻布製成，服期三月。沈欽韓《漢書疏證》補證，《儀禮·喪服》“朋友麻”，鄭注："朋友有同道之恩，相爲服緦之絰帶。"

［11］【顔注】師古曰：送終者布帛曰賻，車馬曰賵。賻，音“附”。賵，音芳鳳反。

平帝即位，太后臨朝，[1]莽秉政，方欲文致太平，[2]使使者分行風俗，采頌聲，[3]而穉無所上。[4]琅邪太守公孫閎言災害於公府，[5]太司空甄豐遣屬馳至兩郡諷吏民，[6]而劾閎空造不祥，穉絶嘉應，嫉害聖政，皆不道。太后曰："不宣德美，宜與言災害者異罰。且後宮賢家，我所哀也。"[7]閎獨下獄誅。穉懼，上書陳恩謝罪，願歸相印，入補延陵園郎，[8]太后許焉。食故禄終身。由是班氏不顯莽朝，亦不罹咎。[9]

[1]【今注】太后：王政君。傳見本書卷九八。

[2]【顏注】師古曰：言欲以文教致太平。【今注】文致太平：爲文粉飾太平。《漢書考正》劉敞曰："《公羊春秋》説，文致太平者，以春秋亂世，但聖人作文致之，如太平耳。莽政既惡，而飾虚以自章大，是亦文致也。豈謂文教致太平乎！"沈欽韓《漢書疏證》據《春秋公羊傳》定公六年何休解詁云："定、哀之閒，文致太平。"徐彦《疏》云："實不太平，但作太平文而已。"以爲班固用《公羊》家例。

[3]【顏注】師古曰：行，音下更反。【今注】分行：分别巡行。

[4]【顏注】師古曰：不稱符瑞及歌頌。

[5]【今注】琅邪：郡名。治東武縣（今山東諸城市）。　公府：三公之府。

[6]【顏注】師古曰：遣言祥應而隱除災害（蔡琪本、殿本句末有"也"字）。【今注】太司空：漢末由御史大夫改稱。蔡琪本、大德本、殿本作"大司空"。　甄豐：漢末爲泗水相，爲王莽心腹。平帝時任左將軍光禄勳、大司空，封廣陽侯。旋遷少傅，兼大司空、太阿、右拂、衛將軍。王莽稱帝後，託以符命，改爲更始將軍，廣新公。因耻與賣餅兒王盛同列，其子自作符命請以莽女漢平帝皇后爲妻，莽怒，自殺。　兩郡：指琅邪郡與廣平郡。

[7]【顏注】師古曰：班倢伃有賢德（倢伃，蔡琪本作"婕妤"），故哀閔其家。【今注】哀：楊樹達《漢書窺管》據《吕氏春秋·報更》云："人主胡可以不務哀士？"高誘注云："哀，愛

也。”以爲當訓愛，顔訓哀閔，非是。

［8］【今注】延陵：西漢成帝陵墓。在今陝西咸陽市北馬家窑附近。　園郎：本書卷六八《金日磾傳》稱，“元帝崩，故事，近臣皆隨陵爲園郎”，故張鴻亮以爲“園郎”不同於“廟郎”“寢郎”，居者皆爲顯貴，應屬清顯官職（參見張鴻亮《東漢“原陵監丞”封泥考略——兼談漢代陵園職官》，《中國國家博物館館刊》2014年第1期）。故下文言“食故禄終身”。

［9］【顔注】師古曰：罹。遭也。

初，成帝性寬，進入直言，[1]是以王音、濯方進等繩法舉過，[2]而劉向、杜鄴、王章、朱雲之徒肆意犯上，[3]故自帝師安昌侯，[4]諸舅大將軍兄弟及公卿大夫、後宫外屬史許之家有貴寵者，莫不被文傷詆。[5]唯谷永嘗言，[6]“建始、河平之際，[7]許、班之貴，傾動前朝，熏灼四方，賞賜無量，空虚内臧，女寵至極，不可尚矣；今之後起，天所不饗，什倍於前。”永指以駮譏趙、李，亦無間云。[8]

［1］【今注】進入：謂能聽得進去。

［2］【顔注】師古曰：論天子之過失。【今注】案，濯，蔡琪本、大德本、殿本作“翟”，是。

［3］【顔注】師古曰：肆，極也。【今注】杜鄴：傳見本書卷八五。　王章朱雲：二人傳見本書卷六七。

［4］【今注】安昌侯：張禹。

［5］【顔注】師古曰：詆，毁也，音丁禮反。

［6］【今注】案，嘗，殿本作“常”。

［7］【今注】建始：漢成帝年號（前32—前28）。　河平：漢

成帝年號（前28—前25）。

［8］【顔注】師古曰：雖谷永嘗有此言，而意專在趙、李耳。自餘劉向之徒，又皆不論班氏也。間，非也，音居莧反。

穉生彪。彪字叔皮，幼與從兄嗣共遊學，家有賜書，内足於財，好古之士自遠方至，父黨楊子雲以下莫不造門。[1]嗣雖脩儒學，然貴老嚴之術。[2]桓生欲借其書，[3]嗣報曰："若夫嚴子者，絶聖棄智，脩生保真，清虚澹泊，歸之自然，[4]獨師友造化，而不爲世俗所役者也。漁釣於一壑，則萬物不奸其志；[5]栖遲於一丘，[6]則天下不易其樂。不絓聖人之罔，[7]不齅驕君之餌，[8]蕩然肆志，談者不得而名焉，[9]故可貴也。今吾子已貫仁誼之羈絆，[10]繫名聲之韁鎖，[11]伏周、孔之軌躅，[12]馳顔、閔之極摯，[13]既繫攣於世教矣，[14]何用大道爲自眩曜？[15]昔有學步於邯鄲者。曾未得其髣髴，[16]又復失其故步，遂匍匐而歸耳！[17]恐似此類，故不進。"[18]嗣之行已持論如此。

［1］【顔注】師古曰：造，至也，音千到反。【今注】父黨：父輩。　楊子雲：揚雄。傳見本書卷五七。楊，蔡琪本、殿本作"揚"。

［2］【顔注】師古曰：老，老子也。嚴，莊周也。【今注】嚴：避漢明帝劉莊諱改。

［3］【顔注】師古曰：桓譚。【今注】桓生：即桓譚。傳見《後漢書》卷二八上。

［4］【顔注】師古曰：澹泊，安静也。澹，音徒濫反。泊，音步各反，又音"魄"。

［5］【顔注】師古曰：奸，犯也，音“干”。

［6］【今注】栖遲：游息。

［7］【顔注】師古曰：“絓”讀與“挂”同。聖人謂周、孔（蔡琪本、大德本、殿本句末有“也”字）。

［8］【顔注】應劭曰：鼸，音六畜之畜。師古曰：鼸，古“嗅”字也。餌謂爵禄。君所以制使其臣，亦猶釣魚之餌（餌，蔡琪本、大德本、殿本作“設餌也”）。【今注】鼸：沈欽韓《漢書疏證》引《説文》補證：“鼸，以鼻就臭也。讀若畜牲之畜。”驕君：驕矜的君主。

［9］【顔注】師古曰：肆，放也。

［10］【今注】案，誼，蔡琪本作“義”。

［11］【顔注】師古曰：韁，如馬韁也，音“薑”。【今注】韁：楊樹達《漢書窺管》：“《説文》十三篇上《糸部》云：‘韁，馬紲也。’韁蓋韁之或作。”

［12］【顔注】鄭氏曰：躅，迹也。三輔謂牛蹄處爲躅。師古曰（殿本無此三字）：躅，音丈欲反。【今注】躅：音 zhú。

［13］【顔注】劉德曰：摯，至也，人行之所極至。【今注】顔閔：顔回、閔子騫。二人事見《史記》卷六七《仲尼弟子列傳》。　摯：或解作“持”。

［14］【今注】攣：錢大昕《廿二史考異·漢書三》以爲即古“戀”字。

［15］【顔注】師古曰：言用老子、莊周之道何爲？但欲以名自眩曜耳（自，殿本作“目”）。“眩”音“州縣”之“縣”。【今注】爲：王先謙《漢書補注》認爲讀曰“僞”；顔注上屬，非。

［16］【今注】髣髴：仿佛。

［17］【顔注】師古曰：匍，音“扶”。匐，音蒲北反（蒲，蔡琪本、殿本作“平”）。【今注】匍匐而歸：沈欽韓《漢書疏證》引《莊子·秋水》補證：“壽陵餘子學於邯鄲，未得國能，又失其

故行，直駙匐而歸耳。"

［18］【顔注】師古曰：言不與其書。

叔皮唯聖人之道然後盡心焉。[1]年二十，遭王莽敗，世祖即位於冀州。[2]時隗囂據壟擁衆，[3]招輯英俊，[4]而公孫述稱帝於蜀漢，[5]天下雲擾，[6]大者連州郡，小者據縣邑。

［1］【顔注】張晏曰：固不欲言父諱，舉其字耳。【今注】案，周壽昌《漢書注校補》曰："班氏常譏太史公先黄老而後六經，故特於嗣論《莊子》後，爲其父表明此語。"

［2］【今注】世祖：東漢光武帝劉秀廟號。　冀州：漢武帝時置十三刺史部之一。光武帝於鄗縣南千秋亭（今河北柏鄉縣北）繼位，在冀州。

［3］【今注】隗囂：傳見《後漢書》卷一三。　壟：通"隴"。這裏指隴西地區。《後漢書》卷四〇《班彪傳上》："時隗囂擁衆天水，彪乃避難從之。"《漢書考正》宋祁以爲"壟"字下當有"右"字。

［4］【顔注】師古曰："輯"與"集"同。

［5］【今注】公孫述：傳見《後漢書》卷一三。

［6］【顔注】師古曰：言盜賊擾亂如雲而起。

囂問彪曰："往者周亡，戰國並争，天下分裂，數世然後迺定，其抑者，從横之事復起於今乎？[1]將承運迭興在於一人也？[2]願先生論之。"對曰："周之廢興與漢異。昔周立爵五等，[3]諸侯從政，[4]本根既微，枝葉强大，[5]故其末流有從横之事，其埶然也。[6]漢家承秦之制，並立郡縣，主有專己之威，[7]臣無百年之柄，至於成帝，假借外家，[8]哀、平短祚，國嗣三絕，[9]危自上起，傷不及下。[10]故王氏之貴，[11]傾擅朝廷，能竊號位，而不根於民。[12]是以即真之後，[13]天下莫不引領而歎，[14]十餘年間，外内騷擾，[15]遠近俱發，假號雲合，咸稱劉氏，[16]不謀同辭。[17]方今雄桀帶州城者，[18]皆無七國世業之資。《詩》云：'皇矣上帝，臨下有赫，鑒觀四方，求民之莫。'[19]今民皆謳吟思漢，鄉仰劉氏，已可知矣。"[20]囂曰："先生言周、漢之埶，可也，至於但見愚民習識劉氏姓號之故，而謂漢家復興，疏矣！昔秦失其鹿，劉季逐而掎之，[21]時民復知漢虖！"[22]既感囂言，又愍狂狡之不息，[23]迺著《王命論》以救時難。其辭曰：

[1]【顏注】師古曰：抑，語辭。【今注】抑：周壽昌《漢書注校補》以爲疑辭也。亦作"意"。《廣雅》："意，疑也。"

[2]【顏注】師古曰：迭，互也，音大結反。

[3]【今注】爵五等：即公、侯、伯、子、男。

[4]【顏注】師古曰：言諸侯之國各别爲政（别，蔡琪本、殿本作"分"）。

[5]【顏注】師古曰：本根謂王室也。枝葉謂諸侯。

[6]【今注】埶：通"勢"。

[7]【今注】專己：獨斷專行。

[8]【顏注】師古曰：假，音工暇反。借，音子夜反。【今注】外家：外戚。《後漢書》卷四〇《班彪傳上》李賢注："外家謂王鳳、王商等，並輔政領尚書事也。"

[9]【今注】國嗣三絕：《後漢書·班彪傳上》李賢注："哀帝

在位六年，平帝在位五年，故曰短祚。成、哀、平俱無子，是三絶也。”

［10］【今注】傷不及下：《後漢書·班彪傳上》李賢注：“成帝威權借於外家，是危自上起也。漢德無害於百姓，是傷不及下也。”案，殿本《漢書考證》云：“《後書》於此條問答字句稍有增損。‘危自上起’二句，《後書》倒載於‘王氏擅朝，因竊位號’之下。又‘方今雄桀帶州城者，皆無七國世業之資’下，《後書》節《詩》云‘皇矣上帝’四句。又《王命論》全文，《後書》但載其目而不述其文也。”

［11］【今注】王氏：即王莽。

［12］【顔注】師古曰：言無據援。

［13］【今注】即真：謂由攝政或監國而正式即皇帝位。

［14］【今注】引領：猶隱退。　案，歎，殿本作“數”，誤。

［15］【今注】案，騷，蔡琪本作“搔”。

［16］【今注】咸稱劉氏：《後漢書·班彪傳上》李賢注：“謂王郎、盧芳等並詐稱劉氏也。”《後漢書》卷一上《光武紀上》：“進至邯鄲，故趙繆王子林説光武曰：‘赤眉今在河東，但決水灌之，百萬之衆可使爲魚。’光武不荅，去之真定。林於是乃詐以卜者王郎爲成帝子子輿，十二月，立郎爲天子，都邯鄲，遂遣使者降下郡國。”《後漢書》卷一二《盧芳傳》：“盧芳字君期，安定三水人也。居左谷中，王莽時，天下咸思漢德，芳由是詐自稱武帝曾孫劉文伯。曾祖母匈奴谷蠡渾邪王之姊爲武帝皇后，生三子。遭江充之亂，太子誅，皇后坐死，中子次卿亡之長陵，小子回卿逃於左谷。霍將軍立次卿，迎回卿，回卿不出，因居左谷，生子孫卿，孫卿生文伯。常以是言誑惑安定閒……更始敗，三水豪傑共計議，以芳劉氏子孫，宜承宗廟，乃共立芳爲上將軍、西平王，使使與西羌、匈奴結和親……單于遂立芳爲漢帝。以程爲中郎將，將胡騎還入安定。”

［17］【今注】案，蔡琪本、大德本、殿本“同”前有

“而”字。

［18］【今注】城：《漢書考正》宋祁認爲或作“域”，王念孫《讀書雜志·漢書第十五》以爲作“域”者是。“雄桀帶州域”者，謂雄桀並立，各帶一州之域也。“域”與“城”字形相似而誤。如《管子·八觀篇》“國域大而田野淺狹”，《吕氏春秋·勿躬篇》“平原廣域”，《史記·天官書》“爲其環域千里内占”，《史記》卷一二三《大宛列傳》“漢遣驃騎破匈奴西域”，今本“域”字並誤作“城”。《漢紀·孝平紀》《後書·班彪傳》《宋書·符瑞志》並作“州域”。

［19］【顔注】師古曰：《大雅·皇矣》之詩也。皇，大也。上帝，天也。莫，定也。言大矣天之視下，赫然甚明，監察衆國，求人所定而受之（受，蔡琪本、大德本、殿本作“授”）。

［20］【顔注】師古曰：“鄉”讀曰“嚮”。

［21］【顔注】師古曰：掎，偏持其足也。音居蟻反。【今注】劉季：劉邦。　掎（jǐ）：拖住。

［22］【今注】時民復知漢虖：沈欽韓《漢書疏證》以爲“漢”當作“秦”。王先謙《漢書補注》以爲沈欽韓之疑有因。但《後漢書》亦作“漢”，則時民當謂今時之人。楊樹達《漢書窺管》以爲“時民”謂秦漢當時之民。隗囂意謂，當時之民不知漢，而漢竟有天下。今民雖知漢而不知囂，囂亦可以得天下。沈、王説並非。

［23］【今注】狂狡：狂妄狡詐。

昔在帝堯之禪曰：“咨爾舜，天之歷數在爾躬。”舜亦以命禹。[1]洎于稷契，咸佐唐虞，[2]光濟四海，奕世載德，[3]至于湯武，而有天下。雖其遭遇異時，禪代不同，至乎應天順民，其揆一也。[4]是故劉氏承堯之祚，氏族之世，著乎《春秋》。[5]唐據火德，而漢紹之，始起沛澤，則神母夜號，以章赤帝之符。[6]由是言之，帝王之祚，必有明聖顯懿之德，豐功厚利積絫之業，[7]然後精誠通於神明，流澤加於生民，故能爲鬼神所福饗，天下所歸往，未見運世無本，[8]功德不紀，[9]而得屈起在此位者也。[10]世俗見高祖興於布衣，不達其故，以爲適遭暴亂，得奮其劍，游説之士至比天下於逐鹿，[11]幸捷而得之，[12]不知神器有命，不可以智力求也。[13]悲夫！此世所以多亂臣賊子者也。若然者，豈徒闇於天道哉？又不覩之於人事矣！

[1]【顔注】師古曰：事見《論語》。【今注】案，語見《論語·堯曰》。咨，歎詞。歷數，帝王興代的天道次序。躬，身。

[2]【顔注】師古曰："契"讀與"离"同（契，蔡琪本、殿本作"挈"，同），字本作"偰"（偰，蔡琪本、大德本、殿本作"契"）。【今注】臮：周壽昌《漢書注校補》以爲即"暨"。稷：后稷。爲周始祖，事迹見《史記》卷四《周本紀》。契：商始祖，事迹見《史記》卷三《殷本紀》。

[3]【顔注】師古曰：載，乘也（乘，殿本作"承"）。言相因不絶。【今注】奕世：累世。

[4]【顔注】師古曰：言堯舜以文德相禪，湯武以征伐代興，各上應天命，下順人心。【今注】揆（kuí）：道理。

[5]【顔注】師古曰：謂士會歸晉，其處者爲劉氏。【今注】春秋：指《春秋左氏傳》。昭公二十九年《傳》稱："有陶唐氏既衰，其後有劉累者，學擾龍於豢龍氏，以事孔甲。"兩漢之際人常據此認定漢承堯祚。顧炎武《日知録》卷二七："如師古注，則又其苗裔也。"王先謙《漢書補注》引蘇輿認爲，"士會"二語，是

後人增益，當引《左傳》昭公二十九年《傳》文爲注。《文選·王命論》李善注兼引兩處。

[6]【今注】案，即劉邦斬白蛇事，見本書卷一《高紀上》。

[7]【顔注】師古曰：絫，古“累”字。

[8]【今注】運世：運轉世局。

[9]【顔注】師古曰：不紀，不爲人所説（説，蔡琪本、大德本、殿本作“記”）。

[10]【顔注】師古曰：屈起，特起也。屈，音其勿反。

[11]【今注】游説之士：楊樹達《漢書窺管》以爲指蒯通。

[12]【今注】捷：戰勝。

[13]【顔注】劉德曰：神器，璽也。李奇曰：帝王賞罰之柄也。師古曰：李説是也。

夫餓饉流隸，飢寒道路，[1]思有裋褐之褻，儋石之畜，[2]所願不過一金，然終於轉死溝壑。[3]何則？貧窮亦有命也。況虖天子之貴，四海之富，神明之祚，可得而妄處哉？故雖遭罹阸會，竊其權柄，[4]勇如信、布，[5]彊如梁、籍，[6]成如王莽，然卒潤鑊伏質，亨醢分裂，[7]又況幺䯢，尚不及數子，[8]而欲闇奸天位者虖！[9]是故駑蹇之乘不騁千里之塗，[10]燕雀之疇不奮六翮之用，[11]楶棁之材不荷棟梁之任，[12]斗筲之子不秉帝王之重。[13]《易》曰：“鼎折足，覆公餗”，[14]不勝其任也。

[1]【顔注】師古曰：隸，賤隸。

[2]【顔注】師古曰：褻謂親身之衣也，音先列反。一説云衣破壞之餘曰褻。儋石，解在《蒯通傳》，音丁濫反（濫，蔡琪

本作“檻”，殿本作“擥”）。“畜”讀曰“蓄”。【今注】裋（shù）褐（hè）之褻：泛指粗陋之衣。殿本《漢書考證》引蕭該《音義》曰：“《字林》曰：‘褻，衷衣也，丈篋反。’”錢大昕《廿二史考異·漢書三》：“《説文》：‘裋，豎使布長襦。’《貢禹》《貨殖傳》並有‘裋褐不完’之語。作‘短’非。”王念孫《讀書雜志·漢書第十五》云：“‘褻’與‘褺’不同字。褻，親身衣也，從衣埶聲，讀若漏泄之泄。褺，重衣也，字本作“𧜵”，從衣執聲，讀若重疊之疊。其‘執’字或在‘衣’中作‘褺’，轉寫小異耳；與‘褻衣’之‘褻’字從埶者不同。此言‘短褐之褺’，謂飢寒之人思得短褐以爲重衣，非謂親身之褻衣也。《漢紀》及《文選》竝作‘短褐之襲’，李善注：‘《説文》曰：“襲，重衣也。”《字林》曰：“襲，大篋反。”’此即‘𧜵’之借字也。何以明之？《説文》：‘𧜵，重衣也，從衣執聲。’《一切經音》十五‘褺，徒俠反’，引《通俗文》曰：‘重衣曰褺。’宋祁引蕭該《音義》曰：‘《字林》曰：“褺，重衣也，大篋反。”’正與李善所引同，則‘襲’爲‘𧜵’之借字明矣。《説文》以襲爲左衽袍，以𧜵爲重衣。今經史中重衣之字皆作‘襲’，而‘𧜵’字遂廢，唯此一處作‘褺’，乃古字之僅存者。而師古云‘褺，謂親身衣也，先列反’，是直不辨‘褻’‘褺’之爲兩字矣。《廣韻》褻在十七薛，襲在二十六緝，𧜵在三十帖。‘𧜵’與‘襲’聲相近，故《漢紀》《文選》皆作‘襲’。若‘褻’，與‘襲’則聲遠而不可通矣。”蘇輿云：“‘裋褐’‘短褐’，原有兩本。《秦紀》‘寒者利裋褐’，徐廣云：‘一作“短”。’《索隱》：‘裋，一音豎。短而且狹，故謂之短褐。’《孟嘗君傳》‘士不得短褐’，《索隱》：‘短，亦音豎。’案，小司馬並作‘豎’音，則所見本作‘短’，今刻《秦紀》《索隱》譌作‘裋’耳。或謂古無‘短褐’字，非也。杜甫詩如‘賜浴皆長纓，與宴非短褐’，‘諸生舊短褐，旅泛一浮萍’之類，玩其屬對，竝作長短之短用，必有所本。可見唐時《史》《漢》有作‘短褐’之本。《文選》注引韋昭云‘短，謂裋。裋，襦也。短，丁管反’，則韋見本已作‘短’。”

儋石：本書卷四五《蒯通傳》顏注："應劭曰：'齊人名小甖爲儋，受二斛。'晉灼曰：'石，斗石也。'師古曰：'儋音都濫反。或曰，儋者，一人之所負擔也。'"猶言量少。陳直《漢書新證》引《隸釋》卷一二《衡立碑》云："無儋石之稸。"以爲與本文正同。

[3]【今注】轉死：死而棄屍。

[4]【顏注】師古曰：罹亦遭也。音"離"。【今注】阸（è）：艱危，災難。

[5]【今注】信布：韓信、黥布。二人傳見本書卷三四。

[6]【今注】梁籍：項梁、項羽。二人傳見本書卷三一。

[7]【顏注】師古曰：質，鍖也，伏於鍖上而斬之也。鍖，音竹林反。【今注】潤鑊（huò）：受烹刑。鑊，一種烹人的刑具。亨：通"烹"。醢（hǎi）：一種酷刑，將人剁成肉醬。

[8]【顏注】鄭氏曰：麿，音"麽"，小也。晉灼曰：此骨偏麿之麿也。師古曰：鄭音是也。幺、麽，皆微小之稱也。幺，音一堯反。麽，音莫可反。骨偏麿自音麻，與此義不相合。晉説失之。【今注】麿（mó）：通"麽"，細小。錢大昕《廿二史考異·漢書三》以爲晉灼説是。《説文》無"麽"字，而有"䯵"字："䯵，瘺病也"，與"麿"同。幺言其小，麿言其病，童謡所稱"見一蹇人，言欲上天"，隗囂少病蹇，以是刺之。王念孫《讀書雜志·漢書第十五》以爲錢大昕誤。麿之言靡，"幺""麿"二字連文，俱是微小之意。《廣雅》："紗、麽，小也。""紗"與"幺"同。《漢紀》《文選》並作"幺麽不及數子"，李善注引《鶡冠子》曰："無道之君，任用幺麽；有道之君，任用俊雄。"又引《通俗文》曰："不長曰幺，細小曰麽。"作"麿"者，古字假借。"幺麿不及數子"，謂囂勇不如信、布，彊不如梁、籍，成不如王莽，非譏其病蹇。若以"麿"爲病蹇，則上與"幺"字不相比附，下與"不及數子"之文不相連屬。《説文》："麿，瘺病也。瘺，半枯也。"即所謂偏枯之病，亦非蹇病。又顏注"自音麻"，"麻"當爲"摩"，

各本皆訛，據《説文》《玉篇》《廣韻》改。案，鄭氏曰“麿，音麽”，《玉篇》“麽，亡可切，又亡波切”，是“麿”“麽”古同聲。顔必分平、上二讀，非。沈欽韓《漢書疏證》補證，引郭璞《爾雅》注：“豕子最後生者，俗呼爲幺豚。”《字林》：“幺，小豚。”《隋書·律曆志》：“凡日不全爲餘，積以成餘者曰秒；度不全爲分，積以成分者曰蔑；其有不成秒曰麽，不成蔑曰幺。”

［9］【顔注】師古曰：奸，音“干”。【今注】闇奸：謂陰謀篡奪。

［10］【今注】駑蹇：駑馬。

［11］【今注】疇：同類。　六翮（hé）：鳥類雙翅中的正羽。

［12］【顔注】師古曰：楶即薄櫨，所謂枅也（枅，蔡琪本作“楮”）。棁，梁上短柱也。楶，百“節”（百，蔡琪本、大德本、殿本作“音”，當據改），字亦或作“節”。棁，音之説反。【今注】楶（jié）棁（zhuō）：柱頭斗拱與梁上短柱。殿本《漢書考證》引蕭該《音義》曰：“韋昭‘楶，音節，一名檽，即柱上方木也’。鄭氏‘楶，音贅’。應劭曰：‘《爾雅》曰：“棁，朱檽也。”’音之劣反。”

［13］【顔注】師古曰：斗筲，言小器也，解在《公孫劉田傳》。筲，音山交反。【今注】斗筲（shāo）：斗與筲。斗容十升；筲，竹器，容一斗二升，皆量小的容器。故喻低微、卑賤，或才識短淺的人。殿本《漢書考證》引蕭該《音義》曰：“《字林》曰：‘筲，飯筥也，受五升。秦云，山交反。’該案，‘箱’或作‘筲’。《論語》曰：‘斗筲之人，何足算也。’”

［14］【顔注】師古曰：《鼎卦》九四爻辭也。餗，食也，音“速”。【今注】餗（sù）：殿本《漢書考證》引蕭該《音義》曰：“《字林》曰：‘餗，鼎實也。’韋昭《音義》‘餗’字作‘鬻’，曰：‘菜羹曰鬻，音速。’該案，《字林》‘餗’或作‘鬻’，字異，音訓則一。”

當秦之末，豪桀共推陳嬰而王之，[1]嬰母止之曰："自吾爲子家婦，而世貧賤，[2]卒富貴不祥，不如以兵屬人，[3]事成少受其利，不成禍有所歸。"[4]嬰從其言，而陳氏以寧。王陵之母亦見項氏之必亡，[5]而劉氏之將興也。是時陵爲漢將，而母獲於楚，有漢使來，陵母見之，謂曰："願告吾子，漢王長者，必得天下，子謹事之，無有二心。"遂對漢使伏劍而死，以固勉陵。其後果定於漢，陵爲宰相封侯。夫以匹婦之明，[6]猶能推事理之致，探禍福之機，而全宗祀於無窮，垂策書於"春秋"，[7]而況大丈夫之事虖！是故窮達有命，吉凶由人，嬰母知廢，陵母知興，審此四者，帝王之分決矣。[8]

［1］【今注】豪桀：指東陽少年豪傑。《史記》卷七《項羽本紀》："陳嬰者，故東陽令史，居縣中，素信謹，稱爲長者。東陽少年殺其令，相聚數千人，欲置長，無適用，乃請陳嬰。嬰謝不能，遂彊立嬰爲長，縣中從者得二萬人。少年欲立嬰便爲王，異軍蒼頭特起。"案，桀，蔡琪本作"傑"。　陳嬰：秦末爲東陽縣令史。陳勝、吴廣起義後，爲東陽推爲首領。率衆歸項梁，任上柱國。項羽死歸漢封堂邑安侯。

［2］【顔注】師古曰：而，汝也。【今注】而：楊樹達《漢書窺管》認爲"訓汝未安，'而'當讀爲'仍'"。

［3］【顔注】師古曰：屬，委也，音之欲反。

［4］【今注】案，《史記》卷七《項羽本紀》載嬰母語爲："自我爲汝家婦，未嘗聞汝先古之有貴者。今暴得大名，不祥。不如有所屬，事成猶得封侯，事敗易以亡，非世所指名也。"

［5］【今注】王陵：傳見本書卷四〇。

［6］【顔注】師古曰：凡言匹夫匹婦，謂凡庶之人，一夫一婦當相配匹。

［7］【顔注】師古曰：春秋，史書記事之總稱。

［8］【顔注】師古曰：分，音扶問反。

蓋在高祖，其興也有五：［1］一曰帝堯之苗裔，二曰體貌多奇異，三曰神武有徵應，四曰寬明而仁恕，五曰知人善任使。加之以信誠好謀，達於聽受，見善如不及，用人如由己，從諫如順流，趣時如嚮赴；［2］當食吐哺，納子房之策；［3］拔足揮洗，揖酈生之説；［4］寤戍卒之言，斷懷土之情；［5］高四皓之名，［6］割肌膚之愛；［7］舉韓信於行陳，［8］收陳平於亡命，［9］英雄陳力，群策畢舉：此高祖之大略，所以成帝業也。若迺靈瑞符應，又可略聞矣。初劉媪任高祖而夢與神遇，［10］震電晦冥，有龍蛇之怪。及其長而多靈，有異於衆，是以王、武感物而折券，吕公覩形而進女；秦皇東游以厭其氣，吕后望雲而知所處；［11］始受命則白蛇分，西入關則五星聚。［12］故淮陰、留侯謂之天授，非人力也。

［1］【顔注】師古曰：《王命論》敘高祖之德，及班氏《漢書》敘目所稱引，事皆具見本書（事，殿本誤作“是”），不須更解，以穢篇籍。其有辭句隱互，尋覽難知者，則具釋焉。浮汎之説蓋無取也。

［2］【顔注】師古曰："嚮"讀曰"響"。如響之赴聲也。

［3］【今注】子房：留侯張良。"納策"事見本書卷四〇《張良傳》。

［4］【今注】酈生：酈食其。傳見本書卷四三。

［5］【顔注】師古曰：洛陽近沛，高祖來都關中，故云斷懷土之情也。斷，音丁喚反。【今注】戍卒：指婁敬。傳見本書卷四三。

［6］【今注】四皓：秦末隱士東園公唐秉、夏黄公崔广、綺里季吴實、角里先生周术。

［7］【顔注】晉灼曰：不立戚夫人子。【今注】案，事見本書《張良傳》。

［8］【今注】韓信：傳見本書卷三四。

［9］【今注】陳平：傳見本書卷四〇。

［10］【顔注】師古曰：任謂懷任也。

［11］【顔注】師古曰：厭，音一葉反。【今注】厭：殿本《漢書考證》引蕭該《音義》曰："韋昭曰：'厭，合也。'劉氏曰：'厭，當也。'"

［12］【今注】案，上述諸事見本書卷一上《高紀上》。

歷古今之得失，驗行事之成敗，稽帝王之世運，[1]考五者之所謂，取舍不厭斯位，符瑞不同斯度，[2]而苟昧於權利，越次妄據，[3]外不量力，内不知命，則必喪保家之主，失天年之壽，遇折足之凶，伏鈇鉞之誅。[4]英雄誠知覺寤，[5]畏若禍戒，[6]超然遠覽，淵然深識，收陵、嬰之明分，絶信、布之覬覦，[7]距逐鹿之瞽説，[8]審神器之有授，毋貪不可幾，爲二母之所咲，[9]則福祚流于子孫，天禄其永終矣。

［1］【今注】稽：考。

［2］【顔注】劉德曰：厭，當也。師古曰：音一涉反。

［3］【顔注】師古曰：昧，貪也。【今注】案，王念孫《讀書雜志·漢書第十五》以爲"於"字爲衍文。"苟昧權利"以下，句法相同，首句多一"於"字，則不協。《漢紀》《文選》皆無"於"字。

［4］【顔注】師古曰：鈇，音方于反。【今注】鈇鉞：斫刀和大斧。腰斬、砍頭的刑具。泛指刑戮。

［5］【今注】覺寤：覺悟。

［6］【顔注】師古曰：若，順也。【今注】若：王念孫《讀書雜志·漢書第十五》以爲顔注"畏順禍戒"爲不詞。禍戒可以言"畏"，不可以言"順"。案上文云"喪保家之主"云云，所謂禍戒。"若"猶"此"，言畏此禍戒。"若"字即指上四者而言。《公羊傳》隱公四年《傳》文"公子翬恐若其言聞乎桓"，謂此其言也。又莊公四年《傳》文"有明天子，則襄公得爲若行乎"，謂此行。《論語·公冶長》"君子哉若人"，謂此人也。皆是例證。

［7］【顔注】師古曰：分，音扶問反。覬，音"冀"。覦，音"踰"。【今注】覬覦：非分的希望或企圖。殿本《漢書考證》引蕭該《音義》曰："字書曰，覬，聿也；覦，欲也。"按，"聿"乃"幸"之誤。

［8］【今注】距：通"拒"。　瞽（gǔ）説：胡説。不明事理的言論。

［9］【顔注】師古曰：不可幾，謂不可庶幾而望也。一説，"幾"讀曰"冀"。【今注】幾：朱一新《漢書管見》以爲當讀如顔注後説。《文選·王命論》正作"冀"。　咲：同"笑"。

知隗囂終不寤，[1]迺避墬於河西。[2]河西大將軍竇融嘉其美德，[3]訪問焉。[4]舉茂材，爲徐令，[5]以病去官。後數應三公之召。仕不爲禄，所如不合；[6]學不爲人，博而不俗；言不爲華，述而不作。有子曰固，弱冠而孤，[7]作《幽通》之賦，以致命遂志。[8]其辭曰：

［1］【今注】寤：悟。

［2］【顔注】師古曰：墬，古"地"字。【今注】河西：泛指黄河以西之地。有酒泉、武威、張掖、敦煌、金城五郡。

［3］【今注】竇融：傳見《後漢書》卷二三。

［4］【顔注】師古曰：每事皆與謀。

［5］【今注】徐：徐縣。治所在今江蘇泗洪縣南。案，《後漢書》卷四〇上《班彪傳上》："及融徵還京師，光武問曰：'所上章奏，誰與參之？'融對曰：'皆從事班彪所爲。'帝雅聞彪才，因召入見，舉司隸茂才，拜徐令，以病免。"

［6］【顔注】師古曰：如，往也。不苟得禄，故所往之處，不合其意。

［7］【顔注】師古曰：謂年二十也（謂，蔡琪本、殿本作"固"）。

［8］【顔注】劉德曰：致，極也。陳吉凶性命，遂明己之志。

系高頊之玄胄兮，氏中葉之炳靈。[1]繇凱風而蟬蜕兮，雄朔野以颺聲。[2]皇十紀而鴻漸兮，有羽儀於上京。[3]巨滔天而泯夏兮，考遘愍巨行謡。[4]終保己而貽則兮，里上仁之所廬。[5]懿前烈之純淑兮，窮與達其必濟。[6]

[1]【顔注】應劭曰：系，連也。冑，緒也。言己高陽顓頊之連緒也。顓頊北方水位，故稱玄。中葉，謂令尹子文也（尹，大德本誤作“君”）。虎乳，故曰炳靈。【今注】系：王先謙《漢書補注》引王先慎以爲：“系，本也。” 高頊：顓頊高陽氏。事見《史記》卷一《五帝本紀》。 玄：王先謙《漢書補注》引王先慎以爲：“玄，遠也。言本高頊之遠冑也。應説證‘玄’字太泥。” 炳靈：閃爍的靈氣。

[2]【顔注】應劭曰：凱風，南風也。朔，北方也。言先祖自楚遷北，若蟬之蜕也。師古曰：“繇”讀與“由”同。由（殿本無此字），從也。蜕，音“税”。“颺”讀與“楊”同（楊，蔡琪本、大德本、殿本作“揚”）。【今注】案，此二句言班壹。野以，蔡琪本誤作“以野”。《漢書考正》宋祁曰：“注文‘颺’字下當有‘讀’字。”王先謙《漢書補注》指出《文選》“繇”作“飄”，曹大家注：“飄，飄颻也。”“繇”通假字。顔注非。

[3]【顔注】應劭曰：十紀，漢十世也。張晏曰：《易》曰：“鴻漸于陸，其羽可以爲儀（以，殿本作“用”）”。成帝時，班況女爲倢伃，父子並在京師爲朝臣也。晉灼曰：皇，漢皇也。

[4]【顔注】應劭曰：巨，王莽字巨君也。張晏曰：彪遇王莽之敗，憂思歌謡也。師古曰：滔，漫也，言不畏天也。泯，滅也。夏，諸夏也。孝（蔡琪本、大德本、殿本作“考”，是），班固自言其父也。遘，遇也。愍，憂也。徒歌曰謡。【今注】行謡：沈欽韓《漢書疏證》引班彪《北征賦》云：“余遭世之顛覆兮，罹填塞之阸災。”李善引《流別論》曰：“更始時，班彪避難涼州，發長安，至安定，作《北征賦》。”以爲即此事也。案，巨，蔡琪本、大德本、殿本作“巨”，是。

[5]【顔注】師古曰：言其父遭時溷亂，以道自安，終遺盛法而處仁者所居也。《論語》稱孔子曰：“里仁爲美，擇不處仁，焉得智？”故引以爲辭。【今注】案，王先謙《漢書補注》引《文

選》李善注引曹大家曰："里廬，皆居處名也。言我父早終，遺我善法則也。何謂善法則乎？言爲我擇居處也。"貽，遺留。

［6］【顔注】師古曰：因自言美前人之餘業（因，蔡琪本、大德本、殿本作"固"），窮則獨善，達能兼濟也。濟合韻音子齊反。【今注】懿：美。　案，烈，蔡琪本作"列"。

咨孤矇之眇眇兮，將圮絶而罔階。[1]豈余身之足殉兮？愇世業之可懷。[2]靖潛處以永思兮，經日月而彌遠。匪黨人之敢拾兮，庶斯言之不玷。[3]魂煢煢與神交兮，[4]精誠發於宵寐。[5]夢登山而迥眺兮，[6]覿幽人之髣髴，[7]攬葛藟而授余兮，眷峻谷曰勿隧。[8]吻昕寤而仰思兮，心蒙蒙猶未察，[9]黄神邈而靡質兮，儀遺讖以臆對。[10]曰乘高而遌神兮，道遐通而不迷，[11]葛緜緜於樛木兮，詠《南風》以爲綏，[12]蓋惴惴之臨深兮，乃二《雅》之所祗。[13]既誶爾以吉象兮，又申之以炯戒。[14]盍孟晉以迨群兮？辰倏忽其不再。[15]

［1］【顔注】師古曰：眇眇，微緦也（緦，蔡琪本、大德本、殿本作"細"，是）。圮，毁也。固自言孤弱，懼將毁絶先人之跡，無階路以自成。【今注】咨：歎息。　孤矇：孤蒙。指失去父母的童蒙。　圮絶：毁滅，斷絶，隔絶。絶，蔡琪本作"紀"，誤。　罔：無。

［2］【顔注】師古曰：殉，營也。"愇"字與"韙"同。韙，是也。懷，思也。愇，音于匪反。【今注】案，殿本《漢書考證》引蕭該《音義》曰："《字林》曰：'殉，殺生送死也。'《説文》：'愇，籀文韙。''韙'是也。劉氏及《廣雅》並云：'愇，恨

也。’”王先謙《漢書補注》指出，《文選》“愇”作“違”，曹大家注：“違，恨也。‘違’或作‘愇’，愇亦恨也。”又以爲訓“愇”爲恨，施之此文不順，仍以訓是爲是。

［3］【顔注】蘇林曰：拾，音負拾（蔡琪本、大德本、殿本作“負拾”後有“之拾”二字）。應劭曰：拾，更也。自謙不敢與鄉人更進也。師古曰：靖，古“静”字也。拾，音其業反。玷，缺也。更，音工衡反。【今注】潛處：深居。　拾（shè）：躡足而上。

［4］【今注】煢煢：孤零貌。　案，與，蔡琪本、殿本作“其”。

［5］【今注】宵寐：夜眠。

［6］【今注】迥（jiǒng）眺：遠望。

［7］【顔注】張晏曰：幽人，神人也。師古曰：覿，見也，音“迪”。

［8］【顔注】師古曰：擥，執取也。言入峻谷者當攀葛藟（攀，蔡琪本、殿本作“據”），可以免於顛墜，猶處時俗者當據道義，然後得用自立。故設此喻，託以夢也。藟葛，蔓也（蔡琪本、殿本無“藟葛蔓也”四字，大德本“蔓”作“屬”）。一説，藟，葛屬也。葛之與藟，皆有蔓焉。檻（蔡琪本、大德本、殿本作“擥”），音“攬”。其字從手。藟，音力水反。【今注】案，隧，王先謙《漢書補注》以爲即“墜”的假借字。《文選·幽通賦》作“墜”。

［9］【顔注】孟康曰：昒昕，早旦也。覺寤思念，未知其吉凶也。師古曰：昒，音“忽”。昕，音“欣”。【今注】昒（hū）昕：拂曉，黎明。殿本《漢書考證》引蕭該《音義》曰：“鄧展‘昒，音昧’。該案，字書，昒，尚冥也，音“勿”。褚詮‘方昧反’。”

［10］【顔注】應劭曰：黄帝善古夢（古，蔡琪本、大德本、

殿本作“占”，是)，久遠無從得問，準其讖書，以意求其象也。賈誼曰“讖言其度”。應劭曰：臆，匈臆也。師古曰：對，合韻音丁忽反。【今注】黄神：王先謙《漢書補注》引《文選》李善注：“《淮南子》曰：‘黄神嘯吟。’”高誘注：“黄帝之神也。”　質：質問。這裏指咨詢。　儀：忖度。　讖：殿本《漢書考證》引蕭該《音義》曰：“《蒼頡篇》曰：‘讖書，《河洛書》也。’該案，褚詮‘音楚鴆反’。”　臆對：以胸臆爲對。周壽昌《漢書注校補》以爲即賈誼《鵩賦》曰“請對以意”，“意”亦作“臆”。

［11］【顔注】師古曰：登山見神，故曰乘高也。遻，遇也，音五故反，又音五各反。【今注】遻：音è。

［12］【顔注】應劭曰：《周南·國風》其詩曰：“南有樛木，葛藟纍之，樂只君子，福履綏之。”師古（蔡琪本、大德本、殿本“師古”後有“曰”字，是)：到樛木（蔡琪本、大德本、殿本無“到”字)，下垂之木也。綏，安也。樛，音居虯反。纍，音力追反。【今注】樛木：殿本《漢書考證》引蕭該《音義》曰：“‘樛’亦作‘朻’。韋昭曰：‘朻，下曲也，居翳反。’”　綏：安。

［13］【顔注】師古曰：《詩·小雅·小宛》之篇曰：“惴惴小心，如臨于谷。”惴惴，恐懼之貌也。《小旻篇》曰：“戰戰兢兢，如臨深淵，如履薄冰。”言恐墜陷也。故云二《雅》之所祇。惴，音之瑞反。【今注】祇：敬。

［14］【顔注】師古曰：誶，告也。炯，明也。誶，音“碎”。炯，音公迥反。【今注】誶（suì)：《漢書考正》宋祁曰：“蕭該《音義》曰：‘《説文》曰：“誶，讓也。”息悴反。’”王先謙《漢書補注》指出《文選》“誶”作“訊”，以爲字通用。《文選》曹大家注：“登高爲吉象，深谷爲炯戒也。”　告象：《漢書考正》宋祁以爲“告”當作“吉”。

［15］【顔注】服虔曰：盍，何不也。孟，勉也。晉，進也。迨，及也。何不早進仕以及輩也？師古曰：辰，時也。倏忽，疾

也。言時疾過，不再來也。倏，音式六反。

承靈訓其虚徐兮，竚盤桓而且俟，[1]惟天墬之無窮兮，鱻生民之脢在。[2]紛屯亶與蹇連兮，何艱多而智寡！[3]上聖寤而後拔兮，豈群黎之所御！[4]昔衞叔之御昆兮，昆爲寇而喪予。[5]管彎弧欲斃讎兮，讎作后而成己。[6]變化故而相詭兮，孰云豫其終始！[7]

［1］【顔注】孟康曰：虚徐，懷疑也。張晏曰：佇，久也。俟，待也。

［2］【顔注】晉灼曰：鱻，古"鮮"字也。應劭曰：脢，無幾也。師古曰：墬，古"地"字也。鱻，少也。言天地長久而人壽短促也。鱻，音先踐反。【今注】鱻：陳直《漢書新證》據《隸釋》卷一二《武榮碑》："鱻於雙匹"以爲，以鱻爲鮮本於《周禮》，與本文同。　脢：殿本《漢書考證》引蕭該《音義》曰："脢，韋昭音謀鬼反，又音梅。《字林》曰：'脢，微視美目貌。'"王先謙《漢書補注》據《説文》"脢，背脊肉也"，以爲"脢"非。《文選·幽通賦》作"晦"，李善注引曹大家曰："晦，亡幾也。"又引《莊子》曰："天與地無窮，人死有時晦。"則"脢"爲"晦"傳寫之誤。

［3］【顔注】孟康曰：世艱難多，智者少，故遇禍也。師古曰：《易屯卦》六二爻辭曰"屯如亶如"，《蹇卦》六四爻辭曰"往蹇來連"，皆謂險難之時也。亶，音竹延反。連，音力善反。【今注】屯亶：不進貌。王先謙《漢書補注》指出《文選》"亶"作"邅"。

［4］【顔注】師古曰：黎，衆也。言上聖之人猶遇紛難，覩

機能寤，然後自拔。文王羑里，孔子於匡是也。至於衆庶，豈能豫禦之哉？【今注】寤：王先謙《漢書補注》指出《文選》"寤"作"迕"，曹大家曰："迕，觸也。言觸艱難。"與顔解異。

[5]【顔注】孟康曰：御，迎也。昆，兄也。衛叔武迎兄成公，成公令前驅，射殺之。師古曰：御，音五駕反。衛叔，解在《五行志》。【今注】衛叔：《公羊傳》僖公二十八年："文公逐衛侯而立叔武，叔武辭立而他人立，則恐衛侯之不得反也，故於是已立。然後爲踐土之會，治反衛侯。衛侯得反，曰：'叔武篡我。'元咺争之曰：'叔武無罪終。'殺叔武元。"　御：楊樹達《漢書窺管》曰："御迎之義，《説文》字作訝。三篇上《言部》云：'訝，相迎也。'引《周禮》曰：'諸侯有卿訝也。大徐本增重文迓字。'"

[6]【顔注】師古曰：謂管仲射桓公中帶鉤，桓公反國，以爲相也。【今注】讎：仇。　后：君主。

[7]【顔注】師古曰：詭，違也。【今注】詭：王先謙《漢書補注》引《文選》李善注引曹大家："詭，反也。事變如此，誰能預知其始終吉凶也。"

雍造怨而先賞兮，丁繇惠而被戮；[1]粟取弔于逌吉兮，王膺慶於所慼。[2]畔回穴其若兹兮，北叟頗識其倚伏。[3]單治裏而外凋兮，張脩襮而内逼。[4]欥中龢爲庶幾兮，顔與冉又不得。[5]溺招路以從己兮，謂孔氏猶未可，[6]安慆慆而不萉兮，卒隕身虖世禍。[7]游聖門而靡救兮，顧覆醢其何補？[8]固行行其必凶兮，免盜亂爲賴道；[9]形氣發于根柢兮，柯葉彙而靈茂。[10]恐罔蜽之責景兮，慶未得其云已。[11]

［1］【顔注】師古曰：雍，雍齒也。丁，丁公也。“繇”讀與“由”同。【今注】雍：即雍齒。沛人。從劉邦起兵，旋反叛。後復歸劉邦，從戰有功，而劉邦終不滿雍齒。高祖六年，大封功臣，已封大功臣二十餘人，其餘日夜争功不决。高祖用張良言，先封平生所憎之雍齒爲什邡侯，群臣皆喜。　丁：即丁公。秦末薛人，名固。季布同母異父弟。爲項羽將，曾追逐劉邦，短兵相接，邦情急，請其勿迫害，丁公引兵還。及項羽滅，丁公謁見，高祖斬之，戒爲人臣者毋效丁公。

［2］【顔注】應劭曰：栗（栗，蔡琪本、殿本作㮚，同），孝景姬也，有子而以妬見廢。王，宣帝王倢伃也，以無子爲憂，而以謹敕得母元帝也。師古曰：逌，古“攸”字也。攸亦所也。【今注】㮚：事迹見本書卷九七上《外戚傳上》。　取弔：自取憂傷。　王：事迹見本書卷九七下《外戚傳下》。　膺：承當。　案，慼，殿本作“慽”。

［3］【顔注】師古曰：畔，亂貌也。回穴，轉旋之意也。叟，老人稱也。《淮南子》曰：“北塞上之人，其馬無故亡入胡中，人皆弔之。其父曰：‘此何詎不爲福？’居數月，其馬將胡駿馬而歸，人皆賀之。對曰：‘此何詎不爲禍？’家富馬良，其子好騎，墯而折髀，人皆弔之。對曰：‘此何詎不爲福？’居一年，胡夷大入，丁壯者皆控弦而戰，塞上之人死者十九，此獨以跛之故，父子相保。”老子《德經》曰：“禍兮福所倚，福兮禍所伏。”故頗識其倚伏。倚，音於綺反。【今注】畔：王先謙《漢書補注》指出《文選》“畔”作“叛”，李善注引曹大家：“叛，亂也。迴，邪也。穴，僻也。禍福相反。《韓詩》曰：‘謀猶迴穴。’”　回穴：風勢回旋不定貌。引申爲變化無常。穴，同“穴”。

［4］【顔注】應劭曰：單，單豹也，静居其所，以理五内，處深山，爲虎所食。張，張毅也，外脩恭敬，斯徒馬圉皆與亢禮，不勝其勞，内熱而死。師古曰：襮，表也。單，音“善”。襮，音

布谷反。【今注】治裹：王先謙《漢書補注》引《文選》李善注引曹大家："治裹，謂導氣也。"單、張事見《莊子》。　襮：殿本《漢書考證》引蕭該《音義》曰："晉灼曰：'襮，音素衣朱襮。'該案，《詩》音博。《字林》曰：'襮，黼衿也，方沃反。'"

［5］【顔注】師古曰：欥，古"聿"字也。龢，古和字也。聿，曰也（曰，蔡琪本、大德本、殿本作"由"）。曰中和之道可以庶幾免於禍難（曰，蔡琪本、殿本作"由"），而顔回早死，冉耕惡疾，爲善之人又不得其報也。【今注】欥（yù）：句首助詞，無實義。錢大昕《廿二史考異·漢書三》以爲"欥"从曰，不从日。《毛詩》"遹求厥寧"，《説文》引作"欥"。　顔與冉：顔回與冉耕。二人傳見《史記》卷六七。

［6］【今注】案，氏，蔡琪本作"子"。

［7］【顔注】鄧展曰：慆慆，亂貌也。萉，避也。師古曰：溺，桀溺也。路，子路也。《論語》稱："長沮、桀溺耦而耕，孔子過之，使子路問津焉。桀溺曰：'子，孔丘之徒歟？'對曰：'然。'曰：'慆慆者，天下皆是也。而誰以易之？且而與其從避人之士，豈若從避世之士哉？'"言天下皆亂，汝將用誰變易之乎？避人之士謂孔子，避世之士溺自謂也。而子路安之，卒不能避，乃遇蒯聵之亂身死敵也。慆，音土高反。萉，音扶味反，字本作"腓"，其音同。【今注】慆：音 tāo。　萉（féi）：殿本《漢書考證》引蕭該《音義》曰："萉，牛羊腓字之腓。'萉'假借'腓'，避也。韋昭曰：'萉，避也，音肥。'晉灼《音義》作'遯'，云：'遯，避也。'曹大家注《幽通賦》云：'萉，避也。'"

［8］【顔注】師古曰：《禮記》云："孔子哭子路於中庭。既哭，進使者而問故。使者曰：'醢之矣。'遂命覆醢。"賦言子路游於聖人之門，而孔子不能救之以免於難，雖爲覆醢，無所補益。【今注】顧：王先謙《漢書補注》引王先慎以爲"顧"當作"雖"，《文選》不誤。案顔意注，正文亦本作"雖"。　醢（hǎi）：用肉、

魚等製成的醬。

［9］【顏注】師古曰：《論語》稱："閔子侍側，誾誾如也；子路，行行如也。子樂，曰：'若由也，不得其死然。'"又稱："子路曰：'君子上勇乎?'曰：'君子義以爲上。君子有勇而無義爲亂，小人有勇而無義爲盜。'"賦言子路稟行行之性，其凶必也，所以免爲於亂盜者，賴聞道於孔子也。行行，剛强之貌也。行，音胡浪反。

［10］【顏注】師古曰：柢，本也。彙，盛也。靈，善也。言草木本根氣强，則枝葉盛而善美；人之先祖有大功德，則胤緒亦蕃昌也。柢，音丁計反。茂，合韻音莫口反。【今注】彙：殿本《漢書考證》引蕭該《音義》曰："彙，服虔曰：'彙，類也，音近卉。'服虔音'卉'。應劭音'謂'。該案，字書音'謂'。" 靈：王先謙《漢書補注》指出《文選》"靈"作"零"，李善注引曹大家曰"零，落也"，是班賦本作"零"。此"靈"乃"零"之借字；顏注非。

［11］【顏注】師古曰：慶，發語辭，讀與羌同。已，止也。《莊子》云："罔兩問景曰（罔，蔡琪本作"罔"）：'曩子行，今子上（上，蔡琪本、大德本、殿本作"止"，是），曩子坐，今子起，何其無持操歟（持，蔡琪本、大德本、殿本作"特"）?'景曰：'吾有待而然。吾所待，又有待而然。'"賦言景之行止皆隨於形，草木枝葉各稟根柢，人之餘慶資於積善，亦猶此也。【今注】罔蝄：當作"罔蜽"，蔡琪本作"罔"。即魍魎。影子外層的淡影。 慶：王先謙《漢書補注》指出《文選》"慶"作"羌"，以爲是發語辭，顏復言餘慶積善，乃釋其文義。或以爲前後異解，非。

黎淳耀于高辛兮，芊彊大於南氾；[1]嬴取威於百儀兮，姜本支虖三止。[2]既仁得其信然兮，卬天路而同軌。[3]東厶虐而殲仁兮，王合位虖三五；[4]戎女烈而喪孝兮，伯徂歸於龍虎。[5]發還師以成性兮，重醉行而自耦。[6]震鱗漦于夏庭兮，帀三正而滅周。[7]巽羽化于宣宮兮，彌五辟而成災。[8]

[1]【顏注】應劭曰：黎，楚之先也。醇（醇，殿本作"淳"），美也。高辛，帝嚳之號。芊，楚姓。汜，崖也（崖，殿本作"涯"）。師古曰：言黎在高辛之時爲火正，有美光耀，故其後嗣霸有楚國於南方也。汜，江水之別也，音"祀"。《邵南》之詩曰"江有汜"（邵，殿本作"召"）。芊，音"弭"。【今注】高辛：帝嚳。事迹見《史記》卷一《五帝本紀》。　汜：王先謙《漢書補注》以爲是水涯義。顏訓誤。

[2]【顏注】應劭曰：嬴，秦姓也，伯益之後也。伯益爲虞，有儀鳥獸百物之功，秦所由取威於六國也。姜，齊姓也。上（上，蔡琪本、大德本、殿本作"止"，是），禮也。齊，伯夷之後。伯夷爲秩宗，典天地人鬼之禮也。【今注】嬴取威於百儀：《漢書考正》劉奉世以爲"百儀"當作"柏翳"。王念孫《讀書雜志·漢書第十五》據《廣雅》："威，德也。"《毛詩·有客》："既有淫威，降福孔夷"，孔穎達《正義》："言有德故易福。"《風俗通義·十反》："《書》曰'天威棐諶'，言天德輔誠也。"《吕氏春秋·應同》："黄帝曰：'因天之威，與元同氣。'"以爲"威"與"德"同義，言伯益有儀百物之德而嬴氏以興，非謂取威於六國。劉奉世以爲"百儀"即"柏翳"，不知"百儀"與"三止"相對爲文。且"儀"字古讀"俄"，不得與"翳"通假。　三止：殿本《漢書考證》引蕭該《音義》曰："'止'，《文選》作'趾'。"王先謙《漢書補注》以爲"趾"是"止"之通借字。"禮者，人所止也，故以止爲禮。"

[3]【顏注】劉德曰：人道既然，仰視天道，又同法也。師

古曰：仁得，謂求仁而得仁（殿本句末有“也”字）。“卬”讀曰“仰”。

［4］【顔注】應劭曰：東厶，紂也。殲，盡也。王，武王也。欲合五位三所（合，殿本作“從”），即《國語》歲日月星辰之所在也。師古曰：厶，古“鄰“字也。仁即三仁也。《國語》稱泠州鳩對景王曰：“昔武王伐殷，歲在鶉火，月在天駟，日在析木之津，辰在斗杓，星在天黿。星與日辰之位皆在北維，顓頊之所建也，我姬氏出自天黿。又析木者，有建星及牽牛焉，則我皇妣大姜之姓。伯陵之後，逄公之所憑神也。歲之所在，則我有周之分野也。月之所在，辰爲農祥也，我太祖后稷之所經緯也（蔡琪本、殿本無“也”字）。王欲合是五位三所而用之。”五位，謂歲日月辰星也。三所，謂逄公所憑神，周分野所在，后稷所經緯也。【今注】東厶：楊樹達《漢書窺管》以爲《易·既濟九五》云：“東鄰殺牛，不如西鄰之禴祭，實受其福。”《易》家説東鄰爲紂，西鄰爲文王，班固用此義。陳直《漢書新證》據《隸釋》卷一〇《孫根碑》云：“至於東吅”漢碑從厶之字，或書作從口，故東厶變作東吅，與本文正同，爲東漢時通常之隸體字。

［5］【顔注】孟康曰；伯，晉文公也。歲在卯出，歷十九年，過一周，歲在酉入；卯爲龍，酉爲虎也。師古曰：戎女，驪戎之女，謂驪姬也。烈，酷也。孝謂太子申生也。”伯“讀曰“霸”，言文公霸諸侯也。徂，往也。言以龍往出，以獸歸戎也（獸，殿本作“虎”；戎，大德本、殿本作“入”）。【今注】徂（cú）歸於龍虎：《漢書考正》劉敞以爲晉文公重耳出晉歲在大火，爲龍年；及其歸晉在大梁，是虎年；非卯酉。

［6］【顔注】師古曰：發，武王名也。性，命也。武王初觀兵於孟津，八百諸侯不期而會，皆曰紂可伐矣。武王曰：“爾未知天性。”還師二年，紂殺比干，囚箕子，武王乃伐克之，於是成天命也。重謂重耳，晉文公名也。耦，合也。文公初出奔至齊，齊

桓公妻之，有馬二十乘。文公欲安之，齊姜乃與子犯謀，醉而遣之。後遂反國，與時會也（蔡琪本、殿本後有“應劭曰耦與天時偶會也”十字）。【今注】耦：王先謙《漢書補注》以爲當訓爲妻。言文公醉行，自其妻遣之。顔、應説非。

[7]【顔注】應劭曰：《易》震爲龍，鱗蟲之長也。漦，沫也。師古曰：謂褒姒也，解在《五行志》。三正，歷夏、殷、周也。漦，音丑之反。正，音之盈反。【今注】震鱗漦于夏庭：《史記》卷四《周本紀》：“昔自夏后氏之衰也，有二神龍止於夏帝庭而言曰：‘余，褒之二君。’夏帝卜殺之與去之與止之，莫吉。卜請其漦而藏之，乃吉。於是布幣而策告之，龍亡而漦在，櫝而去之。夏亡，傳此器殷。殷亡，又傳此器周。比三代，莫敢發之，至厲王之末，發而觀之。漦流于庭，不可除。厲王使婦人裸而譟之。漦化爲玄黿，以入王後宫。後宫之童妾既齔而遭之，既笄而孕，無夫而生子，懼而棄之。宣王之時童女謡曰：‘檿弧箕服，實亡周國。’於是宣王聞之，有夫婦賣是器者，宣王使執而戮之。逃於道，而見鄉者後宫童妾所棄妖子出於路者，聞其夜啼，哀而收之，夫婦遂亡，犇於褒。褒人有罪，請入童妾所棄女子者於王以贖罪。棄女子出於褒，是爲褒姒。”　帀：匝。蔡琪本誤作“市”。

[8]【顔注】應劭曰：《易》巽爲雞，羽蟲也。宣帝時，未央宫路軨厩中雌雞化爲雄，元后統政之祥也。至平帝，歷五世而王莽篡位。【今注】五辟：宣、元、成、哀、平五君。

道悠長而世短兮，夐冥默而不周，[1]胥仍物而鬼諏兮，迺窮宙而達幽。[2]媯巢姜於孺筮兮，且算祀于挈龜。[3]宣、曹興敗於下夢兮，魯、衛名謚於銘謡。[4]妣聆呱而刻石兮，許相理而鞠條。[5]

[1]【顔注】劉德曰：夐，遠也。周，至也。冥默，玄深不

可通至也。【今注】悠：王先謙《漢書補注》指出《文選》“悠”作“儵”，李善注引曹大家：“言王道長遠，人世促短，當時冥默，不能見微意之所至也。” 敻（xiòng）：殿本《漢書考證》引蕭該《音義》曰：“敻冥，晉灼曰：‘敻，音目敻敻而喪精，呵縣反。’該案，‘目敻敻而喪精’，出王延壽《靈光殿賦》。褚詮‘音呼政反’。韋昭曰：‘敻，遠也，呼迥反。’”

［2］【顔注】應劭曰：胥，須也。仍，因也。諏，謀也。《易》曰：“人謀鬼謀，百姓與能。”往古來今曰宙。聖人須因卜筮，然後謀鬼神，極古今，通幽微也。【今注】諏：殿本《漢書考證》引蕭該《音義》曰：“《字林》曰：‘諏，聚謀也，子于反。’褚詮‘祖侯反’。韋昭曰：‘天宙所愛曰宙。’曹大家注《幽通賦》云：‘往古來今謂之宙。聖人所以能極數而知來者，皆因卜筮謀於鬼神。’”

［3］【顔注】應劭曰：嬀，陳姓也。巢，居也。姜，齊姓也。孺，少也。陳完少時，其父厲公使周史卜，得居有齊國之卦也。李奇曰：算，數也。祀，年也。周公卜居洛，得世三十，年七百也。師古曰；挈，刻也。《詩·大雅·雅緜緜》之篇曰“爰挈我龜”（蔡琪本、殿本無“雅”字，是），言刻開之，灼而卜之。挈，音口計反。【今注】嬀（guī）：指陳完，即田敬仲。陳厲公子。爲陳國大夫。陳宣公殺其太子禦寇，陳完與寇相友善，恐禍及身，出奔至齊。齊桓公使爲工正，列爲大夫。自入齊後，由陳改姓田氏。死後謚敬仲，爲田齊始祖。 算祀于挈龜：《漢書考正》劉敞曰：“算祀挈龜，亦言田完耳。其兆有五世八世，是祀也。”王念孫《讀書雜志·漢書第十五》以爲，祀者，年也。故《左傳》宣公三年《傳》曰“卜年七百”，又曰“載祀六百”。若五世八世，是父子相傳之代，不得謂之祀。且“旦”者，周公之名也。若謂算祀挈龜指田完，則“旦”不解。挈龜，刻龜。上古測吉凶，多刻龜甲，灼卜取兆。王先謙《漢書補注》指出《文選》“挈”作“契”。

陳直《漢書新證》據《隸釋》卷五《校官潘乾碑》云："衆儁挈聖。"以爲"挈"爲"契"字之假借，而本文又以"契"爲"絜"字。

[4]【顏注】應劭曰：周宣王牧人夢衆魚與旟旐之祥（旐，蔡琪本、殿本作"旌"），而中興。曹伯陽國人夢衆君子立于社宮，謀亡曹，而曹亡也。孟康曰：魯文成之世，童謡言"禂父喪勞，宋父以驕"。後昭公名禂，遂死於野井。定公名宋，即位而驕。衛靈公掘地得石椁，其銘曰"靈公"，遂以爲謚。

[5]【顏注】應劭曰：妣，叔向之母也。石，叔向之子也。聽其啼聲刻（啼，蔡琪本誤作"帝"），知其後必滅羊舌氏。許負相周亞夫，從理入口，當餓死。鞫，窮也。條，亞夫所封也。師古曰：鞫，告也。【今注】刻：殿本《漢書考證》引蕭該《音義》曰："該案，曹大家本作'劾石'，曹注：'舉罪曰劾。'"鞫：王先謙《漢書補注》指出《文選》作"鞫"，李善注引《毛傳》曰："鞫，告也。"

道混成而自然兮，術同原而分流。[1]神先心以定命兮，命隨行以消息。[2]斡流遷其不濟兮，故遭罹而羸縮。[3]三欒同於一體兮，雖移盈然不忒。[4]洞參差其紛錯兮，[5]斯衆兆之所惑。[6]周、賈盪而貢憤兮，齊死生與慨福，[7]抗爽言以矯情兮，信畏犧而忌服。[8]

[1]【顏注】師古曰：大道混壹，歸於自然，人之所趨雖有流別，本則同耳。【今注】案，王先謙《漢書補注》引《文選》李善注引曹大家："大道神明，混沌而成。言人生而心志在内，聲音在外，骨體有形，事變有會，更相爲表裏，合成一體，此其自然之

道。至於術學，論其成敗，考其負勝，觀其富貴，各取一槩。故或聽聲音，或見骨體，或占色理，或觀威儀，或察心志，或省言行，或考卜筮，或本先祖，如水同原而分流也。”以爲較顏解爲切。

［2］【顔注】師古曰：言神明之道，雖在人心之前已定命矣，然亦隨其所行，以致禍福。【今注】消息：消長，增減。

［3］【顔注】師古曰：斡，轉也。言人之生，各有遭遇，不能必濟，免於困厄，各隨其所逢以致嬴虧也。【今注】斡流：流轉。　嬴縮：猶盈虧。

［4］【顔注】孟康曰：晉大夫欒書，書子黶，黶子盈。書賢而覆黶，黶惡而害盈也。師古曰：欒書，欒武子也。黶，欒桓子也。盈，欒懷子也。《春秋左氏傳》稱秦伯問於士鞅曰：“晉大夫其誰先亡？”對曰：“其欒氏乎！欒黶汰虐以甚，猶可以免。其在盈乎！武子之德在人，如周人之思邵公，愛其甘棠，況其子乎？欒黶死，盈之善未能及人。武子所施沒矣，黶之惡實彰，將於是乎在。”其後至襄公二十一年，終爲范宣子所逐，而出奔楚，自楚適齊。二十三年，自齊入于晉，晉人遂滅欒氏也。【今注】雖移盈然不忒：王先謙《漢書補注》指出《文選》作“雖移易而不忒”。移盈，時事遷變。忒，差錯。

［5］【今注】洞：深邃。

［6］【顔注】師古曰：衆兆，兆庶也。

［7］【顔注】孟康曰：莊周、賈誼也。貢，惑也。憒，亂也。放盪惑亂死生禍福之正也。【今注】盪：同“蕩”，放蕩。　貢（gōng）：殿本《漢書考證》引蕭該《音義》曰：“貢，晉灼《音義》作心旁貢。《字林》曰：‘慣，憒也。’李奇曰：‘慣，濨也。’孟康曰：‘慣，惑也。’該案，貢，合作心旁貢。”王先謙《漢書補注》引《文選》李善注引曹大家：“貢，憒也。”

［8］【顔注】孟康曰：莊周不欲爲犧牛，賈誼惡忌服鳥也（服，蔡琪本、殿本作“鵩”）。師古曰：抗，舉也。爽，差也。

謂二人雖舉言齊死生，壹禍福，而心實不然，是差繆也（繆，蔡琪本、大德本、殿本作“謬”，當據改）。【今注】抗爽言以矯情：王先謙《漢書補注》引《文選》李善注引項岱曰：“抗極過差之言，以矯枉其情耳。”　畏犧：《莊子·列禦寇》：“子見夫犧牛乎？衣以文繡，食以芻菽，及其牽而入於大廟，雖欲爲孤犢，其可得乎？”犧，古代祭祀用的純色牛。　忌服：本書卷四八《賈誼傳》：“誼爲長沙傅三年，有服飛入誼舍，止於坐隅。服似鴞，不祥鳥也。誼既以適居長沙，長沙卑濕，誼自傷悼，以爲壽不得長，乃爲賦以自廣。”案，服，蔡琪本、殿本作“鵩”，同。

所貴聖人之至論兮，順天性而斷誼。[1]物有欲而不居兮，亦有惡而不避，[2]守孔約而不貳兮，迺輶德而無累。[3]三仁殊而一致兮，夷、惠舛而齊聲。[4]木偃息目蕃魏兮，申重繭目存荆。[5]紀焚躬以衞上兮，皓頤志而弗營。[6]侯中木之區别兮，苟能實而必榮。要没世而不朽兮，迺先民之所程。[7]

[1]【顔注】師古曰：斷誼，謂以誼斷之。斷，音丁奐反（奐，蔡琪本、大德本、殿本作“喚”）。

[2]【顔注】師古曰：言富貴人之所欲，不以其道則君子不居；死亡人之所惡，處得其節則君子不避也。

[3]【顔注】師古曰：孔，甚也。輶，輕也。言守其甚約，執心不貳，舉德至輕，無所累惑，斯爲可矣。《詩·大雅·烝人》之篇曰（人，蔡琪本、大德本、殿本作“民”）：“德輶如毛，人鮮克舉之。”輶，音弋九反，又音“猶”。【今注】孔約：十分簡約。　輶德：易於實行的德行。

[4]【顔注】師古曰：三仁，紂賢臣也。《論語》稱“微子去

之，箕子爲之奴，比干諫而死”。孔子曰：“殷有三仁焉。”夷，伯夷也。惠，柳下惠也（蔡琪本、大德本、殿本此後又有“論語又稱逸人伯夷叔齊虞仲夷逸朱張柳下惠少連”一句）。賦言微子、箕子、比干所行各異，而並稱仁。伯夷不義武王伐殷，至于不食周粟而死。柳下惠三黜不去，戀父母之邦。志執乖舛，俱有令名。【今注】舛：殿本《漢書考證》引蕭該《音義》曰：“舛，《字林》：‘充絹反，錯也。’”

［5］【顏注】師古曰：木，段干木也。客居魏，魏文侯敬而禮之，過其閭未嘗不軾也。秦欲伐魏，或諫曰：“魏君賢者是禮，國人稱仁，未可圖也。”秦遂止兵。申謂申包胥。荆即楚也。繭，足下傷起如繭也。楚昭王時，吴師入郢，昭王出奔。申包胥如秦乞師，踰越險阻，曾繭重胝（胝，蔡琪本作“眡”，大德本、殿本作“胝”），立於秦庭，號哭七日。秦哀公出師救楚，而敗吴師。昭王反國，將賞包胥。包胥辭曰：“吾所以重繭爲君耳，非爲身也。”逃不受賞。【今注】偃息：止息。　蕃：蕃息。

［6］【顏注】師古曰：紀，紀信也，脱漢王於難而爲項羽所燒。皓，四皓也，處商洛深山，高祖求之不得，自養其志，無所營屈。【今注】頤志：猶養志。　營：王念孫《讀書雜志·漢書第十五》引王引之以爲，顔師古説“營”字之義未當。營者，惑也。言自養其志而不惑於利禄也。高誘注《吕氏春秋·尊師》《淮南·原道》並云“營，惑也”。《周易·否·象傳》“不可榮以禄”，虞翻本“榮”作“營”。營，惑也。言不可惑以禄也。《大戴禮·文王官人篇》“煩亂以事而志不營”，又曰“臨之以貨色而不可營”，《淮南·俶真篇》“耳目不燿，思慮不營”，《文選》班固《東都賦》“形神寂漠，耳目弗營”，邊韶《漢老子銘》“樂居下位，禄執弗營”，《堂邑令費鳳碑》“退已進弟，不營榮禄”，義並與此同。下文云“四晧遯秦，古之逸民，不營不拔，嚴平、鄭真”，即此謂“晧頤志而弗營”。《文選》“弗營”作“弗傾”，是因後人不曉“營”

字之義而改之。

［7］【顔注】應劭曰：俟，維也。張晏曰：苟能有仁義之道，必有榮名也。師古曰：俟，發語辭也。《爾雅》曰："伊、惟，俟也。"程，正也。言人之操行，所尚不同，立德立言，期於不朽，亦猶蘭蕙松栝（栝，蔡琪本、大德本、殿本作"柏"），各有本性，馨烈材幹，並擅貞芳。此乃古昔賢人以爲正道也。《論語》稱子夏曰："君子之道，譬諸草木，區以别矣"，故賦引之。【今注】俟：語助詞。無意義。

觀天罔之紘覆兮，實棐諶而相順，[1]謨先聖之大繇兮，亦仏惪而助信。[2]虞韶美而儀鳳兮，孔忘味於千載。[3]素文信而底麟兮，漢賓祚于異代。[4]精通靈而感物兮，神動氣而入微。[5]養游睇而猨號兮，李虎發而石開。[6]非精誠其焉通兮，苟無實其孰信！[7]操末技猶必然兮，矧湛躬於道真！[8]登孔、顥而上下兮，緯群龍之所經，[9]朝貞觀而夕化兮，猶諠己而遺形，[10]若胤彭而偕老兮，訴來哲以通情。[11]

［1］【顔注】應劭曰：棐，輔也。諶，誠也。相，助也。師古曰：《尚書·大誥》曰："天棐諶辭。"《詩·大雅·蕩》之篇曰："天生烝人（人，蔡琪本作"民"），其命匪諶。"《易·上繫辭》曰："天之所助者，順也。"賦言天道惟誠是輔，唯順是助（唯，蔡琪本作"惟"），故引以爲辭也。棐讀與匪同。諶，音上林反。【今注】天罔：天網。　紘覆：覆蓋。　棐諶：同"棐忱"，謂輔助誠信的人。

［2］【顔注】劉德曰：仏，近也。師古曰：謨，謀也。繇，

道也。从，古“鄰”字。《詩·小雅·巧言》之篇曰：“秩秩大繇（秩，大德本、蔡琪本、殿本作“秩”，是），聖人謨之。”《論語》稱孔子曰：“德不孤，必有鄰。”《易·上繫辭》曰：“人之所助者信也。”賦言若能謀聖人之大道，有德者必爲同志所依，履信者必獲他人之助。謨，音“摹”，又音“莫”。【今注】案，王先謙《漢書補注》指出《文選》“繇”作“猷”。　案，悳，蔡琪本作“德”，同。

［3］【顔注】師古曰：韶，舜樂名也。《虞書·舜典》曰：“簫韶九成，鳳皇來儀。”《論語》云：“孔子在齊聞韶，三月不知肉味。”賦言孔子去舜千歲也。

［4］【顔注】應劭曰：底，致也。孔子作《春秋》素王之文，有視明禮脩之信，而致麟。漢封其後爲褒成，及紹嘉公係殷後（係，蔡琪本、殿本作“孫”），爲二代之客。【今注】漢賓祚于異代：指孔子作讖緯預言漢當有天下（詳見林海《〈幽通賦〉“賓祚”解》，《中國韻文學刊》2014年第4期）。案，于，大德本作“干”，誤。

［5］【今注】案，微，蔡琪本、殿本作“徹”。《漢書考正》宋祁以爲“微”是。

［6］【顔注】師古曰：養，養由基也，楚之善射者。游睇，流眄也。楚王使由基射猿，操弓而眄之，猿抱木而號，知其必見中也。李，李廣也，夜遇石，以爲猛獸而射之，中石没羽也。

［7］【顔注】師古曰：信，合韻音“新”。

［8］【顔注】師古曰：矧，況也。“湛”讀曰“耽”。躳，親也。射者微技，猶能精誠感於猿石，況立身種德，親耽大道而不倦者乎！【今注】案，湛，殿本《漢書考證》引蕭該《音義》曰：“《文選》作‘酖’。”王先謙《漢書補注》指出《文選》作“耽”。“湛”與“沈”同。

［9］【顔注】應劭曰：顥，太顥也。孔，孔子也。群龍喻群

聖也。自伏羲下訖孔子，終始天道備矣。孟康曰：孔，甚也。顥，大也。聖人作經，賢者緯之也。師古曰：應説孔、顥，是也。孟説經緯，是也。顥，音胡老反。【今注】顥：太顥。即太昊。

［10］【顔注】應劭曰：貞，正也。觀，見也。諠，忘也。《易》曰："天地之道，貞觀者也。"張晏曰：言朝觀大道而夕死可也（大，蔡琪本、殿本作"天"）。師古曰：形已尚可遺忘，況外物者哉？諠，音許元反，又音許遠反。

［11］【顔注】師古曰：彭，彭祖也。老，老聃也（聃，蔡琪本、大德本、殿本作"聸"，下同）。言有繼續彭祖之志，升躡老聃之跡者，則可與言至道而通情也。【今注】案，何焯《義門讀書記》卷二〇曰："謂死而不朽，不啻彭祖之壽，可以俟百世後之人也。注非。"

亂曰：[1]天造中昧，立性命兮，[2]復心弘道，惟賢聖兮。[3]渾元運物，流不處兮，[4]保身遺名，民之表兮。[5]舍生取誼，亦道用兮，[6]憂傷夭物，忝莫痛兮！[7]昊爾大素，曷渝色兮？[8]尚粤其義，滀神域兮！[9]

［1］【今注】亂：古代樂曲的最後一章。《論語·泰伯》："師摯之始，《關雎》之亂，洋洋乎盈耳哉！"

［2］【顔注】應劭曰：天道始造萬物，草創於冥昧中中（中中，蔡琪本、大德本、殿本作"之中"，是），皆立其性命也。師古曰：《易·屯卦·彖辭》曰"天造草昧"，故賦引之。

［3］【顔注】應劭曰：《易》曰："復其見天地之心乎！"《論語》曰："人能弘道。"師古曰：復，音扶目反。【今注】案，殿本《漢書考證》引蕭該《音義》曰："'復'，一作'腹'。張晏曰：'以道爲腹心也。弘道，達於天地之性命也。'"

［4］【顔注】師古曰：渾元，天地之氣也。處，止也。渾，音胡昆反。

［5］【今注】表：表率，或解爲標準。

［6］【顔注】應劭曰：《孟子》曰："生，我所欲也；義，我所欲也。二者不可得兼，舍生而取義也。"師古曰：舍，置也。【今注】案，王先謙《漢書補注》："言能保身而貽令名，固爲民表；不幸而舍生取義，亦合於道用也。"

［7］【顔注】晉灼曰：忝，没也（没，殿本作"設"，誤），言死莫痛於是也。師古曰：此説非也。忝，辱也。言不達性命，自取憂傷（取，殿本作"與"），爲物所夭，既辱且痛，莫過於是。

［8］【顔注】服虔曰：守死善道，不染流俗，是爲浩爾太素（爲，殿本作"謂"），何有變渝者哉？師古曰：渝，音"踰"。【今注】大素：太素。謂最原始的物質。案，大，蔡琪本、大德本、殿本作"太"。

［9］【顔注】應劭曰：尚，上也，粤，於也。《易》曰："知幾，其神乎！"淪，入也。師古曰：尚，庶幾也，願也。【今注】案，王先謙《漢書補注》引《文選》李善注引曹大家："太素不染也。不變則庶幾於神道之幾微，而入於神明之域矣。"案，義，蔡琪本、大德本、殿本作"幾"，是。

永平中爲郎，[1]典校祕書，專篤志於博學，以著述爲業。或譏以無功，[2]又感東方朔、楊雄自諭以不遭蘇、張、范、蔡之時，[3]曾不折之以正道，[4]明君子之所守，故聊復應焉。其辭曰：

［1］【今注】永平：漢明帝年號（58—75）。

［2］【今注】譏以無功：王先謙《漢書補注》引《文選》李善

注引項岱曰："議固無功勞於時，仕不富貴也。"

[3]【今注】東方朔：傳見本書卷六五。　案，楊，蔡琪本、殿本作"揚"。　蘇：蘇秦。傳見《史記》卷六九。　張：張儀。傳見《史記》卷七〇。　范蔡：范雎、蔡澤。二人傳見《史記》卷七九。

[4]【今注】曾（zēng）：竟。　折：折中。

賓戲主人曰：蓋聞聖人有壹定之論，[1]列士有不易之分，[2]亦云名而已矣。[3]故太上有立德，其次有立功。夫德不得後身而特盛，功不得背時而獨章，[4]是以聖喆之治，[5]棲棲皇皇，[6]孔席不煖，墨突不黔。[7]由此言之，取舍者昔人之上務，著作者前列之餘事耳。[8]

[1]【今注】壹定：一貫不變，固定不變。

[2]【今注】列士：王先謙《漢書補注》指出《文選》"列"作"烈"，李善注："《淮南子》曰：'士有一定之論，女有不易之行。'"

[3]【顔注】如淳曰：唯貴得名也。

[4]【今注】案，王先謙《漢書補注》引《文選》李善注："言貴及身與時也。"

[5]【今注】喆：同"哲"。

[6]【顔注】師古曰：不安之意也。

[7]【顔注】師古曰：孔，孔子；墨，墨翟也。突，竈突也。黔，黑也。言志在明道，不暇安居。【今注】突：竈上烟囱。案，殿本《漢書考證》引蕭該《音義》曰："煖，吕静曰：'煖，温也，乃卵反。'黔，《字林》曰：'黭，黑也，音荅，又音�炎反。'"王先謙《漢書補注》引李善注引《文子》曰："墨子無黔突，孔子

無煖席。”

［8］【顔注】劉德曰：取者，施行道德；舍者，守静無爲也。

今吾子幸游帝王之世，躬帶冕之服，[1]浮英華，湛道德，[2]矕龍虎之文舊矣。[3]卒不能攄首尾，奮翼鱗，振拔洿塗，跨騰風雲，[4]使見之者景駭，聞之者嚮震。[5]徒樂枕經籍書，[6]紆體衡門，[7]上無所蔕，[8]下無所根。獨攄意虖宇宙之外，鋭思於豪芒之内，潛神默記，恒以年歲。[9]然而器不賈於當己，用不效於一世，[10]雖馳辯如濤波，摛藻如春華，[11]猶無益於殿最。[12]意者，且運朝夕之策，定合會之計，[13]使存有顯號，亡有美謚，不亦優虖？

［1］【顔注】師古曰：帶，大帶也。冕，冠也。

［2］【顔注】師古曰："湛"讀曰"沈"。華（蔡琪本、大德本前有"英"字），謂名譽也。言外則有美名善譽，内則履道崇德也。

［3］【顔注】孟康曰：矕，被也。《易》曰"大人虎變，其文炳也"，言文章之盛久也。晉灼曰：矕，視也。言目厭見其文久矣。師古曰：尋其下句，孟説是也。矕，音莫限反。【今注】矕（mǎn）：披。　舊：久。

［4］【顔注】師古曰：攄，申也。洿，停水（蔡琪本、大德本、殿本句末有"也"字）。塗，泥也。以龍爲喻也。洿，音一故反，又音"烏"。【今注】攄（shū）：舒展。殿本《漢書考證》引蕭該《音義》曰："《字林》曰：'攄，舒也，尹於反，又擬也。'"　振拔：振奮自拔。　洿塗：污泥。

［5］【顔注】師古曰："嚮"讀曰"響"（嚮，蔡琪本、殿本作"享"）。見景則駭，聞響則震（響，大德本、殿本作"嚮"）。合韻音之人反。【今注】案，王先謙《漢書補注》引《文選》李善注："言見之者雖景而必駭，聞之者雖響而必震。驚懼之甚，不俟形聲也。"嚮，蔡琪本、殿本作"享"。《漢書考正》宋祁曰："'享'當作'嚮'，注同。"

［6］【今注】籍：鋪。殿本《漢書考證》引蕭該《音義》曰："籍，才亦反。韋昭《音義》作'葙'字，慈固反。《説文》曰：'葙，茅籍也，從草祖。'若如韋昭音，則《漢書》本作'葙'字。"王先謙《漢書補注》案，"籍""藉"通用字。"枕""藉"對文。籍，薦也。

［7］【顔注】師古曰：紆，屈也。衡門，横一木於門上。【今注】衡門：横木爲門。指簡陋的房屋。

［8］【今注】蔕：同"蒂"。

［9］【顔注】如淳曰：恒，音"亘竟"之"亘"。師古曰：宇宙之外，言宏廣也。豪芒之内（豪，蔡琪本作"毫"），喻纖微也。恒，工贈反（蔡琪本、大德本、殿本"工"前有"音"字）。【今注】案，虖，殿本作"乎"；豪，蔡琪本作"毫"，通。　恒：王先謙《漢書補注》指出《文選》作"絙"，李善注引如淳説亦作"絙"，又引《方言》曰："絙，竟也。"楊樹達《漢書窺管》據《説文》六篇上《木部》云："框，竟也。從木，恒聲。或作互。"以爲"互"字本從二從舟，注文恒當作"恒"，亘當作互。

［10］【顔注】劉德曰：賈，讎也。師古曰：當己，謂及己身尚在，猶言當年也。賈，音"古"，又音工暇反。讎，音上究反（上究，蔡琪本、殿本作"齒九"）。【今注】器：才能。

［11］【顔注】師古曰：大波曰濤。摛，布也。藻，文辭也。【今注】摛（chī）：鋪陳。

［12］【顔注】師古曰：殿，音丁見反。【今注】殿最：考核

政績或軍功，下等稱爲“殿”，上等稱爲“最”。本書卷八《宣紀》：“其令郡國歲上繫囚以掠笞若瘐死者所坐名、縣、爵、里，丞相御史課殿最以聞。”顔師古注：“凡言殿最者：殿，後也，課居後也；最，凡要之首也，課居先也。”王先謙《漢書補注》指出《文選》有“也”字，李善注引《漢書音義》曰：“上功曰最，下功曰殿。”

［13］【今注】合會：王先謙《漢書補注》以爲猶際會也。下文所謂“因勢合變，偶時之會”。

主人逌爾而咲曰：［1］若賓之言，斯所謂見埶利之華，［2］闇道德之實，守突奥之熒燭，未卬天庭而覩白日也。［3］曩者王塗蕪穢，［4］周失其御，侯伯方軌，［5］戰國横騖，［6］於是七雄虓闞，分裂諸夏，［7］龍戰而虎争。游説之徒，風颮電激，並起而救之，［8］其餘猋飛景附，煜霅其間者，蓋不可勝載。［9］當此之時，搦朽摩鈍，鈆刀皆能壹斷，［10］是故魯連飛一矢而蹶千金，虞卿以顧眄而捐相印也。［11］

［1］【顔注】師古曰：逌，古“攸”字也。攸，咲貌也。【今注】案，咲，殿本作“笑”，同。

［2］【今注】埶利：勢利。

［3］【顔注】應劭曰：《爾雅》，東南隅謂之宎（宎，大德本誤作“突”），西南隅謂之奥。師古曰：宎（宎，蔡琪本、大德本、殿本作“宎”，是）、奥，室中之二隅也。熒熒，小光之燭也（蔡琪本、大德本、殿本“熒熒”前有“熒燭”二字）。“卬”讀曰“仰”。宎，音烏了反，其字從穴夭聲也。【今注】突奥：“突”

當作“窔”（yào）。窔奥指室中東南和西南二隅。喻幽深處。殿本《漢書考證》引蕭該《音義》曰：“郭璞曰：‘窔，音突。’該謂，依《儀禮》，宜音徒骨反。”楊樹達《漢書窺管》：“窔《説文》作㝔，七篇下《宀部》云：‘室之東南隅。’今《爾雅·釋宫》作窔。《説文》十篇下《焱部》云：‘熒，屋下燈燭之光。’”

［4］【今注】曩者：往昔。　王塗：王道。

［5］【今注】方軌：車輛並行。這裏指無尊卑次序。

［6］【今注】横鶩：縱横馳騁。

［7］【顔注】應劭曰：七雄，秦及六國也。師古曰：虓，音呼交反。闞，音呼敢反。【今注】虓（xiāo）闞（kàn）：虎暴怒哮吼的樣子。引申爲勇猛强悍。語本《毛詩·常武》：“闞如虓虎。”殿本《漢書考證》引蕭該《音義》曰：“虓，案，《字林》音‘孝’。”

［8］【顔注】師古曰：“颺”讀與“揚”同。【今注】風颺：殿本《漢書考證》引蕭該《音義》曰：“‘風颺’，該案，韋昭《音義》作‘風飑’，云：‘飑風之聚隗者也，音庖。’今《漢書》並作‘風飑而電激’也。《説文》曰：‘“飆”或作“飑”。’飑，音甫堯反。”案，颺，王先謙《漢書補注》指出《文選》作“飑”。

［9］【顔注】師古曰：猋，疾風也。煜雪，光貌也。煜，音于及反。雪，音下甲反。煜，又音“育”。【今注】猋（biāo）：迅速。　煜（yù）雪（zhá）：殿本《漢書考證》引蕭該《音義》曰：“煜雪，韋昭：‘煜，音呼夾反。雪，音于俠反。’服虔曰：‘煜，音近霍叔音爲育。雪，音邇之。’《字林》曰：‘雪，震電也，一曰，衆言也，于甲反。’煜，音弋叔反，又于立反。”

［10］【顔注】師古曰：搦，按也，音女角反。斷，音丁焕反（焕，蔡琪本、殿本作“唤”）。【今注】搦（nuò）：殿本《漢書考證》引蕭該《音義》曰：“搦，韋昭曰：‘搦，女擢反。’《説文》曰：‘搦，按也。’《史記》曰：‘搦髓腦，湔浣腸胃。’”或解爲持。

鈆刀：鉛製的刀。鉛質軟，作刀不鋭，故比喻無用的人和物。王先謙《漢書補注》引《文選》李善注引《韓詩外傳》曰：“陳饒謂宋燕曰：‘鈆刀畜之。而干將用之，不亦難乎？’”

［11］【顔注】應劭曰：魯連，齊人也。齊圍燕，燕將保於聊城。魯連係帛書於矢射與之（係，殿本作“擊”，誤），爲陳利害。燕將得之，泣而自殺。譏切魏新垣衍，使不尊秦爲帝。秦時圍邯鄲，爲却五十里，趙遂以安。趙王以千金爲魯連壽，不受。魏齊爲秦所購，迫急走趙，趙相虞卿與齊有故，然愍其窮，於是解相印，間行與奔魏公子無忌也。李奇曰：蹷（蹷，蔡琪本作“蹷”，殿本作“蹶”），蹋也，距也。師古曰：蹶，音“厥”，又音其月反。【今注】魯連：傳見《史記》卷八三。　虞卿：傳見《史記》卷七六。

夫啾發投曲，感耳之聲，合之律度，淫䵷而不可聽者，非韶、夏之樂也；[1]因埶合變，偶時之會，風移俗易，乖忤而不可通者，非君子之法也。[2]及至從人合之，衡人散之，[3]亡命漂説，羈旅騁辭，[4]商鞅挾三術以鑽孝公，李斯奮時務而要始皇，[5]彼皆躡風雲之會，[6]履顛沛之埶，[7]據徼乘邪以求一日之富貴，[8]朝爲榮華，夕而焦瘁，[9]福不盈眦，畎溢於世，[10]凶人且以自悔，[11]況吉士而是賴虖！[12]

［1］【顔注】李奇曰：䵷，不正之音也。師古曰：啾發，啾啾小聲而發也。投曲，趣合屈曲也。感耳。動應衆庶之耳也。然而合律度（蔡琪本、大德本、殿本“合”前有“不”字，是），君子所不聽也。淫䵷，非正之聲也，不謂䵷黽之鳴也。啾（啾，蔡

琪本作“秋”，誤），音子由反。【今注】投曲：王先謙《漢書補注》引《文選》李善注引項岱曰“投曲，投合歌曲也”，以爲文義較順。顏注“屈曲”爲寫誤。　淫揺：淫邪不正的音樂。揺，同“蛙”。　韶夏：舜樂和禹樂。

［2］【顏注】師古曰：雖偶當時之會，而不可以移風易俗。【今注】偶時之會：王先謙《漢書補注》認爲《文選》作“遇時之容”，不如本書義長。

［3］【顏注】師古曰：從，音子庸反。【今注】從：同“縱”。南北的方向，與“横”相對。這裏與下文“横”指在戰國時縱横家在政治、外交上運用手段進行聯合或分化。

［4］【顏注】師古曰：漂，浮也，音匹遥反。

［5］【顏注】應劭曰：王、霸、富國强兵，爲二術也（二，蔡琪本、大德本、殿本作“三”，是）。師古曰：王一也，霸二也，富國强兵三也。【今注】商鞅：傳見《史記》卷六八。　孝公：秦孝公。事迹見《史記》卷五《秦本紀》。　李斯：傳見《史記》卷八七。

［6］【今注】風雲：王念孫《讀書雜志·漢書第十五》以爲當依《文選》作“風塵”。此處涉上文“跨騰風雲”而誤。風塵之會，謂七國兵争時。商鞅、李斯之遇合，與下文所稱周吕望、漢張良者不同，皆不得言“風雲之會”。

［7］【顏注】師古曰：顛沛，僵仆也。

［8］【顏注】師古曰：徼，要也。據可以要迎之時也。徼，音工堯反（徼，蔡琪本誤作“激”）。“徼”字或作“激”。激，發也。【今注】徼：王念孫《讀書雜志·漢書第十五》以爲當訓爲“小道”。據可以要迎之時，不得謂之據要。《經典釋文·老子》：“徼，小道也，古弔反。”班固《西都賦》“徼道綺錯”，謂小道相錯。是“據徼乘邪”云云，猶言據小道乘邪途以求富貴。

［9］【顏注】師古曰：焦，音在消反。“瘁”與“悴”同。

[10]【顔注】李奇曰：當富貴之閒，視不滿目，故言不盈眥也（眥，殿本作“眦”，同）。【今注】眦：泛指眼睛。殿本《漢書考證》引蕭該《音義》曰：“眥，《字林》曰：‘眥，目厓也，才賜反。’”

[11]【今注】案，王先謙《漢書補注》：“商鞅、李斯臨死皆自悔歎也。”

[12]【顔注】師古曰：賴，利也。

且功不可以虛成，名不可以爲立，[1]韓設辯以徼君，[2]吕行詐以賈國。[3]《説難》既酋，其身迺囚；秦貨既貴，厥宗亦墜。[4]是故仲尼抗浮雲之志，孟軻養浩然之氣，[5]彼豈樂爲迂闊哉？道不可以貳也。[6]

[1]【今注】案，爲，蔡琪本、大德本、殿本作“僞”，是。

[2]【今注】韓：韓非。傳見《史記》卷六三。

[3]【顔注】師古曰：賈，市賈也，音“古”。【今注】吕：吕不韋。傳見《史記》卷八五。

[4]【顔注】應劭曰：酋，音“酋豪”之“酋”。酋，雄也。《説難》，韓非書篇名也。吕不韋效千金於秦，立子楚爲王，封十萬户侯，以陰事自殺也。師古曰：吕不韋初見子楚在趙，而云“此奇貨可居”，故班氏謂子楚爲秦貨耳。安説效千金乎？應説失之矣。【今注】酋：殿本《漢書考證》引蕭該《音義》曰：“酋，鄭氏曰：‘酋，執也。’韋昭曰：‘酋，終也。’”王念孫《讀書雜志·漢書第十五》云：“‘酋，執也’，‘執’當作‘埶’，與‘熟’同。據《方言》《廣雅》及《月令》《鄭語》注，改‘酋’讀爲‘就’。就，成也。言《説難》之書既成，而其身乃囚也。《太元》元文曰‘酋，西方也，秋也，物皆成象而就也’，又曰‘酋考其

就’，范望曰：‘考，成也，物咸成就也。’《史記·魯世家》‘魯公伯禽卒，子考公酋立’，《索隱》曰：‘酋，《世本》作“就”。’‘就’與‘酋’聲近而義同，故字亦相通也。韋訓‘酋’爲‘終’，‘終’與‘就’義相近，故《爾雅》‘酋’‘就’竝訓爲‘終’。鄭訓‘酋’爲‘熟’，則於義稍疏；應訓爲雄，則於義甚疏；而顔獨取其説，誤矣。”朱一新《漢書管見》云：“酋本有就義，不煩改讀。王云，‘酋’讀爲‘就’，亦非。”王先謙《漢書補注》引《文選》李善注引應劭曰“酋，好也”。　其身迺囚：王先謙《漢書補注》引王先慎據《史記·韓非傳》：“非作《孤憤》《五蠹》《内外儲》《説林》《説難》十餘萬言。秦王見之，曰：‘寡人得見此人與遊，死不恨矣。’李斯曰：‘此韓非之所著書也。’秦因急攻韓。韓乃遣非使秦。秦王未任用，李斯害之，下吏治非。”故云“《説難》既酋，其身迺囚”也。　隧：墜。《文選·答賓戲》作“墜”。

[5]【顔注】張晏曰：孔子云：“不義而富且貴，於我如浮雲。”孟軻曰：“我善養吾浩然之氣，而無害，則塞乎天地之閒也。”師古曰：告然（告，蔡琪本、大德本、殿本作“浩”，是），純壹之氣也。

[6]【顔注】師古曰：迂，遠也，音“于”。

方今大漢洒埽群穢，夷險芟荒，[1]廓帝紘，[2]恢皇綱，基隆於羲、農，規廣於黄、唐；[3]其君天下也，炎之如日，威之如神，函之如海，養之如春。[4]是以六合之内，莫不同原共流，沐浴玄德，[5]稟印太和，枝附葉著，[6]譬猶中木之殖山林，鳥魚之毓川澤，[7]得氣者蕃滋，失時者苓落，[8]參天墬而施化，豈云人事之厚薄哉？[9]今子處皇世而論戰國，耀所聞而疑所覿，[10]欲從旄敦而度高虖泰山，懷氿濫而測深虖重淵，亦未至也。[11]賓曰：若夫鞅、斯之倫，衰周之凶人，既聞命矣。敢問上古之士，處身行道，輔世成名，可述於後者，默而已虖？

[1]【顔注】師古曰：洒，所蟹反（蔡琪本、大德本、殿本"所"前有"音"字），汛也。汛，音"信"。【今注】芟（shān）荒：錢大昭《漢書辨疑》指出《文選》李善注引晉灼曰："發，開也。今諸本皆作'芟'字。"據《左傳》隱公六年"芟夷藴崇之"，《説文》引作"癹"，云："以足蹋夷艸。"以爲此"芟"字，晉灼本作"發"，是"癹"字之訛。

[2]【今注】帝紘：王道；帝王治國的綱紀。

[3]【今注】唐：堯。

[4]【顔注】師古曰：函，容也，讀與"含"同。

[5]【顔注】師古曰：原，水泉之本也。流者，其末流也。【今注】玄德：天德。

[6]【顔注】師古曰："卬"讀曰"仰"。著，音直略反。

[7]【顔注】師古曰：殖，生也，長也。"毓"與"育"同。

[8]【顔注】師古曰："苓"與"零"同。

[9]【顔注】師古曰：墬，古"地"字。

[10]【顔注】師古曰：覿，見也，音徒歷反。

[11]【顔注】應劭曰：《爾雅》，前高曰旄丘，如覆敦者敦丘，側出曰氿泉，正出曰濫泉。師古曰：敦，音丁回反。度，音徒各反。氿，音"軌"。【今注】旄（máo）：殿本《漢書考證》引蕭該《音義》曰："旄，《爾雅》曰：'前高後下曰旄丘。'《詩》有《旄丘篇》。《字林》曰'前高後下曰堥'，音此與《爾雅》同。堥，音'毛'，又亡周反。今人呼爲務音，乖僻多矣。"　敦：一層之丘。　氿（guǐ）濫：側流小泉。殿本《漢書考證》引蕭該

《音義》曰："'氿濫'舊作'汎檻'。韋昭曰：'水側出曰汎泉，音'範'。涌出曰濫泉，音'檻'。'"

主人曰：何爲其然也！昔咎繇謨虞，[1]箕子訪周，[2]言通帝王，謀合聖神；殷説夢發於傅巖，周望兆動於渭濱，[3]齊甯激聲於康衢，漢良受書於邳沂，[4]皆俟命而神交，匪詞言之所信，[5]故能建必然之策，展無窮之勳也。近者陸子優繇，《新語》以興；[6]董生下帷，[7]發藻儒林；[8]劉向司籍，辯章舊聞；[9]楊雄覃思，《法言》《大玄》。[10]皆及旹君之門闌，究先聖之壼奧，[11]婆娑虖術藝之場，[12]休息虖篇籍之囿，以全其質而發其文，用納虖聖聽，[13]列炳於後人，斯非其亞與！[14]若迺夷抗行於首陽，惠降志於辱仕，[15]顔耽樂於簞瓢，[16]孔終篇於西狩，[17]聲盈塞於天淵，真吾徒之師表也。

[1]【今注】咎繇：又作"皋陶"。偃姓。舜命作掌刑法之官。禹繼位，委之以政，選爲繼承者。早死。

[2]【顔注】師古曰：訪亦謀。【今注】箕子：商代人，名胥餘。紂之叔父，一説爲紂庶兄。封子爵，國於箕。紂暴虐，箕子諫而不聽。箕子懼，披髮佯狂爲奴，爲紂所囚。周武王滅商，釋放箕子。這裏指箕子嚮周武王講授《洪範》。

[3]【顔注】師古曰：説，傅説也。解已在前。望謂太公望，即吕尚也。釣於渭水，文王將出獵，卜之，曰："所得非龍非螭、非豹非羆，乃帝王之輔。"果遇吕尚於渭陽，與語大悦，曰："吾太公望子久矣。"故號曰太公望。

[4]【顔注】鄭氏曰：五達曰康，四達曰衢。晉灼曰：沂，崖也。下邳水之崖也。師古曰：齊甯，甯戚也。聲激，謂叩角所歌也。沂，音牛斤反。【今注】齊甯：春秋時衛國人。貧困無資，爲商旅挽車至齊，晚宿於城門外，待齊桓公出迎客，擊牛角，發悲歌，桓公聞而異之，與見。遂説桓公以治理天下之道，桓公大悦，任爲大夫。　康衢：四通八達的大路。殿本《漢書考證》引蕭該《音義》曰："康，韋昭曰：'五達爲康，呼坑反。'該案，事出《爾雅》。該讀康如字，未詳韋氏音。"　漢良：張良。　邳：下邳。治所在今江蘇邳州市。　沂：殿本《漢書考證》引蕭該《音義》曰："沂，韋昭作'圻'，曰：'圻，限也，謂橋也，吾恩反。'"王念孫《讀書雜志·漢書第十五》云："'圻'當爲'垠'，《文選》亦作'垠'。下邳，縣名，非水名，則不得言'邳崖'，韋本作'垠'而訓爲橋，是也。良受書於老父，本在橋上，非在水濱。邳垠，即《良傳》所云'下邳圯上'也。'圯''垠'語之轉，作'沂'者借字耳。"王先謙《漢書補注》以爲晉説是。詳在《張良傳》。

[5]【顔注】師古曰：信，合韻音"新"。【今注】詞：殿本《漢書考證》引蕭該《音義》曰："'詞'，字書曰，古'辭'字。"

[6]【顔注】鄭氏曰：優繇，不仕也。師古曰："繇"讀與"由"同。【今注】陸子：陸賈。傳見本書卷四三。　優繇：悠閑自得。王先謙《漢書補注》以爲"繇"與"游"同，《文選》作"游"。陳直《漢書新證》據《隸釋》卷三《孫叔敖碑》云："家富人喜，優繇樂業。"指出以繇爲游，與本文同，爲東漢時之通常隸體假借字。

[7]【今注】董生：董仲舒。傳見本書卷五六。

[8]【今注】發藻：放出光彩。

[9]【今注】辯章：使皎然顯明，明白清楚。

[10]【顔注】師古曰：覃，大也，深也。【今注】案，楊，蔡琪本、殿本作"揚"；法，蔡琪本作"灋"，同；大，蔡琪本、

殿本作“太”。

[11]【顏注】應劭曰：宮中門謂之闈，宮中巷謂之壼。師古曰：壼，音苦本反。【今注】旹：同“時”。　壼奧：閫奧。壼謂宮巷，奧謂室隅。比喻事理的奧秘精微。

[12]【今注】婆娑：盤桓。

[13]【今注】案，虖，蔡琪本作“乎”。

[14]【顏注】師古曰：亞，次也。“與”讀曰“歟”。

[15]【顏注】師古曰：夷，伯夷也。惠，柳下惠也。辱仕謂爲士師三黜也。

[16]【今注】簞瓢：簞食瓢飲。《論語·雍也》：“一簞食，一瓢飲，在陋巷，人不堪其憂，回也不改其樂。賢哉回也！”後指安貧樂道。殿本《漢書考證》引蕭該《音義》曰：“簞瓢，字書曰，簞笥也；一曰，小筐，丁安反。瓢，蠡也，父幺反。”

[17]【顏注】師古曰：謂作《春秋》止於獲麟也。狩合韻，音“守”。

且吾聞之：壹陰壹陽，[1]天墬之方。[2]迺文迺質，王道之綱。有同有異，聖喆之常。[3]故曰：慎修所志，守爾天符，[4]委命共己，味道之腴，[5]神之聽之，名其舍諸！[6]

[1]【今注】案，壹，蔡琪本作“一”。

[2]【顏注】師古曰：墬，古“地”字。

[3]【今注】喆：同“哲”。

[4]【今注】天符：自然稟賦。王先謙《漢書補注》引《文選》李善注：“《文子》曰：‘不言之師，不通之道，若或通焉，謂之天符。’”

[5]【顏注】師古曰：“共”讀曰“恭”。腴，肥也。【今注】

委命：聽任命運。　共：通“恭”。

［6］【顔注】師古曰：舍，廢也。諸，之也。言修志委命，則明神聽之，祐以福禄（祐，殿本作“佑”），自然有名，永不廢也。

賓又不聞龢氏之璧韞於荆石，[1]隨侯之珠臧於蜯蛤虖？[2]歷世莫眂，不知其將含景耀，吐英精，[3]曠千載而流夜光也。應龍潛於潢汙，魚黿媟之，[4]不覩其能奮靈德，合風雲，超忽荒，[5]而躆顥蒼也。[6]故夫泥蟠而天飛者，[7]應龍之神也；先賤而後貴者，龢、隨之珍也；旹闇而久章者，君子之真也。[8]若迺牙、曠清耳於管絃，離婁眇目於豪分；[9]逢蒙絶技於弧矢，班輸榷巧於斧斤；[10]良樂軼能於相馭，烏獲抗力於千鈞；[11]龢、鵲發精於鍼石，研、桑心計於無垠。[12]僕亦不任廁技於彼列，[13]故密爾自娱於斯文。[14]

［1］【顔注】師古曰：龢，古“和”字也。韞亦臧也（臧，蔡琪本、殿本作“藏”，同），音於粉反。【今注】龢氏之璧：和氏璧。《韓非子·和氏篇》：“楚人和氏得玉璞楚山中。奉而獻之厲王。厲王使玉人相之，玉人曰：‘石也。’王以和爲誑，而刖其左足。及厲王薨，武王即位，和又奉其璞而獻之武王。武王使玉人相之，又曰：‘石也。’王又以和爲誑，而刖其右足。武王薨，文王即位……王乃使玉人理其璞，而得寶焉，遂命曰‘和氏之璧’。”

［2］【顔注】師古曰：蜯，即“蚌”字也（蜯，蔡琪本、大德本、殿本作“蚌”，是），音平項反。蛤，音工合反。【今注】隨侯之珠：隋侯珠。《搜神記》卷二〇：“隋縣溠水側，有斷蛇丘，隋侯出行，見大蛇被傷中斷，疑其靈異，使人以藥封之，蛇乃能

走，因號其處‘斷蛇丘’。歲餘，蛇銜明珠以報之。珠盈徑寸，純白，而夜有光明，如月之照，可以燭室，故謂之‘隋侯珠’。亦曰‘靈蛇珠’，又曰‘明月珠’。”案，隨，殿本作“隋”，下同。　蜯蛤：蚌與蛤。長者通曰蚌，圓者通曰蛤。殿本《漢書考證》引蕭該《音義》曰：“蚌蛤，字書，蚌，蜃厲也，步頂反。蛤，燕雀化所作也，秦曰牡礪。”

［3］【今注】英精：猶精華。

［4］【顔注】師古曰：應龍，龍有翼者。潢汙，停水也。媟謂侮狎之也。潢，音“黄”。汙，音“烏”。【今注】黿（yuán）：大鱉。　媟（xiè）：輕慢。

［5］【今注】忽荒：天空。王先謙《漢書補注》引《文選》李善注：“項岱曰：‘忽荒，天上也。’”以爲“忽荒”猶惚恍，謂不可睹聞之境耳。

［6］【顔注】師古曰：豦，以足據持也。顥，顥天也。元氣顥汙，故曰顥天。其色蒼蒼，故曰蒼天。豦，音“戟”。【今注】豦（jù）：蹲坐。殿本《漢書考證》引蕭該《音義》曰：“案，字書無足旁豦字，猶應是‘踞’字。字書，踞，蹲也，已恕反。”　顥蒼：殿本《漢書考證》引蕭該《音義》曰：“顥，《字林》曰：‘顥，白貌也，音昊。’《楚辭》‘昊白顥顥’。該案，《爾雅》曰‘春曰蒼天，夏曰昊天’。今作‘顥’者，此古書假借用耳。”

［7］【今注】泥蟠：蟠於泥中。

［8］【顔注】師古曰：時闇，有時而闇也。【今注】昔闇而久章：何焯《義門讀書記》卷二〇以爲語本《禮記・中庸》“闇然而曰章”也。顔注非。楊樹達《漢書窺管》以爲謂當時闇昧，久而愈章。顔訓時爲有時，誤。

［9］【顔注】師古曰：牙，伯牙也。曠，師曠也。離婁，明目者也。眇，細視也。【今注】牙：春秋人。善鼓琴。學琴於成連，三年不成。成連使至東海蓬萊山，聞海水澎湃、群鳥悲號之

聲，情有所移，心有所感，琴藝大進。琴曲《水仙操》《高山流水》傳爲其作品。與鍾子期善，能窮其意趣。後子期死，痛世無知音，不復鼓琴。　曠：字子野。春秋時晉國樂師曠。目盲，善彈琴，尤長於辨音。衛靈公至晉，命其樂師師涓爲平公彈琴，他聽曲後認爲是亡國之聲，隨即加以制阻。齊攻晉，從鳥聲知齊軍已退。晉平公鑄大鐘，衆樂工都認爲音律準確，他獨不以爲然，後爲師涓所證實。世傳《禽經》，爲僞託之作。　離婁：或作離朱、離珠。傳說中遠古時人。目力極强，能於百步之外，望見秋毫之末。黄帝遺失玄珠，曾使離朱尋找。

［10］【顔注】師古曰：逢蒙，古善射者也。班輸即魯公輸班也。一說，班，魯班也，與公輸氏爲二人也，皆有巧藝也。故樂府云（故，蔡琪本、大德本、殿本作“古”，是）：“誰能爲此器。公輸與魯班。”榷（榷，蔡琪本作“搉”，下同），專也，一曰競也。榷，音“角”。【今注】逢蒙：或作“逢門”。傳說中遠古時人。學射於羿。盡得羿之技法。思天下惟羿强於己，乃殺羿。　榷：殿本《漢書考證》引蕭該《音義》曰：“榷巧，韋昭曰：‘榷猶專也。’該案，音較。晉灼《音義》作‘搉’字，云：‘劉氏云：“搉，效也，咸言極也。”晉灼曰：“搉，見也，盡也。”’”蔡琪本作“搉”。

［11］【顔注】師古曰：良，王良也。樂，伯樂也。軼與逸同。相，相馬也。馭，善馭也。烏獲，壯士也。【今注】良：春秋時人，善駕車。《孟子·滕文公下》：“昔者趙簡子使王良與嬖奚乘，終日而不獲一禽，嬖奚反命曰：‘天下之賤工也。’或以告王良，良曰：‘請復之。’强而後可，一朝而獲十禽，嬖奚反命曰：‘天下之良工也。’”　烏獲：戰國時秦國人。秦武王時勇士。武王有力好戲。烏獲與力士任鄙、孟説因之皆爲大官。

［12］【顔注】孟康曰：研，古之善計也。桑，桑弘羊也。師古曰：和，秦醫和也（醫，蔡琪本作“毉”，誤）。鵲，扁鵲也。

研，計研也，一號計倪，亦曰計然。垠，厓也。【今注】龢：春秋時秦國人。秦景公時良醫。晉平公病，求醫於秦。奉景公命往，診斷平公淫欲過度，其病並非鬼神、飲食所致，不可治。並用陰、陽、風、雨、晦、明六氣釋病因，認爲六氣過度，則生寒、熱、末、腹、惑、心六疾。　鍼石：用砭石製成的石針。　研：計然。亦作“計兒”“計倪”。春秋末葵丘濮上人，名研。一説姓辛，字文子。其先人乃晉之公子。博學，尤善計算。南游於越，范蠡師事之。爲句踐謀，提出“知斗則修備，時用則知物”“農末俱利，平糶齊物，關市不乏”“財幣欲其行如流水”等策，修之十年，富國兵强，遂報强吴。范蠡用其策治産，富至巨萬。一説，計然爲范蠡所著書篇名。或説，即越大夫文種。　桑：即桑弘羊，西漢洛陽人。商人之子，年十三被武帝召爲侍中，後任治粟都尉。領大農令。積極參與制定、推行鹽鐵酒官營專賣政策，並建議設立均輸、平準機構，由政府直接經營運輸和貿易，平抑物價。昭帝即位，任御史大夫，與霍光、金日磾共同輔政。召開鹽鐵會議，堅持鹽鐵官營專賣政策。後受指控謀廢昭帝另立燕王旦爲帝，以罪被殺。

［13］【今注】僕：沈欽韓《漢書疏證》指出《文選》作“走”。李善注引服虔曰：“走，孟堅自謂也。”

［14］【顔注】師古曰：密，静也，安也。

漢書　卷一〇〇下

叙傳第七十下

固以爲唐虞三代，[1]《詩》《書》所及，世有典籍，故雖堯舜之盛，必有典謨之篇，[2]然後揚名於後世，冠德於百王，[3]故曰“巍巍乎其有成功，焕乎其有文章也”！[4]漢紹堯運，[5]以建帝業，至於六世，史臣乃追述功德，私作本紀，[6]編於百王之末，厠於秦、項之列。[7]太初𠂢後，[8]闕而不録，故探篹前記，綴輯所聞，[9]以述《漢書》，起元高祖，[10]終于孝平王莽之誅，十有二世，[11]二百三十年，[12]綜其行事，旁貫五經，上下洽通，[13]爲春秋考紀、表、志、傳，凡百篇。[14]其叙曰：[15]

[1]【今注】唐虞：唐堯與虞舜的並稱。此指堯與舜時。　三代：夏、商、周三代。

[2]【今注】典謨：指《尚書》中《堯典》《皋陶謨》等篇。

[3]【顔注】師古曰：德爲百王之上也。

[4]【顔注】師古曰：此篇《論語》載孔子美堯舜之言也。【今注】巍巍乎其有成功焕乎其有文章也：語見《論語·泰伯》。巍巍，崇高偉大。成功，成就的功業。文章，禮樂制度。蔡琪本、殿本“成功”後有“也”字。

［5］【今注】漢紹堯運：兩漢經師多認爲劉氏爲堯後，同爲“火德”。《春秋左氏傳》昭公二十九年《傳》稱：“有陶唐氏既衰，其後有劉累。”

［6］【顔注】師古曰：謂武帝時司馬遷作《史記》。

［7］【今注】厠於秦項之列：謂與秦及項羽同列“本紀”。厠，間雜。

［8］【今注】太初：漢武帝年號（前104—前101）。案，司馬遷《史記》記事斷至太初四年。

［9］【顔注】師古曰：“篹”與“撰”同。“輯”與“集”同。

［10］【今注】案，元，殿本作“于”。

［11］【今注】十有二世：高帝至武帝六世及昭帝、宣帝、元帝、成帝、哀帝、平帝。

［12］【今注】二百三十年：自漢高祖元年（前206）至新莽地皇四年（23）。

［13］【顔注】師古曰：固所撰諸表序及志，經典之義在於是也。

［14］【顔注】師古曰：春秋考紀，謂帝紀也。而俗之學者不詳此文，乃云《漢書》一名“春秋考紀”，蓋失之矣。【今注】春秋考紀：《漢書考正》劉奉世以爲顔師古説非。考，爲成意。言以“編年之故”，而後成紀、表、志、傳。非止指紀。《漢書考證》齊召南以爲劉奉世説亦誤，其引李賢注《後漢書》引《前書音義》曰：“春秋考紀，謂帝紀也。言考覈時事，具四時以立言，如《春秋》之經。”認爲較師古注尤明。不必以“成”訓“考”。楊鑫認爲以“成”訓“考”是。又“春秋”有廣義、狹義之分，狹義指孔子所作《春秋》，廣義則泛指史書。班固這裏用廣義義。（詳見楊鑫《“春秋考紀”辨》，《中國典籍與文化》2019年第3期）

［15］【顔注】師古曰：自“皇矣漢祖”以下諸叙，皆班固自論撰《漢書》意，此亦依放《史記》之叙目耳。史遷則云爲某事

作某本紀、某列傳。班固謙，不言作而改言述（作，蔡琪本、大德本、殿本作“然”），蓋避作者之謂聖，而取述者之謂明也。但後之學者不曉此爲《漢書》叙目，見有“述”字，因謂此文追述《漢書》之事，乃呼爲“漢書述”，失之遠矣。摯虞尚有此惑，其餘曷足怪乎！

皇矣漢祖，[1]纂堯之緒，[2]實天生德，聰明神武。秦人不綱，罔漏于楚，[3]爰兹發迹，[4]斷蛇奮旅。神母告符，[5]朱旗迺舉，粤蹈秦郊，[6]嬰來稽首。[7]革命創制，三章是紀，應天順民，五星同晷。[8]項氏畔换，黜我巴、漢，[9]西土宅心，戰士憤怨。[10]乘釁而運，[11]席卷三秦，割據河山，保此懷民。[12]股肱蕭、曹，社稷是經，爪牙信、布，腹心良、平，龔行天罰，[13]赫赫明明。述《高紀》第一。孝惠短世，高后稱制，罔顧天顯，吕宗以敗。[14]述《惠紀》第二，《高后紀》第三。

［1］【今注】皇：偉大。　祖：廟號太祖。

［2］【今注】纂：繼承。　緒：世系。

［3］【顔注】師古曰：言秦失綱維，故高祖因時而起。罔漏于楚，謂項羽雖有害虐之心，終免於患也。一説，楚王陳涉初起（王，殿本誤作“工”），後又破滅也。【今注】罔漏于楚：王念孫《讀書雜志·漢書第十五》以爲顔師古所謂高祖不爲項羽所害，不得謂之漏罔！且是與上“秦人不綱”誤分兩事。陳勝破滅，更與“罔漏”之義無涉。二説皆誤。“罔漏于楚”，謂陳勝作亂，而秦不能制。是言秦罔漏於陳勝，下乃言高祖起兵之事。《文選》班孟堅《史述贊三首》李善注引項岱曰“網漏于楚，謂陳涉反而不能

誅"，是。

［4］【今注】爰：於。

［5］【今注】案，此指高祖斬白蛇，老嫗夜哭事。詳見本書卷一《高紀上》。符，符命。案《叙傳》所述事迹、人物皆對應卷文，下不詳釋。

［6］【今注】粤：句首語助詞。

［7］【今注】嬰：秦王子嬰。姓嬴名嬰，始皇孫。趙高殺秦二世，去秦帝號，被立爲秦王。子嬰誅殺趙高，劉邦率兵入關，投降。後爲項羽所殺。

［8］【顔注】師古曰：晷，景也。【今注】五星：即東方歲星（木星）、南方熒惑（火星）、中央鎮星（土星）、西方太白（金星）、北方辰星（水星）。　晷：軌道。王念孫《讀書雜志・漢書第十五》以爲五星光不及地，則不得有影。顔説非。"晷"即"軌"字。軌，道也。五星同道，謂高帝元年五星聚東井。《淮南子・本經》"五星循軌而不失其行"，高誘注云："軌，道也。"《廣雅》及《國語・周語》注並同，是其證。"軌""晷"聲相同，故字相通。《説文》"氿，水厓枯土也"，引《爾雅》"水醮曰氿"。今《爾雅》作"厬"。"氿"通作"厬"，猶"軌"通作"晷"。《太平御覽・天部》引此正作"五星同軌"。

［9］【顔注】孟康曰：畔，反也。换，易也。不用義帝要，换易與高祖漢中也。師古曰：此説非也。畔换，强恣之貌，猶言跋扈也。《詩・大雅・皇矣》篇曰"無然畔换"。【今注】畔换：跋扈，專横暴戾。亦作"畔涣"。王先謙《漢書補注》引蘇輿指出，今本《毛詩》作"畔援"，鄭玄箋云："畔援，猶拔扈也。"《玉篇・人部》引《詩》作"伴换"，云："伴换猶跋扈也。"其以爲班固用《齊詩》，疑齊作"畔换"。孟爲"换"字作訓。顔本《鄭箋》爲説。《經典釋文》："援，鄭胡唤反。"是"换""援"聲義並近。"伴""畔"字通。王先謙《漢書補注》指出顔師古説本

韋昭，見《文選》李善注引。

［10］【顏注】劉德曰：宅，居也（宅居也，大德本作“迪景也”，誤）。西方人皆居心於高祖，猶係心也（係，殿本作“繫”，同）。《書》曰“惟衆宅心”。晉灼曰：西土，關西也。高祖入關，約法三章，秦民大説（説，蔡琪本作“悦”，通），皆宅心高祖。【今注】宅：周壽昌《漢書注校補》以爲《説文》“所託也”。古“宅”“託”字同。猶言歸心。　戰士憤怨：陳直《漢書新證》：“戰士憤怨，思東歸也。見於韓信、韓王信兩傳及《鐃歌十八曲·巫山高篇》。”（參見陳直《文史考古論叢》，中華書局2018年版，第78頁）

［11］【今注】乘釁（xìn）：利用機會。

［12］【顏注】師古曰：保，安也。懷人（人，殿本作“民”），懷德之人也。

［13］【今注】龔行：奉行。“龔”同“恭”。

［14］【顏注】劉德曰：罔，無也。顧，念也。顯，明也。言吕氏無念天之明道者，徒念王諸吕，以至於敗亡矣（蔡琪本、大德本、殿本無“矣”字）。【今注】罔顧天顯：何焯《義門讀書記》卷二〇以爲，謂殺三趙王及燕王。

太宗穆穆，[1]允恭玄默，化民以躬，帥下以德。農不供貢，辠不收孥，[2]宫不新館，陵不崇墓。[3]我德如風，民應如中，[4]國富刑清，登我漢道。[5]述《文紀》第四。孝景涖政，[6]諸侯方命，[7]克伐七國，[8]王室以定。匪怠匪荒，務在農桑，著于甲令，民用寧康。[9]述《景紀》第五。

［1］【今注】太宗：漢文帝廟號。　穆穆：端莊恭敬。

［2］【顏注】張晏曰：除民田租之税，是不供貢也。【今注】

供貢：漢文帝十三年（前167）六月詔："農，天下之本，務莫大焉。今廑身從事，而有租税之賦，是謂本末者無以異也，其於勸農之道未備。其除田之租税。賜天下孤寡布帛絮各有數。"　辠不收孥：漢文帝元年十二月"盡除收帑相坐律令"。顔師古注引應劭曰："帑，子也。秦法，一人有罪，并其室家。今除此律。"顔師古注曰："帑讀與奴同，假借字也。"

［3］【顔注】師古曰：墓，合韻音"謨"。【今注】崇墓：漢文帝遺詔："霸陵山川因其故，無有所改。"顔師古注引應劭曰："因山爲藏，不復起墳，山下川流不遏絶，就其水名以爲陵號。"

［4］【顔注】師古曰：《論語》稱孔子曰："君子之德風，小人之德中也（中，殿本作"草"，正文同）。"故引以爲辭。

［5］【顔注】師古曰：登，成也。

［6］【今注】案，洫，殿本作"淢"。

［7］【顔注】孟康曰：《尚書》云"方命圮族"，言鮌之惡（鮌，蔡琪本、殿本作"鯀"），壞其族類。吴楚七國亦然。【今注】方命：違命。王念孫《讀書雜志·漢書第十五》以爲正文、注文之"方命"，皆本作"放命"。《今文尚書》作"放命"，是其本字；《古文尚書》作"方命"，爲假借字。《經典釋文》："馬云：'方，放也。'"孔穎達《尚書正義》曰："鄭、王以方爲放，謂放棄教命。"是馬融、鄭玄、王肅皆讀"方"爲"放"。班固《漢書》一般均用今文，孟康注所引亦是今文，故皆作"放命"。後人見古文而不見今文，故皆改爲"方命"。《文選·五等論》"放命者七臣"，李善曰："班固《漢書述》曰：'孝景洫政，諸侯放命。'韋昭曰：'放命，不承天子之制。'"今本《文選》李注"放命"作"方命"，"韋昭曰，放命"作"韋昭曰，方，放命"，皆與正文不合，明爲後人所改。《太平御覽·皇王部十三》引此亦作"放命"，則所見皆是未改之本。本書卷八二《傅喜傳》"同心背畔，放命圮族"，本書卷八三《朱博傳》"今晏放命圮族"，其字皆作"放"。

《穀梁傳》桓公九年《傳》文亦云“則是放命也”。今本“放”訛作“故”，可據范注及《唐石經》改。

[8]【今注】七國：指吴王劉濞、楚王劉戊、膠西王劉印、膠東王劉雄渠、淄川王劉賢、濟南王劉辟光、趙王劉遂。

[9]【顔注】晉灼曰：甲令，即《景紀》令甲也。

世宗曄曄，思弘祖業，[1]疇咨熙載，髦俊竝作。[2]厥作伊何？[3]百蠻是攘，[4]恢我疆宇，外博四荒。[5]武功既抗，亦迪斯文，[6]憲章六學，統壹聖真。[7]封禪郊祀，登秩百神；[8]協律改正，饗兹永年。[9]述《武紀》第六。孝昭幼沖，[10]冢宰惟忠。[11]燕、蓋譸張，實叡實聰，[12]皋人斯得，邦家和同。述《昭紀》第七。中宗明明，[13]夤用刑名，[14]時舉傅納，聽斷惟精。[15]柔遠能邇，燀燿威靈，[16]龍荒幕朔，莫不來庭。[17]丕顯祖烈，尚於有成。[18]述《宣紀》第八。

[1]【顔注】師古曰：曄曄，盛貌也。【今注】世宗：漢武帝廟號。

[2]【顔注】師古曰：疇，誰也。咨，謀也。熙，興也。載，事也。謀於衆賢，誰可任用，故能興其事業也。作，起也。【今注】髦俊：才智傑出之士。

[3]【今注】厥：於是。 伊何：爲何，爲什麽。

[4]【顔注】師古曰：攘，卻也。

[5]【顔注】師古（蔡琪本、大德本、殿本“師古”後有“曰”字，當據補）：恢，廣也。博，大也。

[6]【顔注】劉德曰：迪，進也。

[7]【今注】案，楊樹達《漢書窺管》：“此指武帝專崇六藝，

屏黜百家而言。”

［8］【今注】登秩：指祭祀。登，進獻。秩，祭祀。　案，百，殿本作“而”。

［9］【顔注】張晏曰：改正，謂從建寅之月也。

［10］【今注】幼沖：年齡幼小。

［11］【今注】冢宰：《周禮》六卿之首，這裏應指霍光。

［12］【顔注】如淳曰：譸，音“輈”。應劭曰：譸張，誑也。【今注】燕：燕王劉旦。傳見本書卷六三。　蓋：蓋主。漢武帝女，漢昭帝姊。因嫁蓋侯爲妻，故稱蓋主或鄂邑蓋主。昭帝即位，供養帝於宫中，多次被益封爵邑。内行不修，驕縱不法。與上官桀等合謀誅除霍光，事發覺，被迫自殺。

［13］【今注】中宗：漢宣帝廟號。

［14］【顔注】劉展曰（劉，蔡琪本、殿本作“鄧”，是）：夤，敬也。【今注】夤：沈欽韓《漢書疏證》引《釋詁》：“寅，進也。”《玉篇》：“夤，進也。”以爲鄧展釋爲敬，非。

［15］【顔注】李奇曰：時，是也。於是時也，選用賢者。師古曰：“傅”讀曰“敷”。《虞書·舜典》曰“敷納以言”。敷，陳也，謂有陳言者則納而用之（有，蔡琪本作“敷”）。【今注】時舉：《漢書考正》劉奉世以爲謂時而颺之。

［16］【顔注】師古曰：《虞書·舜典》“柔遠能邇”（大德本同，蔡琪本、殿本書名後有“曰”字）。柔，安也。能，善也。故引之云。燀，熾也，音充善反。【今注】燀：音 chǎn。　威靈：謂顯赫的聲威。

［17］【顔注】孟康曰：謂白龍堆荒服沙幕也。師古曰：龍，匈奴祭天龍城，非謂白龍堆也。朔，北方也。【今注】庭：同“廷”，朝廷。這裏指朝拜。

［18］【顔注】師古曰：丕，大也。烈，業也。

孝元翼翼，高明柔克，[1]賓禮故老，優繇亮直。[2]外割禁囿，内損御服，離宫不衞，山陵不邑。[3]閹尹之呰，穢我明德。[4]述《元紀》第九。孝成煌煌，臨朝有光，威儀之盛，如圭如璋。[5]壼閫恣趙，朝政在王，[6]炎炎燎火，亦允不陽。[7]述《成紀》第十。孝哀彬彬，克攬威神，[8]彫落洪支，底劇鼎臣。[9]婉孌董公，惟亮天功，大過之困，實橈實凶。[10]述《哀紀》第十一。孝平不造，新都作宰，不周不伊，喪我四海。[11]述《平紀》第十二。

[1]【顔注】師古曰：翼翼，敬也。《尚書·洪範》云"高明柔克"，謂人雖有高明之度，而當執柔，乃能成德也。敘言元帝有柔克之姿也。

[2]【顔注】師古曰：故老，謂貢禹、薛廣德也。優繇，謂寬容也。亮直，謂朱雲也。"繇"讀與"由"同。【今注】優繇：王先謙《漢書補注》引蘇輿以爲，"優繇"即"優游"，與"優容"義同。案，《漢書考證》齊召南曰："顔注誤。朱雲折檻，事在成帝時。此言元帝聽貢禹之言，外割禁囿，内損御服云爾，連下二句讀，其義自明。賓禮故老，謂于定國、韋元成、薛廣德之屬也。"

[3]【顔注】張晏曰：不徙民著縣（蔡琪本、大德本、殿本句末有"也"字）。

[4]【顔注】如淳曰：任弘恭、石顯使爲政，以病其治也。師古曰：謂官人爲閹者（官，蔡琪本、殿本作"宫"，是），言其精氣奄閉不泄也。一曰，主奄閉門者。尹，正也。"呰"與"疵"同（呰，蔡琪本、殿本作"呰"）。【今注】呰：蔡琪本、殿本作"呰"。殿本《漢書考證》引蕭該《音義》曰："韋昭'呰'作'摧'字，云'子爾反'。劉氏云：'摧，效也，或言極也。'晉灼

曰：‘摧，見也，盡也，使爲政以病其治也。’今《漢書》本或誤作‘疵’字，或作‘呰’字。”王先謙《漢書補注》引蘇輿以爲“摧”與“呰”“疵”聲形均别，不能轉誤。《説文》：“疵，病也。”此言惟用閹尹秉政，爲國疵病，有污主德。《後漢書》卷六一《左周黄列傳》贊云“瓊名夙知，累章國疵”，與此同義。晉注言“使爲政以病其治”仍與如淳説合，於“摧”義無涉。吴恂《漢書注商》以爲“呰”爲口毁之意，謂弘恭、石顯譖讒蕭望之、劉向、周堪等，使元帝殺蕭望之，以累其德。

［5］【今注】案，何焯《義門讀書記》卷二〇曰：“徒稱其儀貌，則爽德可知。”

［6］【顔注】師古曰：趙，謂趙皇后及昭儀也。王，謂外家王鳳、王音等。【今注】壼（kǔn）闈：宫闈。

［7］【顔注】張晏曰：天子盛威，若燎火之陽，今委政王氏，不炎熾矣。師古曰：允，信也。【今注】案，《漢書考正》宋祁指出邵本“如”字作“燎”，“亦”字作“光”。王先謙《漢書補注》指出今本《文選》亦作“光”。據宋説，所見本“燎”作“如”。

［8］【顔注】師古曰：彬彬，文質備也。言哀帝忿孝成之時權在臣下，故自擥持其威神也。擥，執取也，其字從手（蔡琪本、殿本此句後又有“如淳曰擥音覽”六字）。【今注】擥：同“攬”。

［9］【顔注】服虔曰：彫落洪支，廢退王氏也。底，致也。《周禮》有屋誅，誅大臣於屋下，不露也。《易》曰“鼎折足，其形渥，凶”，謂誅朱博、王嘉之屬也。晉灼曰：剭，刑也。師古曰：剭者，厚刑，謂重誅也，音“握”。服言屋下，失其義也。【今注】彫落：摧折。　洪支：帝王旁系。《漢書考正》劉奉世以爲指東平王劉雲。

［10］【顔注】應劭曰：以董賢爲三公，乃欲共成天功也。《易·大過卦》“棟橈（橈，殿本作“撓”，以下注文及正文同），凶”，言以小材而爲棟梁，不堪其任，至於折橈而凶也。師古曰：

婉孌，美貌。亮，助也（助，蔡琪本作“功”）。《尚書·舜典》曰“賓亮天功”，故引之也。橈，曲也，音女教反。【今注】董公：董賢。傳見本書卷九三。　天功：天的職任。這裏指國家政事。

[11]【顔注】師古曰：造，成也。遭家業不成。《周頌》曰“閔予小子，遭家不造”，故引之也。言其自號宰衡，而無周公、伊尹之忠信也（忠信也，蔡琪本、殿本作“志也”，大德本作“志也忠”）。【今注】新都：新都侯王莽。傳見本書卷九九。

漢初受命，諸侯竝政，[1]制自項氏，[2]十有八姓。[3]述《異姓諸侯王表》第一。太祖元勳，[4]啓立輔臣，支庶藩屏，[5]侯王並尊。述《諸侯王表》第二。侯王之祉，[6]祚及宗子，[7]公族蕃滋，支葉碩茂。[8]述《王子侯表》第三。受命之初，贊功剖符，奕世弘業，爵土逌昭。[9]述《高惠高后孝文功臣侯表》第四。景征吴楚，武興師旅，後昆承平，[10]亦猶有紹。[11]述《景武昭宣元成哀功臣侯表》第五。亡德不報，爰存二代，[12]宰相外戚，昭韙見戒。[13]述《外戚恩澤侯表》第六。漢迪于秦，有革有因，[14]牠舉僚職，並列其人。[15]述《百官公卿表》第七。篇章博舉，通于上下，[16]略差名號，九品之叙。述《古今人表》第八。

[1]【今注】竝政：王先謙《漢書補注》以爲猶言“力征”，謂以武力征伐。

[2]【今注】項氏：項籍。傳見本書卷三一。

[3]【今注】十有八姓：十八個異姓諸侯王。

[4]【今注】元勳：首功，大功。

［5］【今注】藩屏：捍衛。

［6］【今注】祉：福。

［7］【今注】祚：福。　宗子：宗法制度稱大宗的嫡長子。

［8］【顔注】師古曰：茂，合韻音莫口反。

［9］【顔注】師古曰：贊功，佐命之功也。奕，大也。【今注】剖符：猶剖竹。古代帝王分封諸侯、功臣時，以竹符爲信證，剖分爲二，君臣各執其一。

［10］【今注】後昆：後嗣，子孫。亦作“後緄”。

［11］【顔注】師古曰：言景、武之時以軍功，故封侯者多，昭、宣以後雖承平，尚有以勳獲爵土者（土者，蔡琪本作“土也”，殿本作“土者也”）。【今注】亦猶有紹：蔡琪本、大德本、殿本作“亦有紹土”。《漢書考正》宋祁指出監本、浙本、越本作“亦猶有紹”。王念孫《讀書雜志·漢書第十五》認爲監本、浙本、越本是。“紹”字在小韻，“楚”“旅”二字在語韻，二韻古聲相近，故漢人多有通用者。下文曰“《河圖》命庖，《雒書》賜禹，八卦成列，九疇逌叙。世代寔寶，光演文武，《春秋》之占，咎徵是舉。告往知來，王事之表”，又曰“大上四子：伯兮早夭，仲氏王代，斿宅于楚。戊實淫䵋，平陸乃紹”，又曰“宗幽既昏，淫于褒女，戎敗我驪，遂亡豐鄗”，又曰“西戎即序，夏后是表。周穆觀兵，荒服不旅”，皆以語、小二韻通用。後人不知古音，而改爲“亦有紹土”，則文不成義。又因顔注云“尚有”，則亦可作爲正文原有“猶”字的旁證。紹，繼也。原注當云“尚有能繼之者”，而今本云“尚有以勳獲爵土者”，是既改正文爲“亦有紹土”，遂並改注文。

［12］【顔注】應劭曰：二代，三王後也（三，蔡琪本、大德本、殿本作“二”，當據改）。師古曰：二代，謂殷、周也。言德澤深遠，故至漢朝其子孫又受茅土，以奉祭祀。

［13］【顔注】張晏曰：韙，是也。明其是者，戒其非也（殿

本此句後又有“韋昭曰昭明也韙是也”九字)。【今注】韙:音 wěi。

[14]【顏注】劉德曰:迪,至也。【今注】迪:王先謙《漢書補注》引蘇興以爲,如劉德説,當云“秦迪於漢”。《方言》:“由、迪,正也。東齊青、徐之閒相正謂之由迪。”是“迪”當訓爲正。意謂漢正秦之制度。

[15]【顏注】晉灼曰:觕,音“麤觕”之“觕”。師古曰:觕,音才户反(才,蔡琪本作“材”),謂大略也。【今注】觕(cū):同“粗”。王先謙《漢書補注》以爲謂先述百官,並列其人,後叙公卿大臣姓名。

[16]【今注】上下:王先謙《漢書補注》:“上下,謂古今。”

元元本本,數始於一,[1]産氣黄鍾,[2]造計秒忽。[3]八音七始,五聲六律,[4]度量權衡,歷算逌出。[5]官失學微,六家分乖,[6]壹彼壹此,庶研其幾。[7]述《律歷志》第一。上天下澤,春靁奮作,[8]先王觀象,爰制禮樂。厥後崩壞,鄭衛荒淫,風流民化,湎湎紛紛。[9]略存大綱,以統舊文。述《禮樂志》第二。

[1]【顏注】張晏曰:數之元本,起於初九之一也。

[2]【今注】産氣:使萬物生長之陽氣。 黄鍾:樂律十二律中的第一律。《禮記·月令》:“其日戊己,其帝黄帝,其神后土,其蟲裸,其音宫,律中黄鍾之宫。”孔穎達《正義》:“黄鍾宫最長,爲聲調之始,十二宫之主。”本書《郊祀志下》:“歌大吕舞《雲門》以竢天神,歌太蔟舞《咸池》以竢地祇。”顏師古注:“此周禮也。大吕合於黄鍾。黄鍾,陽聲之首也。《雲門》,黄帝樂也。太

蔟，陽聲次二者也。《咸池》，堯樂也。”

［3］【顏注】劉德曰：秒，禾芒也。忽，蜘蛛網細者也。師古曰：秒，音“眇”，其字從禾。【今注】秒忽：猶絲毫。喻極爲細微。

［4］【顏注】劉德曰：七始，天地四方人之始也。師古曰：解在《禮樂志》。【今注】八音：中國古代對樂器的統稱，通常爲金、石、絲、竹、匏、土、革、木八種不同材質所製。《周禮·春官宗伯·大師》：“皆播之以八音：金、石、土、革、絲、木、匏、竹。”鄭玄注：“金，鐘鎛也；石，磬也；土，塤也；革，鼓鼗也；絲，琴瑟也；木，柷敔也；匏，笙也；竹，管簫也。”　七始：古代樂論，以十二律中的黄鐘、林鐘、太簇爲天地人之始；姑洗、蕤賓、南吕、應鐘爲春夏秋冬之始，合稱“七始”。　五聲：宫、商、角、徵、羽五音。　六律：古代樂音標準名。相傳黄帝時伶倫截竹爲管，以管之長短分别聲音的高低清濁，樂器的音調皆以此爲準。樂律有十二，陰陽各六，陽爲律，陰爲吕。六律即黄鐘、大蔟、姑洗、蕤賓、夷則、無射。

［5］【顏注】師古曰：逌，古“攸”字也。攸，所也。

［6］【顏注】劉德曰：六家，謂黄帝、顓頊、夏、殷、周、魯歷也。

［7］【今注】庶：庶幾。也許可以，差不多。表示希望。

［8］【顏注】劉德曰：兑下乾上《履》，坤下震上《豫》。履，禮也。豫，樂也。取《易》象制禮作樂。師古曰：《易》象曰“上天下澤《履》，雷出地奮《豫》”，故具引其文。【今注】靁：同“雷”。

［9］【顏注】師古曰：言上風既流，下人則化也。湎湎，流移也。紛紛，雜亂也。湎，音莫踐反。【今注】湎湎紛紛：錢大昕《廿二史考異·漢書三》以爲即《吕刑》“泯泯棼棼”也。“湎”“泯”聲相近。《毛詩》“緜緜其麃”，《韓詩》作“民民”。

靁電皆至，天威震耀，五刑之作，是則是效，[1]威實輔德，刑亦助教。季世不詳，背本争末，[2]吴、孫狙詐，申、商酷烈。[3]漢章九法，太宗改作，[4]輕重之差，世有定籍。述《刑法志》第三。厥初生民，食貨惟先。割制廬井，定爾土田，什一供貢，[5]下富上尊。商以足用，茂遷有無，[6]貨自龜貝，至此五銖。[7]揚搉古今，監世盈虚。[8]述《食貨志》第四。

[1]【顔注】劉德曰：震下離上《噬嗑》，利用獄。雷電，取象天威也。師古曰：《易》象辭曰“雷電，噬嗑，先王以明罰敕法”，故引之。【今注】案，靁，殿本作“雷”。　五刑：五種刑罰的統稱。秦以前爲墨、劓、剕、宫、大辟。秦漢時爲黥、劓、斬左右趾、梟首、菹其骨肉。本書《刑法志》：“令曰：‘當三族者，皆先黥，劓，斬左右止，笞殺之，梟其首，菹其骨肉於市。其誹謗詈詛者，又先斷舌。’故謂之具五刑。”

[2]【顔注】師古曰：不詳，謂不盡用刑之理也。《周書·吕刑》曰“告爾詳刑”（詳，殿本作“祥”）。【今注】詳：同“祥”。周壽昌《漢書注校補》云：《周易·履》：“上九，視履考祥。”祥，《經典釋文》：“本又作‘詳’。”《左傳》成公十六年：“詳以事神”，孔穎達《正義》：“詳者，祥也，古字同耳。”下文亦云“漸化不詳”，“詳”即“祥”。殿本作“祥”。

[3]【顔注】師古曰：狙，音千豫反。【今注】狙詐：狡猾奸詐。

[4]【顔注】張晏曰：改，除肉刑也。【今注】九法：本書《刑法志》：“漢興，高祖初入關，約法三章曰：‘殺人者死，傷人及盗抵罪。’蠲削煩苛，兆民大説。其後四夷未附，兵革未息，三章之法不足以禦姦，於是相國蕭何攈摭秦法，取其宜於時者，作律

九章。"

［5］【今注】什一供貢：賦税制度，十分税一。《孟子·滕文公上》："夏后氏五十而貢，殷人七十而助，周人百畝而徹，其實皆什一也。"趙岐注："民耕五十畝，貢上五畝；耕七十畝者，以七畝助公家耕；百畝者，徹取十畝以爲賦。"

［6］【今注】茂遷：謂販運買賣。語出《尚書·益稷》："懋遷有無化居。"

［7］【今注】五銖：五銖錢。銖，衡制單位。二十四銖爲一兩。

［8］【顔注】師古曰：揚，舉也。搉（搉，蔡琪本作"榷"，大德本、殿本作"推"，本注下同），引也。揚搉者，舉而引之，陳其趣也。搉，音居學反。【今注】揚搉：約略。王念孫《讀書雜志·漢書第十六》以爲"揚搉"猶"辜榷"。《廣雅》："揚搉，都凡也。"揚搉古今，猶約略古今。上文曰"略存大綱，以統舊文。述《禮樂志》第二"，下文曰"略表山川，彰其剖判，述《地理志》第八"，皆是此意。《莊子·徐無鬼》："則可不謂有大揚搉乎"，《淮南子·俶真》作"物豈可謂無大揚搉乎"，高誘注："揚搉猶無慮，大數名也。"陸德明《莊子》釋文引許慎注："揚搉，粗略法度也。"是大揚搉者，猶言大略也。左思《蜀都賦》"請爲左右揚搉而陳之"，劉逵注："韓非有《揚搉篇》，班固曰'揚搉古今'，其義一也。"是揚搉而陳之，猶言約略而陳之也。本書《古今人表》張晏注"略舉揚較，以起失謬"。"較"與"搉"同。或謂之大較。《史記·律書》"世儒闇於大較"，司馬貞《索隱》："較，音'角'。大較猶大略耳。"或謂之"較"。《文選·養生論》"較而論之"，李善注"角較而論之"，猶言約而論之耳。提封、無慮、辜搉、揚搉，皆大數之名，故《廣雅》通訓爲都凡。

昔在上聖，昭事百神，類帝禋宗，[1]望秩山川，[2]

明德惟馨，永世豐年。季末淫祀，營信巫史，[3]大夫臚岱，侯伯僭畤，[4]放誕之徒，緣間而起。[5]瞻前顧後，正其終始。述《郊祀志》第五。炫炫上天，縣象著明，[6]日月周輝，星辰垂精。百官立法，宮室混成，[7]降應王政，景以燭形。[8]三季之後，厥事放紛，[9]舉其占應，覽故考新。述《天文志》第六。《河圖》命庖，《洛書》賜禹，八卦成列，九疇逌叙。[10]世代寔寶，[11]光演文武，《春秋》之占，咎徵是舉。[12]告往知來，王事之表。述《五行志》第七。

[1]【今注】類：祭祀名。祭天。　禋：升烟以祭天。

[2]【今注】望秩：謂按等級望祭山川。

[3]【顔注】鄧展曰：營，惑也。

[4]【顔注】鄭氏曰：臚岱，季氏旅於太山是也。應劭曰：僭畤（畤，蔡琪本作“時”，誤），秦文公造四畤祭天是也（四，蔡琪本、殿本作“西”，是）。師古曰：旅，陳也。臚亦陳也。“臚”“旅”聲相近，其義一耳。【今注】臚：祭祀名。亦作“旅”。《論語·八佾》：“季氏旅於泰山。”馬融注曰：“旅，祭名也。禮，諸侯祭山川在其封内者。今陪臣祭泰山，非禮也。”　畤：西畤。帝王祭祀白帝神的地方。周壽昌《漢書注校補》據《史記·封禪書》：“襄公造西畤，文公造鄜畤。”楊子《法言·問黎》：“昔者襄公始僭，西畤以祭白帝。”指出造西畤爲秦襄公，非文公。

[5]【顔注】師古曰：謂方士言神仙之術也。

[6]【顔注】師古曰：炫炫，光耀之貌，音胡眄反。縣，古“懸”字。

[7]【顔注】張晏曰：星辰有宮室百官，各應其象以見咎徵也。

[8]【顔注】張晏曰：王政失於此，星辰變於彼，猶景之象形。【今注】景：通“影”。

[9]【顔注】師古曰：三季，三代之末也。放，失也。紛，亂也。

[10]【顔注】李奇曰：《河圖》即八卦也。《洛書》即《洪範》九疇也。師古曰：庖，庖犧也。逌，古“攸”字。【今注】九疇：天帝賜給禹治理天下的九類大法。疇，類。《尚書·洪範》：“天乃錫禹洪範九疇，彝倫攸叙。初一曰五行，次二曰敬用五事，次三曰農用八政，次四曰協用五紀，次五曰建用皇極，次六曰乂用三德，次七曰明用稽疑，次八曰念用庶徵，次九曰向用五福、威用六極。”

[11]【今注】案，世，殿本作“三”。

[12]【今注】咎徵：過失的報應，災禍應驗。《尚書·洪範》：“曰咎徵：曰狂，恒雨若；曰僭，恒暘若。”

《坤》作墬埶，高下九則，[1]自昔黄唐，[2]經略萬國，燮定東西，疆理南北。[3]三代損益，降及秦漢，革剗五等，制立郡縣。[4]略表山川，彰其剖判。述《地理志》第八。夏乘四載，百川是導。[5]唯河爲艱，[6]災及後代。商竭周移，秦決南涯，[7]自兹歫漢，[8]北亡八支。[9]文陻棗野，武作《瓠歌》，[10]成有平年，後遂滂沱。[11]爰及溝渠，利我國家。述《溝洫志》第九。

[1]【顔注】張晏曰：《易》曰“地埶坤”。劉德曰：九則，九州土田上中下九等也。師古曰：墬，古“地”字。《易》象曰：“地埶坤，君子以厚德載物。”高下，謂地形也。一曰，地之肥瘠也（蔡琪本、大德本、殿本無“也”字）。

［2］【今注】黄唐：黄帝與帝堯陶唐氏。

［3］【顔注】師古曰：燮，和也。疆理，謂立封疆而統理之。

［4］【顔注】晉灼曰：剗，音"剗削"之"剗"。師古曰：音初限反（蔡琪本、殿本此句後又有"服虔曰剗音剪韋昭曰剗音鏟剗削也"一句）。

［5］【顔注】師古曰：四載，解在《溝洫志》。【今注】四載：本書《溝洫志》："陸行載車，水行乘舟，泥行乘毳，山行則梮，以别九州。"

［6］【今注】案，唯，殿本作"惟"。 囏：同"艱"。

［7］【顔注】服虔曰：河竭而商亡。移亦河移徙也。如淳曰：《秦始皇本紀》決河灌大梁，遂滅之，通爲溝，入淮、泗。

［8］【今注】案，岠，蔡琪本、大德本、殿本作"距"，是。

［9］【顔注】服虔曰：本有九河，今塞，餘有一也。【今注】八支：《漢書考證》齊召南曰："案此，則八支湮塞在秦漢之閒矣。緯書謂齊桓公塞八支以自廣，終無所據。"

［10］【顔注】服虔曰：陻，音"因"。文帝塞河於酸棗也。張晏曰：河決瓠子，武帝親臨，悼功不成而作歌。

［11］【顔注】劉德曰：成帝治河已平，改元曰河平元年（蔡琪本此句後又有"韋昭曰成帝時河復決王延八世塞之河水平定因改年曰河平"一句；殿本亦有此注，唯少"河水平定"之"定"字）。

虙羲畫卦，書契後作，[1]虞夏商周，孔纂其業，篹《書》刪《詩》，綴禮正樂，[2]彖系大《易》，[3]因史立法。[4]六學既登，遭世罔弘，[5]群言紛亂，諸子相騰。[6]秦人是滅，漢修其缺，劉向司籍，九流以別。[7]爰著目録，略序洪烈。[8]述《蓺文志》第十。

[1]【顏注】師古曰："虙"讀與"伏"同。

[2]【顏注】師古曰："篹"與"撰"同。

[3]【今注】象系：指作《象辭》《系辭》等十翼篇章。

[4]【顏注】師古曰：謂修《春秋》定帝王之文。【今注】史：魯史《春秋》。

[5]【顏注】師古曰：罔，無也。無能弘大正道也。

[6]【顏注】師古曰：騰，馳也。

[7]【顏注】應劭曰：儒、道、陰陽、法、名、墨、從横、雜、農，凡九家。

[8]【顏注】師古曰：洪，大也。烈，業也。

上嫚下暴，惟盜是伐，[1]勝、廣熛起，梁、籍扇烈。[2]赫赫炎炎，遂焚咸陽，宰割諸夏，命立侯王，誅嬰放懷，[3]詐虐以亡。述《陳勝項籍傳》第一。張、陳之交，斿如父子，[4]攜手遯秦，拊翼俱起。[5]據國争權，還爲豺虎，[6]耳謀甘公，[7]作漢藩輔。述《張耳陳餘傳》第二。

[1]【顏注】師古曰：《易·上繫辭》云："小人而乘君子之器，盜思奪之矣（思，蔡琪本、大德本、殿本作"斯"，本注下同)；上嫚下暴，盜思伐之矣（思，蔡琪本、殿本作"斯"）。"引此言者，謂秦胡亥之時。【今注】嫚：懈怠。

[2]【顏注】師古曰：飛火曰熛。扇，熾也。烈，猛也。言陳勝初起而項羽烈盛也（烈，大德本作"益"，誤)。熛，音必遥反。

[3]【今注】懷：楚懷王。戰國時楚懷王之孫，名熊心。項梁擁立其爲王，仍稱楚懷王。秦亡被項羽尊爲義帝，遷往長沙郴縣

（今湖南郴州市），於途中被殺。

［4］【今注】斿：同“游”。蔡琪本、大德本、殿本作“游”。

［5］【顔注】應劭曰：遂，逃也。師古曰：遂，古“遯”字也。拊翼，以雞爲喻，言知將旦，則鼓擊其翼而鳴也。【今注】拊翼：拍打翅膀。喻將奮起。

［6］【顔注】師古曰：言反相吞噬也。

［7］【今注】甘公：本書卷三二《張耳傳》：“耳之國，餘愈怒曰：‘耳與餘功等也，今耳王，餘獨侯。’及齊王田榮叛楚，餘乃使夏説説田榮曰……田榮欲樹黨，乃遣兵從餘。餘悉三縣兵，襲常山王耳。耳敗走，曰：‘漢王與我有故，而項王彊，立我，我欲之楚。’甘公曰：‘漢王之入關，五星聚東井。東井者，秦分也。先至必王。楚雖彊，後必屬漢。’耳走漢。漢亦還定三秦，方圍章邯廢丘。耳謁漢王，漢王厚遇之。”

三枿之起，本根既朽，[1]枯楊生華，曷惟其舊！[2]横雖雄材，[3]伏于海隅，[4]沐浴尸鄉，[5]北面奉首，旅人慕殉，[6]義過黄鳥。[7]述《魏豹田儋韓信傳》第三。信惟餓隸，布實黥徒，[8]越亦狗盗，芮尹江湖。[9]雲起龍襄，化爲侯王，[10]割有齊、楚，跨制淮、梁。[11]綰自同閈，鎮我北疆，[12]德薄位尊，非胙惟殃。[13]吴克忠信，胤嗣迺長。述《韓彭英盧吴傳》第四。

［1］【顔注】劉德曰：《詩》云“包有三枿”。《爾雅》曰“烈、枿，餘也”。謂木斫髡而復枿生也。喻魏、齊、韓皆滅而復起，若髡木更生也。師古曰：枿，音五葛反。【今注】三枿：同“三蘖”。謂一本生三蘖。原指韋、顧、昆吾，皆桀之黨，後亦泛指三個結黨的惡人。《毛詩·長發》：“苞有三蘖，莫遂莫達。韋顧既

伐，昆吾夏桀。”鄭玄箋：“韋豕、韋彭，姓也，顧、昆吾皆己姓也。三國党於桀惡。”錢大昭《漢書辨疑》據《説文》“櫱，伐木餘也”及引《商書》“若槙木之有甹櫱”，以爲“櫱”，重文作“蘗”，“桙”，古文“櫱”。又《弓部》，“甹，木生條也”，亦引《商書》作“枿”，古文言由枿。是“枿”即“桙”字，隸變爲“枿”。陳直《漢書新證》：“三枿謂田儋、榮、横三弟兄也，朽根謂田齊没落貴族之後也。”

［2］【顔注】應劭曰：《易》云“枯楊生華”，暫貴之意也。曷惟其舊，言不能久也。師古曰：枯楊華（蔡琪本、大德本、殿本“華”前有“生”字），《大過卦》九五爻辭也。舊，合韻音“臼”（臼，蔡琪本作“臼”，誤）。【今注】舊：楊樹達《漢書窺管》以爲當釋爲久。本書卷一〇〇《叙傳上》：“鸞龍虎之文舊矣”，孟康晉灼亦以久釋“舊”。又《尚書·無逸》云“舊惟小人”，“舊”字《史記》作“久”。《毛詩·抑》鄭玄箋云：“舊，久也。”是“舊”“久”二字音義並相近。

［3］【今注】案，擴，蔡琪本、大德本、殿本作“横”。

［4］【今注】隖：同“島”。

［5］【今注】尸鄉：古地名。又名西亳。在今河南偃師市西南新蔡鎮。田横不願稱臣於漢，自刎於此。

［6］【今注】旅人：楊樹達《漢書窺管》以爲，田横客自殺殉横者五百人，故云“旅人慕殉”。《説文》七篇上《㫃部》云：“軍之五百人爲旅。”

［7］【顔注】劉德曰：《黄鳥》之詩刺秦穆公要人從死，言今横不要而有從者，故曰過之。【今注】黄鳥：《詩·秦風》篇名。《左傳》文公六年：“秦伯任好卒，以子車氏之三子奄息、仲行、鍼虎爲殉，皆秦之良也。國人哀之，爲之賦《黄鳥》。”

［8］【今注】黥：古代在人臉上刺字並塗墨之刑。

［9］【顔注】張晏曰：吴芮爲番陽令，在江湖之閒。尹，

主也。

[10]【顔注】師古曰：襄，舉也。【今注】案，《漢書考證》齊召南曰："劉之遴所校真本云'淮陰毅毅，伏劍周章，邦之傑兮，實維英、彭，仕爲侯王，雲起龍驤'，與今本大異。以理推之，'邦'字是高祖諱。又信、越、布後並誅滅，史官安得盛稱其美？必好事者爲之也。又案，之遴言真本《高五子》《文三王》《景十三王》《孝武六子》《宣元六王》悉次《外戚》下，《外戚》次帝紀下，如所云，是十二紀之後即次《外戚傳》、諸王傳矣，其然豈其然乎！"

[11]【顔注】張晏曰：韓信前王齊，徙楚。英布王淮南，彭越王梁也。

[12]【顔注】應劭曰：閈，音"扞"。盧綰與高祖同里，楚名里門爲扞（扞，蔡琪本、大德本、殿本作"閈"）。師古曰：《左氏傳》云"高其閈閎"，舊通語耳，非專楚也。【今注】鎮我北疆：指爲燕王。

[13]【今注】案，胙，王先謙《漢書補注》謂同"祚"。《文選》作"祚"。

賈廑從旅，爲鎮淮、楚。[1]澤王琅邪，權激諸吕。[2]濞之受吴，疆土踰矩，[3]雖戒東南，終用齊斧。[4]述《荆燕吴傳》第五。大上四子，[5]伯兮早夭，仲氏王代，斿宅于楚。[6]戊實淫𦤍，平陸迺紹。[7]其在于京，奕世宗正，[8]劬勞王室，[9]用侯陽成。子政博學，三世成名，[10]述《楚元王傳》第六。

[1]【顔注】張晏曰：劉賈晚乃從軍也。晉灼曰：廑，無幾也。師古曰：二説皆非也。廑，古以爲"勤"字。言賈從軍，有勤勞也。

［2］【今注】案，錢大昭《漢書辨疑》以爲指用田生之計，先王諸呂，而激之並王澤也。

［3］【顔注】師古曰：矩，法制也。

［4］【顔注】張晏曰：齊斧，越斧也，以整齊天下也。晉灼曰：雖戒勿反而反，竟用此斧於吴也。師古曰：《易》云“喪其齊斧”，故引以爲辭。【今注】雖戒東南：周壽昌《漢書注校補》曰：“戒東南者，高祖謂濞曰：‘漢後五十年，東南有亂，豈若耶？’”　齊斧：利斧。齊，通“資”。《易·旅》：“九四，旅于處，得其資斧，我心不快。”王弼注云：“斧，所以斫除荆棘，以安其舍者也。雖處上體之下，不先於物，然而不得其位，不獲平坦之地，客于所處，不得其次，而得其資斧之地，故其心不快也。”

［5］【今注】案，大，蔡琪本、大德本、殿本作“太”。

［6］【顔注】師古曰：《詩·衛風》云“伯兮朅兮”，《鄁風》又曰“仲氏任只”。此序方論高祖兄伯及仲，故引二句爲之辭也。【今注】斿：同“游”，劉交字。　宅：居。

［7］【顔注】師古曰：楚戊爲薄太后服姦（蔡琪本、大德本、殿本“楚”後有“王”字），削東海郡，遂與吴共反而誅。景帝更立平陸侯禮（景，殿本作“文”，是），續元王之後也。【今注】缺：同“缺”。

［8］【顔注】師古曰：正，合韻音“征”。【今注】奕世：累世，代代。楊樹達《漢書窺管》引《後漢書》卷四〇下《班彪傳下》：“奕世勤民”。李賢注：“奕猶重也。”　宗正：兩周已置。管理皇族外戚事務。列位九卿，秩中二千石，例由宗室擔任。案，劉辟彊、劉德父子皆爲宗正。後劉向亦曾擔任。楊樹達《漢書窺管》：“劉郢客、劉向、劉慶忌皆嘗爲宗正，不止辟彊父子二人也。《後書·班固傳典引》云‘奕世勸民。’《李賢注》云：奕猶重也。”

［9］【今注】劬勞：勞累，勞苦。

［10］【顔注】師古曰：謂劉德、劉向、劉歆，俱有名聞。

【今注】三世成名：楊樹達《漢書窺管》："德是向之父，不宜以子政統之，顔説未合。余疑三世謂子駿，子駿兄子伯玉，及向曾孫名龔字孟公者也。《意林》引《新論》云：'劉子政，子子駿，子駿兄子伯玉，俱是通人。'此伯玉之説也。本書《董仲舒傳贊》云：'向曾孫龔，篤論君子也。'《後書·蘇竟傳》云：'龔字孟公，善議論，馬援班彪並器重之。'《李賢注》引班叔皮《與京兆丞郭季通書》曰：'劉孟公藏器於身，用心篤固，實瑚璉之器，宗廟之寶也。'《三輔決録》云：'長安劉氏，惟有孟公，談者取則。'此孟公之説也。按叔皮、孟堅父子推重孟公如此，此文所云三世成名者，孟公爲其一人，殆無疑義。果爾，不惟劉德不在此數，即向亦不在三世之中。文意謂子政博學，因而子歆、孫伯玉、曾孫龔三世成名也。"

季氏之詘，[1]辱身毁節，信于上將，議臣震栗。[2]欒公哭梁，田叔殉趙，見危授命，誼動明主。布歷燕、齊，叔亦相魯，民思其政，或金或社。[3]述《季布欒布田叔傳》第七。高祖八子，二帝六王。三趙不辜，[4]淮厲自亡，燕靈絶嗣，齊悼特昌。掩有東土，[5]自岱徂海，[6]支庶分王，前後九子。六國誅斃，適齊亡祀。城陽濟北，後承我國。[7]赳赳景王，匡漢社稷。[8]述《高五王傳》第八。

[1]【今注】詘：屈。

[2]【顔注】張晏曰：申意於上將。上將，樊噲也，欲以十萬衆横行匈奴中，布曰："噲可斬也。"時議臣皆恐。師古曰："信"讀曰"申"。

[3]【顔注】李奇曰：魯人愛田叔，死，送之以金。齊貴欒布，爲生立社。

[4]【今注】三趙：周壽昌《漢書注校補》曰："謂隱王如意、共王恢、幽王友。一爲高后所殺，二爲高后所逼自殺也。"

[5]【今注】掩：同"奄"。

[6]【今注】徂：往，到。

[7]【顔注】張晏曰：濟北王恐（恐，大德本、殿本作"志"），吴楚反後徙王淄川（淄，蔡琪本、大德本、殿本作"菑"，本注下同）。元朔中，齊國絶，悼惠王後唯有城陽、淄川，武帝乃割臨淄環悼惠王冢，以與淄川，令奉祀也。師古曰："適"讀曰"嫡"。

[8]【顔注】師古曰：赳赳，武貌，音"糾"。【今注】案，楊樹達《漢書窺管》："景王劉章，誅諸吕有功也。"

猗與元勳，[1]包漢舉信，[2]鎮守關中，足食成軍，營都立宮，定制脩文。[3]平陽玄默，繼而弗革，[4]民用作歌，化我淳德。漢之宗臣，是謂相國。[5]述《蕭何曹參傳》第九。留侯襲秦，作漢腹心，[6]圖折武關，解阸鴻門。[7]推齊銷印，[8]敺致越信；[9]招賓四老，[10]惟寧嗣君。[11]陳公擾攘，歸漢迺安，[12]斃范亡項，[13]走狄禽韓，[14]六奇既設，[15]我罔艱難。[16]安國廷争，致仕杜門。[17]絳侯矯矯，[18]誅吕尊文。亞夫守節，吴楚有勳。述《張陳王周傳》第十。

[1]【今注】猗與：嘆詞。表示贊美。

[2]【顔注】劉德曰：包，取也。師古曰：包漢，謂勸高祖且王漢中也。舉信，舉韓信也。信，合韻音"新"。

[3]【今注】脩文：制定法令。

[4]【顔注】師古曰：革，改也。言曹參爲相，守静無爲，

一遵蕭何約束，不變改也。

［5］【今注】相國：周壽昌《漢書注校補》曰："漢初相國惟此兩人，後皆爲丞相。"

［6］【顔注】劉德曰：襲秦，椎始皇於博狼沙中（狼，蔡琪本、大德本作"浪"）。

［7］【顔注】師古曰：圖折武關，謂從沛沛公入武關（蔡琪本、殿本"沛"字不重出，是），説令爲疑兵，又啗秦將以利，勸因其怠懈擊之類也。【今注】武關：在今陝西商南縣西南。阸(è)：危難。

［8］【今注】推齊銷印：王先謙《漢書補注》以爲"推齊"謂韓信欲爲假齊王，張良因而推之，後遂奉詔封信；"銷印"謂阻止酈食其謀封六國後。

［9］【顔注】師古曰："毆"與"驅"同。越，彭越也。信亦韓信也。謂於垓下圍項羽時也。信，合韻音"新"。

［10］【今注】四老：商山四皓。指秦末隱士東園公唐秉、夏黄公崔廣、綺里季吴實、角里先生周术。

［11］【今注】嗣君：太子。即漢惠帝。

［12］【顔注】師古曰：壤（壤，蔡琪本、大德本、殿本作"攘"，是），音人養反。【今注】擾攘：忙亂，匆忙。

［13］【今注】范：范增。秦朝時居鄛（今安徽桐城市）人。本爲布衣，善於謀略。秦末農民起義時歸附項梁，建議立楚王後裔熊心爲楚懷王。宋義、項羽救趙，范增爲末將。梁死，屬項羽，充任謀士。使羽稱霸諸侯，被尊稱"亞父"。屢勸項羽殺劉邦，項羽不聽。後項羽中陳平反間計，受羽猜疑，削其權力，於是忿而離去，疽發背，病死於途中。

［14］【顔注】師古曰：走狄，謂解平城之圍也。禽韓，僞游雲夢也。

［15］【今注】六奇：本書卷四〇《陳平傳》："平自初從，至

天下定後，常以護軍中尉從擊臧荼、陳豨、黥布。凡六出奇計，輒益邑封。奇計或頗祕，世莫得聞也。”

[16]【顔注】師古曰：罔，無也。

[17]【今注】案，楊樹達《漢書窺管》：“王陵封安國侯。廷争，謂言王吕非高祖約事。杜《説文》字作“敼”，三篇下《文部》云：‘敼，閉也。’”

[18]【今注】矯矯：勇武剛强貌。

舞陽鼓刀，滕公廐騶，[1]潁陰商販，曲周庸夫，攀龍附鳳，竝乘天衢。[2]述《樊酈滕灌傅靳周傳》第十一。北平志古，司秦柱下，[3]定漢章程，律度之緒。建平質直，犯上干色；[4]廣阿之廑，食厥舊德。[5]故安執節，責通請錯，蹇蹇帝臣，匪躬之故。[6]述《張周趙任申屠傳》第十二。食其監門，長揖漢王，畫襲陳留，[7]進收敖倉，[8]塞隘杜津，王基以張。[9]賈作行人，百越來賓，從容風議，博我以文。[10]敬繇役夫，遷京定都，[11]内强關中，外和匈奴。叔孫奉常，[12]與時抑揚，税介免冑，禮義是創。[13]或悊或謀，觀國之光。[14]述《酈陸朱婁叔孫傳》第十三。[15]

[1]【顔注】師古曰：鼓刀，謂屠狗也。【今注】廐騶：主駕車馬。

[2]【顔注】師古曰：乘，登也。

[3]【顔注】師古曰：志，記也，謂多記古事也。司，主也。【今注】柱下：柱下史。一説即御史。常立殿柱之下，故名。周朝置。秦沿置。《史記》卷九六《張丞相列傳》司馬貞《索隱》：“周秦皆有柱下史，謂御史也。所掌及侍立恒在殿柱之下，故老聃爲周

柱下史。”本書卷四二《張蒼傳》：“秦時爲御史，主柱下方書。”顏師古注引如淳：“秦置柱下史，蒼爲御史，主其事。或曰主四方文書也。”師古曰：“柱下，居殿柱之下，若今侍立御史也。”

［4］【顔注】師古曰：周昌先封建成侯，蓋謂此也。“平”字當爲“成”，傳寫誤耳。【今注】案，干，蔡琪本作“千”，誤。

［5］【顔注】張晏曰：任敖也。吏遇吕后不謹，敖擊傷主吏也。師古曰：“廑”亦“勤”字也。《易·訟卦》六三爻辭曰“食舊德”，食猶饗也。

［6］【顔注】師古曰：《易·蹇卦》六二爻辭曰“王臣蹇蹇，匪躬之故”。此言申屠嘉召責鄧通，請誅朝錯（朝，蔡琪本、殿本作“晁”，通），皆不爲己身，實有蹇蹇之節也。【今注】蹇蹇：忠直貌。蹇，通“謇”。

［7］【今注】陳留：縣名。治所在今河南開封市東南。

［8］【今注】敖倉：在今河南滎陽市東北敖山上。

［9］【顔注】師古曰：杜亦塞也。謂説令塞白馬津。

［10］【顔注】李奇曰：作《新語》也。師古曰：《論語》稱顔回喟然歎曰“夫子博我以文”，謂以文章開博我也。此言陸賈嘗之越也。從，音千容反。“風”讀曰“諷”。【今注】風議：恣意、任意或自由廣泛地發表議論、評論。　博我以文：《漢書考證》齊召南以爲顔師古説非。此二句指陸賈著《新語》，每奏一篇，高祖稱善。李説是。

［11］【顔注】師古曰：“繇”讀與“由”同。言劉敬由戍卒而來納説。

［12］【今注】奉常：秦置。景帝時改名“太常”，掌宗廟禮儀。位列九卿之首，秩中二千石。

［13］【顔注】師古曰：税，舍也。介，甲也。創，始造之也。創，合韻初良反（蔡琪本、大德本、殿本“初”前有“音”字）。【今注】禮義：何焯《義門讀書記》卷二〇以爲“義”疑作

“儀”。錢大昭《漢書辨疑》據《説文》:“誼，人所宜也。義，己之威儀也。”以爲《漢書》“仁義”作“誼”，“威儀”作“義”，正與《説文》同。

[14]【顔注】師古曰:《詩·小雅·小旻》之篇曰“或悊或謀”，言有智者，有謀者。《易·觀卦》六四爻辭曰“觀國之光，利用賓于王”。故合而爲言也（蔡琪本、殿本無“也”字）。【今注】悊:同“哲”。

[15]【顔注】師古曰:本傳作“朱劉”，終書其賜姓也;此言“朱婁”，本其舊族耳。

淮南僭狂，二子受殃。安辯而邪，賜頑以荒，敢行稱亂，窘世薦亡。[1]述《淮南衡山濟北傳》第十四。蒯通壹説，三雄是敗，覆酈驕韓，田横顛沛。被之拘係，迺成患害。[2]充、躬罔極，交亂弘大。[3]述《蒯伍江息夫傳》第十五。萬石温温，幼寤聖君，[4]宜爾子孫，夭夭伸伸，[5]慶社于齊，不言動民。[6]衞直周張，淑慎其身。[7]述《萬石衞直周張傳》第十六。

[1]【顔注】師古曰:窘，仍也。“薦”讀曰“荐”。荐，再也。長遷死雍，其子安又自殺也。【今注】窘:錢大昭《漢書辨疑》:《小雅·正月》云“又窘陰雨”，鄭玄箋:“窘，仍也。”

[2]【顔注】師古曰:言五被初不從王反（五，蔡琪本、大德本、殿本作“伍”），王繫其父母，乃進邪謀，終以遇害也。【今注】案，係，蔡琪本、殿本作“擊”。

[3]【顔注】師古曰:《小雅·青蠅》之詩云“讒言罔極，交亂四國”。此叙言江充、息夫躬之惡，引以爲辭也。【今注】罔極:此處化用《詩·青蠅》之句，意爲讒言無窮盡。

［4］【顔注】鄧展曰：《爾雅》"寤、逢，遇也"。師古曰：此説非也。言萬石幼而恭謹，感寤高祖，以見識拔也。《爾雅》云"遻，遇也"，非謂寤也。《詩·小雅·小宛》之篇曰"温温恭人"。【今注】温温：柔和貌；謙和貌。　寤：宋翔鳳《過庭録》卷一二云："案，今《爾雅·釋詁》'遘、逢、遇，遻也。遘、逢、遇、遻，見也。'蓋鄧氏所據《爾雅》'遻'字作'寤'。《詩·東門之池》'可與晤歌'，《毛傳》：'晤，遇也。'古'晤''寤'字通。《詩》'寤辟有摽'，《説文·日部》引作'晤辟有摽'；'可與晤言'，《列女傳》二卷引作'可與寤言'。則毛公時《爾雅》'遻'亦作'寤'也。'寤'亦與'遻'通。遻，《説文》作'啎逆也'。《左傳》'莊公寤生'，蓋謂逆生。此正謂萬石幼遇高祖耳，不必言感寤也。《釋言》'逜，寤也'，郭注云'相干寤'。《音義》'逜，五故反'。"

［5］【顔注】師古曰：《詩·周南·螽斯》之篇曰"宜爾子孫振振兮"，《論語》稱孔子"燕居，伸伸如也，夭夭如也"，謂和舒之貌。此言萬石子孫既多，又皆和睦，故引以爲辭也。夭，音於驕反。【今注】夭夭：和舒貌，和睦貌。　伸伸：和樂貌。又作"申申"。

［6］【顔注】鄧展曰：爲齊相，齊爲立社也（蔡琪本、大德本、殿本"爲"前有"慶"字）。

［7］【顔注】師古曰：《衛詩·燕燕》之篇曰"終温且惠，淑慎其身"。淑，善也。引此《詩》言以美四人也。

孝文三王，代孝二梁，［1］懷折亡嗣，孝乃尊光。［2］内爲母弟，外扞吴楚，［3］怙寵矜功，［4］僭欲失所，思心既霿，牛骶告妖。［5］帝庸親親，厥國五分，［6］德不堪寵，四支不傳。［7］述《文三王傳》第十七。賈生矯矯，弱冠登朝。［8］遭文叡聖，［9］屢抗其疏，暴秦之戒，三代是據。建設藩屏，以强守圉，[10]吴楚合從，賴誼之慮。[11]述《賈誼傳》第十八。

[1]【顔注】師古曰：代孝王參及梁孝王武、梁懷王揖。

[2]【顔注】師古曰：折，謂夭也。孝，亦謂梁孝王也。

[3]【今注】扞：同“捍”。

[4]【今注】怙：依靠。

[5]【顔注】師古曰：霿，傋霿也（傋，大德本、殿本作“㒑”），音莫候反。解在《五行志》。【今注】霿：愚昧昏蒙。錢大昭《漢書辨疑》引《五行志》云：“思心之不容，是謂不聖，厥咎霿，時則有牛旤。”　牛旤：本書《五行志下之上》引《洪範五行傳》曰：“思心之不睿，是謂不聖，厥咎霿，厥罰恒風，厥極凶短折。時則有脂夜之妖，時則有華孽，時則有牛禍，時則有心腹之痾，時則有黄眚黄祥，時則有金木水火沴土。”又：“景帝中六年，梁孝王田北山，有獻牛，足上出背上。劉向以爲近牛禍。先是孝王驕奢，起苑方三百里，宫館閣道相連三十餘里。納於邪臣羊勝之計，欲求爲漢嗣，刺殺議臣爰盎，事發，負斧歸死。既退歸國，猶有恨心，内則思慮霿亂，外則土功過制，故牛旤作。足而出於背，下奸上之象也。猶不能自解，發疾暴死，又凶短之極也。”

[6]【顔注】師古曰：庸，用也。用親親之道，故分梁爲五國，立孝王男五人爲王。太子買爲梁王，次子明爲濟川王（王，蔡琪本作“三”，誤），彭離爲濟東王，定爲山陽王，不識爲濟陰王。

[7]【顔注】晉灼曰：子（殿本作“支”），父母之四支也。師古曰：此説非也。謂孝王支子四人封爲王者皆絶於身，不傳胤嗣，唯梁恭王買有後耳。其事具在本傳。

[8]【顔注】師古曰：蟜蟜，高舉之貌也，合韻音“驕”。

[9]【今注】文：指漢文帝。

[10]【顏注】師古曰：圉，合韻音“御”。

[11]【顏注】師古曰：勸文帝大封梁、淮陽。梁卒距吴楚（距，蔡琪本作“拒”），不得令西也。從，音子容反（容，蔡琪本、大德本、殿本作“庸”）。

子絲慷慨，激辭納説，[1]攬轡正席，顯陳成敗。[2]錯之瑣材，智小謀大，[3]旣如發機，先寇受害。[4]述《爰盎朝錯傳》第十九。[5]釋之典刑，國憲以平。馮公矯魏，增主之明。[6]長孺剛直，義形于色，下折淮南，上正元服。[7]莊之推賢，於兹爲德。述《張馮汲鄭傳》第二十。榮如辱如，有機有樞，[8]自下摩上，惟德之隅。[9]賴依忠正，君子采諸。[10]述《賈鄒枚路傳》第二十一。

[1]【顏注】師古曰：爰盎字絲。此加子者，子是嘉稱，以偶句耳。

[2]【顏注】師古曰：攬，執取也。其字從手，亦或作“擥”。【今注】案，錢大昭《漢書辨疑》以爲“攬轡”謂諫帝西馳下峻坂；“正席”謂引却慎夫人坐也。

[3]【顏注】師古曰：《易·下繫辭》曰：“德薄而位尊，智小而謀大，力少而任重，鮮不及矣。”此叙言朝錯所以及禍（朝，殿本作“鼂”）。

[4]【顏注】師古曰：發機，言其速也。吴楚未敗之前，錯已誅死。【今注】發機：撥動弩弓的發矢機。 案，受，殿本作“後”。

[5]【今注】案，朝，殿本作“鼂”，通。

[6]【顏注】張晏曰：矯辭以免魏尚也。師古曰：張説非也。

矯，正也，正言其事。

[7]【顏注】師古曰：淮南王謀反，憚黯正直。武帝不冠不見黯。故云“下折淮南，上正元服”也。元，首也，故謂冠爲元服。

[8]【顏注】劉德曰：《易》曰：“樞機之發，榮辱之主也。”張晏曰：乍榮乍辱，如辭也。【今注】有機有樞：楊樹達《漢書窺管》據《易·繫辭》云：“言行者，君子之樞機也。樞機之發，榮辱之主也。”以爲此謂賈山等四人皆有言之人。陳直《漢書新證》：“榮謂枚乘、賈山也，辱謂梁王欲殺鄒陽也。”

[9]【顏注】師古曰：《詩·大雅·抑》之篇曰“抑抑威儀，惟德之隅”，言有廉隅也。此敘言賈山直詞刺上，亦爲方正也。一曰，隅，謂得道德之一隅也。

[10]【顏注】師古曰：諸，之也。

魏其翩翩，好節慕聲，[1]灌夫矜勇，武安驕盈，凶德相挻，既敗用成。[2]安國壯趾，王恢兵首，[3]彼若天命，此近人咎。[4]述《竇田灌韓傳》第二十二。景十三王，承文之慶。[5]魯恭館室，江都訬輕；[6]趙敬險詖，中山淫醟；[7]長沙寂漠，廣川亡聲；膠東不亮，常山驕盈。[8]四國絶祀，河閒賢明，[9]禮樂是修，爲漢宗英。述《景十三王傳》第二十三。

[1]【顏注】師古曰：翩翩，自喜之貌。

[2]【顏注】師古曰：挻，謂柔挻也，音式延反。【今注】挻：殿本《漢書考證》引蕭該《音義》曰：“韋昭曰：‘相挻，極也。’《淮南子》曰‘陶人之剋挻植’，許慎曰：‘挻，抑也。’《太玄經》曰‘與陰陽挻其化’，宋忠曰：‘挻，和。’《方言》曰：‘挻，

取也。’《聲類》曰：‘挺，一曰柔也。’《老子》曰：‘挺植以爲器。’”案，當釋爲“取”。

［3］【顔注】孟康曰：《易》“壯于趾，征凶”。安國臨當爲丞相，墯車（墯，大德本作“墮”，本注下同），蹇。後爲將，多所傷失而憂死。此爲不宜征行而有凶也。師古曰：“壯于趾”，《大壯》初九爻辭也。壯，傷也。趾，足也。直謂墯車蹇耳，不言不宜征行也。【今注】壯趾：楊樹達《漢書窺管》以爲顔師古説是。顔訓壯爲傷，是讀壯爲“刅”。《説文》四篇下《刅部》云：“刅，傷也。”“壯”與“刅”音近。或曰：讀爲“戕”。《周易·豐》《經典釋文》引鄭注云：“戕，傷也。” 兵首：主將，統帥。這裏指首發兵謀。

［4］【顔注】師古曰：彼，韓安國也。此，王恢也。壯趾，天命也。謀兵，人咎也。【今注】人咎：指馬邑之戰，王恢有過失。本書卷五二《韓安國傳》：“王恢、李息別從代主擊輜重。於是單于入塞，未至馬邑百餘里，覺之，還去。語在《匈奴傳》。塞下傳言單于已去，漢兵追至塞，度弗及，王恢等皆罷兵。上怒恢不出擊單于輜重也，恢曰：‘始約爲入馬邑城，兵與單于接，而臣擊其輜重，可得利。今單于不至而還，臣以三萬人衆不敵，祇取辱。固知還而斬，然完陛下士三萬人。’於是下恢廷尉，廷尉當恢逗橈，當斬。恢行千金丞相蚡。蚡不敢言上，而言於太后曰：‘王恢首爲馬邑事，今不成而誅恢，是爲匈奴報仇也。’上朝太后，太后以蚡言告上。上曰：‘首爲馬邑事者恢，故發天下兵數十萬，從其言，爲此。且縱單于不可得，恢所部擊，猶頗可得，以尉士大夫心。今不誅恢，無以謝天下。’於是恢聞，乃自殺。”

［5］【顔注】師古曰：言景帝庸主耳，所以子皆得王者，由文帝之德慶流子孫也。慶，合韻音“卿”。【今注】承文之慶：何焯《義門讀書記》卷二〇曰：“長沙之後，光武中興；中山之後，昭烈分鼎：皆文之慶也。”朱一新《漢書管見》以爲顔注誤，“言

文帝由藩邸而登天位，故景帝諸王皆得王封，所謂‘承文之慶’耳”。

[6]【顏注】師古曰：訬，謂輕狡也，音初教反。【今注】訬（chāo）：輕佻。殿本《漢書考證》引蕭該《音義》曰：“蘇林曰：‘訬，音少年輕薄毀鈔息意之鈔。’如淳音‘樵’。”錢大昭《漢書辨疑》云：“《説文》：‘訬，訬擾也。一曰訬獪。’《淮南子·脩務訓》云‘越人有重遲者，而人謂之訬’，高誘曰：‘訬，輕利急，音杪。’”

[7]【顏注】師古曰：詖，辯也，一曰佞也。醟，酗酒也，音“詠”，合韻音“榮”。【今注】險詖：陰險邪僻。楊樹達《漢書窺管》：“謂趙敬蕭王彭祖。‘險’讀爲‘憸’，《説文》十篇下《心部》云：‘憸，憸詖也。从心，僉聲’。息廉切。”　淫醟（yòng）：縱酒。

[8]【顏注】如淳曰：亮，信也。聞淮南謀反，作戰具守備，後辭及之，發病死，是爲不信於漢朝。

[9]【顏注】李奇曰：臨江哀王閼、臨江閔王榮、膠西于王端、清河哀王乘皆無子，國除。

李廣恂恂，[1]實獲士心，控弦貫石，[2]威動北鄰，[3]躬戰七十，遂死于軍。敢怨衛青，[4]見討去病。陵不引決，[5]忝世滅姓。[6]蘇武信節，不詘王命。[7]述《李廣蘇建傳》第二十四。長平桓桓，上將之元，[8]薄伐獫允，[9]恢我朔邊，[10]戎車七征，衝輣閑閑，[11]合圍單于，北登闐顏。[12]票騎冠軍，猋勇紛紜，[13]長驅六舉，電擊雷震，[14]飲馬翰海，[15]封狼居山，[16]西規大河，列郡祁連。[17]述《衛青霍去病傳》第二十五。

［1］【今注】恂恂：温順恭謹貌。《論語·鄉黨》："孔子於鄉黨，恂恂如也，似不能言者。"陸德明《經典釋文》："恂恂，温恭之貌。"

［2］【今注】貫石：射穿石頭。

［3］【顏注】師古曰：北鄰，謂匈奴也。

［4］【今注】敢：李敢。

［5］【今注】引決：亦作"引訣"。自殺。《文選》司馬子長《報任少卿書》："及罪至罔加，不能引決自裁。"李周翰注："言不能引志決列以自裁毁。"《資治通鑑》："天元大怒，遂賜后死，逼令引訣。"胡三省注："《漢書》多作'引決'，謂引分自裁也。"

［6］【顏注】師古曰：忝，辱也。

［7］【顏注】師古曰："信"讀曰"申"。【今注】信節：楊樹達《漢書窺管》："《法言·淵騫篇》云：'張騫、蘇武之奉使也，執節没身，不屈王命。'班語本此。"

［8］【顏注】師古曰：桓桓，武貌也。元，首也。

［9］【今注】薄：動詞詞頭，無義。　玁允：又作"玁狁"。上古北方游牧民族，這裏借指匈奴。本書卷九四上《匈奴傳上》："匈奴，其先夏后氏之苗裔，曰淳維。唐虞以上有山戎、玁允、薰粥，居于北邊，隨草畜牧而轉移。"

［10］【顏注】師古曰：恢，廣也。【今注】朔：北。

［11］【顏注】鄧展曰：輣，兵車名也。師古曰：輣，音"彭"。【今注】閑閑：動摇的樣子。楊樹達《漢書窺管》引《詩·大雅·皇矣》云"臨衝閑閑"，"《毛傳》云：閑閑，動摇也"。

［12］【今注】闐顏：山名。今蒙古國杭愛山脈南面的一支，具體位置已不可考。

［13］【顏注】師古曰：如猋之勇，紛紜然盛也。【今注】猋(biāo)：犬奔貌。

［14］【顏注】師古曰：六舉，凡六出擊匈奴也。震，合韻音

之人反。

［15］【今注】翰海：亦作“瀚海”。所指因時而異。漢武帝時，霍去病擊匈奴出代二千餘里，經狼居胥山，“臨翰海而還”。唐以前人注釋《史記》《漢書》，皆解作一大海名。據方位推斷，疑即今蒙古高原東北境的呼倫湖與貝爾湖。《北史》數見“瀚海”一詞，所指不一，其一與《史記》《漢書》所載同，其一當在蒙古高原北境，疑即今貝加爾湖。又今人岑仲勉考證以爲既云“登臨”，則是“山”而非“海”，“翰海”當即今蒙古國杭愛山的不同音譯。胡和温都爾同意此説（詳見胡和温都爾《翰海是何之名》，《内蒙古社會科學》1990年第4期）。王廷德認爲杭愛山之稱，始於南宋之後，是蒙古語的音譯，不是隋唐時産生的，非突厥語的音譯，更不是西漢時匈奴語的音譯。故霍去病登臨之“翰海”是湖不是山，與今杭愛山無關（詳見王廷德《“翰海”考辨》，《内蒙古大學學報》1989年第3期）。海野一隆則認爲，“翰海”是在姑衍山小丘上俯視到的一個地方（詳見海野一隆《釋漢代的翰海》，《中國歷史地理論叢》1991年第1輯）。

［16］【今注】狼居山：狼居胥山。即今蒙古國境内肯特山。西漢元狩四年（前119）霍去病“出代二千餘里，與左賢王接戰，漢兵得胡首虜凡七萬餘級，左賢王將皆遁走。驃騎封於狼居胥山，禪姑衍，臨翰海而還”。一説在今内蒙古自治區克什克騰旗西北至阿巴嘎旗一帶，一説即今河套西北狼山，但與《史記》《漢書》所載當時用兵路途不合。

［17］【顔注】張晏曰：置郡至祁連山。

抑抑仲舒，再相諸侯，[1]身脩國治，致仕縣車，[2]下帷覃思，[3]論道屬書，[4]讜言訪對，爲世純儒。[5]述《董仲舒傳》第二十六。文艷用寡，[6]子虚烏有，寓言淫麗，託風終始，[7]多識博物，有可觀采，蔚爲辭宗，賦頌之首。[8]述《司馬相如傳》第二十七。

[1]【顔注】師古曰：《爾雅》云："抑抑，密也。"【今注】再：兩次。　相：諸侯王國相。

[2]【今注】縣車：懸置其車。謂辭官致仕。本書卷七一《薛廣德傳》："沛以爲榮，縣其安車傳子孫。"顔師古注："縣其所賜安車以示榮也。致仕縣車，蓋亦古法。"

[3]【今注】覃思：深思。

[4]【顔注】師古曰：屬，音之欲反。

[5]【顔注】師古曰：讜，善言也。訪對，讀對所訪也（讀，蔡琪本、大德本、殿本作"謂"，當據改）。讜，音"黨"。【今注】訪對：楊樹達《漢書窺管》："訪對謂仲舒對策，及家居時朝廷有大義，使使者及張湯就家問之，其對皆有明法，是也。"

[6]【今注】文艷用寡：楊樹達《漢書窺管》引《法言·君子篇》補證云："文麗用寡，長卿也。"

[7]【顔注】師古曰：寓，寄也。"風"讀曰"諷"。

[8]【顔注】師古曰：蔚，文綵盛也（綵，殿本作"采"），音"鬱"。

平津斤斤，晚躋金門，[1]既登爵位，禄賜頤賢，[2]布衾疏食，用儉飭身。[3]卜式耕牧，以求其志，忠寤明君，迺爵迺試。兒生亹亹，束髪脩學，[4]偕列名臣，從政輔治。述《公孫弘卜式兒寬傳》第二十八。張湯遂達，[5]用事任職，媚兹一人，日旰忘食，[6]既成寵禄，亦羅咎慝。[7]安世温良，塞淵其德，[8]子孫遵業，全祚保國。述《張湯傳》第二十九。杜周治文，[9]唯上淺深，[10]用取世資，幸而免身。延年寬和，列于名臣。

欽用材謀，有異厥倫。[11]述《杜周傳》第三十。

[1]【顔注】師古曰：斤斤，明察也。躋，升也。金門，金馬門也。【今注】金門：漢長安城内未央宫北門。在今陝西西安市西北未央宫遺址。《史記》卷一二六《滑稽列傳》："金馬門者，宦署門也，門傍有銅馬，故謂之金馬門。"漢代徵召來人中才能優異者令待詔金馬門。

[2]【顔注】師古曰：頤，養也，謂引招賢人而養也（也，蔡琪本、大德本、殿本作"之"，當據改）。

[3]【顔注】師古曰：飭，整也（整，殿本作"謹"），讀與"敕"同。

[4]【顔注】師古曰：亹亹，勉也。【今注】亹：音 wěi。束髮：古代男孩成童時束髮爲髻，因以代指成童之年。賈誼《新書·容經》："古者年九歲入就小學，蹍小節焉，業小道焉；束髮就大學，蹍大節焉，業大道焉。"

[5]【今注】遂：成功。王先謙《漢書補注》指出"遂""達"二字義同，猶言貴顯。

[6]【顔注】師古曰：《詩·大雅·下武》之篇曰"媚兹一人，應侯慎德"。一人，天子也。媚，愛也。此敘言張湯見愛於武帝。【今注】日旰忘食：錢大昭《漢書辨疑》曰："湯每朝奏事，語國家用，日旰，天子忘食。"

[7]【今注】咎慝：災禍。

[8]【顔注】師古曰：《詩·鄁風·燕燕》之篇曰"仲氏任只，其心塞淵"。淵，深也。實，塞也（實塞，蔡琪本、大德本、殿本作"塞實"，是）。謂其德既實且深也。此敘言子孺亦有之。

[9]【今注】文：法令條文。

[10]【顔注】師古曰：言觀天子之意也（蔡琪本、大德本、殿本無"也"字）。【今注】唯上淺深：楊樹達《漢書窺管》引本

書卷六〇《杜周傳》:“上所欲擠者，因而陷之；上所欲釋，久繫待問而微見其冤狀。”

[11]【顔注】師古曰：倫，類也。言異其本類。

博望杖節，收功大夏；[1]貳師秉鉞，身釁胡社。[2]致死爲福，每生作戾。[3]述《張騫李廣利傳》第三十一。烏呼史遷，[4]薰胥以刑！[5]幽而發憤，廼思廼精，錯綜群言，[6]古今是經，勒成一家，[7]大略孔明。[8]述《司馬遷傳》第三十二。孝武六子，昭、齊亡嗣。[9]燕剌謀逆，廣陵祝詛。昌邑短命，昏賀失據。[10]戾園不幸，宣承天序。[11]述《武五子傳》第三十三。

[1]【今注】大夏：這裏指大月氏。本爲中亞古國名，古希臘人稱爲巴克特里亞，主要指今中亞阿姆河以南，興都庫什山以北地區。原始居民爲伊朗人。古波斯帝國、馬其頓亞歷山大帝國及塞琉古帝國時代，大夏都是其所屬的省。公元前 255 年宣告獨立，盛時北起阿姆河上游，南達印度河流域。後國土分裂，勢衰。約公元前 140 年至前 130 年被大月氏征服。先爲臣屬，後滅國。

[2]【顔注】李奇曰：李廣利，胡殺之以其血塗社也（蔡琪本、殿本無“其”字）。師古曰：釁者，以血祭耳，非塗也（蔡琪本、大德本、殿本“非塗”後有“之血”兩字）。【今注】鉞：兵器。青銅或鐵製成，形似板斧而較大。又有玉石製的，供禮儀、殯葬用。爲權力象徵。

[3]【顔注】師古曰：每，貪也。張騫致死封侯，李廣利求生而死也。【今注】每：錢大昭《漢書辨疑》引本書卷四八《賈誼傳》“品庶每生”，孟康曰：“每，貪也。”

[4]【今注】案，烏，殿本作“嗚”。

［5］【顔注】晉灼曰：《齊》《韓》《魯詩》作“薰”。薰，帥也，從人得罪相坐之刑也。師古曰：晉説近是矣。《詩·小雅·雨無正》之篇曰“若此無罪，淪胥以鋪”（淪，蔡琪本作“倫”）。胥，相也。鋪，徧也。言無罪之人（蔡琪本、大德本、殿本此句後又有“遇於亂政”四字），横相牽率，徧得罪也。《韓詩》“淪”字作“薰”。薰者，謂相薰蒸，亦漸及之義耳。此叙言史遷因坐李陵，横得罪也。【今注】薰胥：因牽連而受刑。王念孫《讀書雜志·漢書第十五》以爲晉灼説是。《爾雅》《毛詩》均訓“淪”爲“率”，《韓詩》訓“薰”爲“帥”。“帥”與“率”通。“薰胥以刑”，謂相率而入於刑。若以“薰胥”爲相“薰蒸”，則望文生義而失其本旨。説詳見王引之《經義述聞》。殿本《漢書考證》引蕭該《音義》曰：“韋昭曰：‘腐刑必薰之，餘殘曰胥。’”錢大昭《漢書辨疑》云：“《後漢書》注：‘《韓詩》云薰胥以痡。薰，帥也。胥，相也。痡，病也。言此無罪之人，而使有罪者相帥而病，是其太甚。’”

［6］【今注】錯綜群言：錢大昭《漢書辨疑》引《史記》卷一三〇《太史公自序》云“協六經異傳，齊百家雜説”，以爲即是錯綜群言。

［7］【今注】勒成一家：錢大昭《漢書辨疑》引《史記·太史公自序》云“爲《太史公書》。序略，以拾遺補蓺，成一家言”，又引《報任安書》云“亦欲以究天人之際，通古今之變，成一家之言”。

［8］【顔注】師古曰：孔，甚也。

［9］【顔注】如淳曰：昭帝及齊王無嗣也。師古曰：嗣，合韻音“祚”。

［10］【今注】昬賀：錢大昭《漢書辨疑》以爲謂改封海昬侯，故曰“昬賀”。　失據：錢大昭《漢書辨疑》引《易·繫詞》補證云：“非所據而據焉，身必危。”

[11]【顔注】師古曰：序，合韻音似豫反。

六世眈眈，其欲浟浟，[1]文武方作，是庸四克。[2]助、偃、淮南，數子之德，不忠其身，善謀於國。[3]述《嚴朱丘主父徐嚴終王賈傳》第三十四。[4]東方贍辭，[5]詼諧倡優。[6]譏苑扞偃，[7]正諫舉郵。[8]懷肉汙殿，[9]弛張沈浮。述《東方朔傳》第三十五。葛繹内寵，屈氂王子。[10]千秋時發，宜春舊仕。[11]敞、義依霍，庶幾云已。[12]弘惟政事，萬年容己。咸睡厥誨，孰爲不子？[13]述《公孫劉田楊王蔡陳鄭傳》第三十六。王孫贏葬，[14]建迺斬將。雲廷訐禹，福逾刺鳳，[15]是謂狂狷，敞近其衷。[16]述《楊胡朱梅云傳》第三十七。

[1]【顔注】師古曰：六，謂武帝也。《易·頤卦》六四爻辭曰“虎視眈眈，其欲浟浟”。眈眈，威視之貌也。浟浟，欲利之貌也。眈（蔡琪本、大德本、殿本作“耽”），音丁含反。浟，音“滌”。今《易》“滌”字作“逐”（滌，蔡琪本同，大德本、殿本作“攸”）。【今注】眈眈：殿本《漢書考證》引蕭該《音義》曰：“耽，蘇林音潭，晉灼《音義》及今《漢書》本作‘悠悠’。應劭曰：‘《易》曰“虎視耽耽”。’《字林》曰：‘耽，視近而忘遠也，音大含反。’應劭曰：‘耽，近也。悠，遠也。言武帝内興文學，外耀神武，耽耽悠悠而盛也。’余謂，耽，當音當含反。” 浟（dí）浟：沈欽韓《漢書疏證》云：“《易》釋文：‘“逐逐”，子夏作“攸攸”，《志林》云：“‘攸’當爲‘逐’。”蘇林音迪。荀作“悠悠”。劉作“跾”，云“遠也”。《説文》，跾，音式六反。’案，《説文》：‘跾，疾也，長也。’徐鍇以爲倏忽字。今此‘浟’字與蘇林同音，蓋‘攸’字變加水。”

［2］【顔注】晉灼曰：方，並也。師古曰：言並任文武之臣，是用克開四方也。【今注】四克：王先謙《漢書補注》以爲謂四征而克之。

［3］【顔注】師古曰：淮南，謂淮南王安諫武帝不宜興兵討越也。

［4］【今注】案，蔡琪本、大德本、殿本“朱”後有“吾”字，是。

［5］【今注】贍辭：謂善於言辭。

［6］【顔注】師古曰：詼，音“恢”。【今注】倡優：指戲謔娱人。

［7］【今注】譏苑扞偃：錢大昭《漢書辨疑》曰：“諫帝起上林苑，拒董偃宴宣室。”

［8］【顔注】師古曰：“郵”與“尤”同。尤，過也。

［9］【今注】懷肉汙殿：錢大昭《漢書辨疑》曰：“懷肉，割肉遺細君。汙殿，嘗醉入殿中，小遺殿上。”

［10］【顔注】師古曰：公孫賀妻，衞皇后姊，故云内寵也。

［11］【顔注】張晏曰：千秋訟衞太子冤，發言值時也。師古曰：宜春侯，王訢也。

［12］【顔注】如淳曰：若此人等無益於治，可爲庶幾而已也。師古曰：敞，楊敞。義，蔡義。

［13］【今注】案，王先謙《漢書補注》：“弘，鄭弘。容己，謂阿世取容。陳萬年教戒其子咸，咸睡，頭觸屏風，萬年大怒，咸叩頭謝曰：‘具曉所言，大要教咸諂也。’是萬年先失父道，不得以不子責咸。”

［14］【今注】臝葬：不爲衣衾棺槨而葬。

［15］【顔注】師古曰：逾，遠也。

［16］【顔注】師古曰：衷，中也。《論語》稱孔子曰：“不得中行而與之，必也狂狷乎！”此言朱雲以上蓋狂狷耳，云敞之操近

於中行也。衷，音竹仲反。【今注】敞近其衷：敞近中行。沈欽韓《漢書疏證》曰："云敞仕王莽世，與梅福高蹈不屈者，一龍一豬之異。乃云'敞近中行'，其是非謬於聖人之旨矣。"

博陸堂堂，受遺武皇，[1]擁毓孝昭，[2]末命導揚。[3]遭家不造，立帝廢王，權定社稷，配忠阿衡。[4]懷禄耽寵，漸化不詳，陰妻之逆，至子而亡。[5]秺侯狄孥，虔恭忠信，[6]奕世載德，貤于子孫。[7]述《霍光金日磾傳》第三十八。兵家之策，惟在不戰。營平皤皤，立功立論，[8]以不濟可，上諭其信。[9]武賢父子，武人之俊。[10]述《趙充國辛慶忌傳》第三十九。義陽樓蘭，[11]長羅昆彌，[12]安遠日逐，[13]義成郅支。[14]陳湯誕節，救在三哲；[15]會宗勤事，疆外之桀。述《傅常鄭甘陳段傳》第四十。

[1]【顏注】師古曰：《論語》稱孔子曰"堂堂乎張也"，蓋美子張儀形盛也，故引之。【今注】遺：遺命。

[2]【今注】擁毓：擁立撫育。

[3]【顏注】劉德曰：武帝臨終之命也（蔡琪本、大德本、殿本無"也"字），光能導達顯揚也（蔡琪本、殿本"光"前有"霍"字）。【今注】末命：帝王臨終時的遺命。楊樹達《漢書窺管》引《尚書·顧命》補證云："道揚末命。"

[4]【今注】阿衡：商代師保之職，這裏指國家宰輔。

[5]【顏注】師古曰：陰，謂覆蔽之（蔡琪本、殿本句末有"也"字）。【今注】陰妻之逆：謂霍光夫人毒殺許皇后事。詳見本書卷九七下《外戚傳下》。

[6]【顏注】師古曰：匈奴休屠王之子，故曰狄孥。秺，音

“姤”。信，合韻音“新”。【今注】帑（nú）：妻子兒女，這裏專指子。

[7]【顔注】師古曰：貤，延也，音弋豉反。【今注】貤（yì）：古通“迤”。延展，延續。

[8]【顔注】師古曰：皤皤，白髮貌也，音浦何反（浦，蔡琪本、殿本作“蒲”）。【今注】立論：何焯《義門讀書記》卷二〇曰：“言其言并可爲萬古法也。”

[9]【顔注】師古曰：《春秋左氏傳》晏子對齊景公曰：“君所謂可，而有不焉；臣獻其不，以成其可。”此叙言宣帝令擊西羌，充國不從，固上屯田之策也。

[10]【今注】案，武人，蔡琪本、大德本、殿本作“虎臣”，是。

[11]【今注】樓蘭：西域國名。詳見本書卷九六上《西域傳上》。

[12]【今注】昆彌：西域國名。詳見本書卷九六下《西域傳下》。

[13]【今注】日逐：日逐王。事迹見本書卷九四上《匈奴傳上》。

[14]【今注】郅支：郅支單于。事迹見本書卷九四下《匈奴傳下》。

[15]【顔注】鄭氏曰：三愬，謂劉向、谷永、耿育皆訟救湯也。師古曰：誕節，言其放縱不拘也。【今注】誕節：楊樹達《漢書窺管》引《詩·邶風·旄丘》補證：“旄丘之葛兮，何誕之節兮。”又引《毛傳》云：“誕，闊也。”

不疑膚敏，應變當理，[1]辭霍不婚，逡遁致仕。[2]疏克有終，散金娱老。定國之祚，[3]于其仁考。廣德、當、宣，近於知恥。[4]述《雋疏于薛平彭傳》第四十一。四皓遯秦，古之逸民，不營不拔，嚴平、鄭真。[5]吉困于賀，[6]涅而不緇；禹既黄髮，以德來仕。[7]舍惟正身，勝死善道；郭欽、蔣詡，近遯之好。[8]述《王貢兩龔鮑傳》第四十二。

[1]【顔注】劉德曰：膚，美也。敏，疾也。言於闕下卒變，定方遂詐，非衛太子也。師古曰：《詩·大雅·文王》之篇曰“殷士膚敏”，謂微子也，故引以爲辭。

[2]【顔注】師古曰：“遁”讀與“巡”同。【今注】逡遁：却行，恭順貌。

[3]【今注】案，柞，蔡琪本、大德本、殿本作“祚”。

[4]【顔注】晉灼曰：當宣帝時始仕，至元帝時以歲惡民流，便乞骸骨去。此爲知恥。師古曰：此説非也。當，爲平當也。宣，彭宣也。言廣德、平當、彭宣三人不苟於禄位，並爲知恥也。本傳贊曰：“薛廣德保懸車之榮，平當逡巡有恥，彭宣見險而止，異乎苟患失之者矣。”

[5]【顔注】應劭曰：爵禄不能營其志，威武不能屈其身也。《易》曰“不可榮以禄”，又曰“確乎不可拔也”。

[6]【今注】案，吉，大德本作“告”，誤。　賀：昌邑王劉賀。

[7]【顔注】師古曰：《論語》稱孔子曰：“不曰白乎？涅而不淄（涅，蔡琪本、大德本、殿本作“涅”，是；淄，蔡琪本、大德本、殿本作“緇”）。”涅（蔡琪本、大德本、殿本作“涅”），汙泥也。可以染皁。緇，黑色也。言天性絜白者（絜，殿本作“潔”），雖處汙涅之中（涅，蔡琪本、大德本、殿本作“涅”），其色不變也。緇，合韻音側仕反。【今注】案，涅，蔡琪本、大德本、殿本作“涅”，是。　黄髮：指年老，亦指老人。

[8]【顔注】應劭曰：《易》曰“好遯君子吉”，言遭暴亂之

世，好以和順避去，不離其害也。

扶陽濟濟，聞《詩》聞《礼》。[1]玄成退讓，仍世作相。[2]漢之宗廟，叔孫是謨，革自孝元，諸儒變度。[3]國之誕章，博載其路。[4]述《韋賢傳》第四十三。高平師師，惟辟作威，圖黜凶害，天子是毗。[5]博陽不伐，含弘光大，天誘其衷，慶流苗裔。[6]述《魏相丙吉傳》第四十四。占往知來，幽贊神明，[7]苟非其人，道不虛行。[8]學微術昧，或見仿佛，疑殆匪闕，違衆迕世，[9]淺爲尤悔，深作敦害。[10]述《眭兩夏侯京翼李傳》第四十五。

[1]【今注】案，礼，蔡琪本、大德本、殿本作"禮"。

[2]【顔注】師古曰：仍，頻也。

[3]【顔注】如淳曰：造迭毀之義也（義，殿本作"議"）。師古曰：謨，謀也，合韻音"慕"。【今注】叔孫：叔孫通。

[4]【顔注】師古曰：誕，大也。謂憲章之大者，故廣載之。

[5]【顔注】鄧展曰：師師，相師法也。師古曰：《尚書·洪範》云"惟辟作威"，言威權者，唯人君得作之耳。《詩·小雅·節南山》之篇曰："尹氏太師，惟周之氐，秉國之鈞，四方是維，天子是毗。"言大臣之職，輔佐天子者也。此叙言魏相欲崇君道而黜私權，故引《書》《詩》以爲言也。【今注】毗：輔助。

[6]【今注】案，何焯《義門讀書記》卷二〇曰："言吉之保全宣帝，天啓之也。"

[7]【顔注】師古曰：《易·上繫辭》曰"神以知來，知以藏往"，言蓍卦之德兼神知也。《説卦》曰"昔者聖人之作《易》也，幽贊於神明而生蓍"，言欲深致神明之道，助以成教，故爲蓍

卜也。

[8]【顔注】師古曰：《下繫》之辭也。言人能弘道，非其人則不能傳。

[9]【顔注】師古曰：《論語》稱孔子曰："多聞闕疑，慎言其餘則寡尤；多見闕殆，慎行其餘則寡悔。"殆，危也。謂有疑則闕之也。此叙言術士不闕疑殆，故遭禍難也。

[10]【顔注】師古曰：尤，過也。敦，厚也。【今注】敦：周壽昌《漢書注校補》以爲"敦""憝"同。《説文》："憝，怨也，從心敦聲。"或亦省作"敦"。

廣漢尹京，[1]克聰克明；延壽作翊，[2]既和且平。矜能訐上，俱陷極刑。翁歸承風，帝揚厥聲。[3]敞亦平平，文雅自贊；[4]尊實赳赳，邦家之彦；[5]章死非辠，士民所歎。迷《趙尹韓張兩王傳》第四十六。[6]寬饒正色，國之司直。[7]豐繄好剛，輔亦慕直。[8]皆陷狂狷，[9]不與不式。[10]崇執言責，隆持官守。[11]寶曲定陵，竝有立志。[12]述《蓋諸葛劉鄭毋將孫何傳》第四十七。[13]

[1]【今注】尹京：京兆尹。武帝時改右内史置，掌治京師，又得參與朝政。位列九卿，秩中二千石。

[2]【今注】翊：左馮翊。西漢武帝時改左内史置。本書《百官公卿表上》注："馮，輔也。翊，佐也。"職掌相當於郡太守，轄區相當於一郡，因地屬畿輔，故不稱郡，爲三輔之一。治所在長安城。轄境範圍相當今陝西渭河以北、涇河以東洛河中下游地區。

[3]【顔注】張晏曰：受任爲右扶風，卒，宣帝下詔襃揚（揚，大德本作"楊"），賜金百斤。

［4］【顏注】師古曰：讀“便”（讀便，蔡琪本、大德本、殿本作“平讀曰便”）。便，辨也（辨，殿本作“辯”）。贊，助也，以文雅助治術也。一説，贊，進也，以文雅自進也。【今注】案，楊樹達《漢書窺管》引本書卷七六《張敞傳》“然敞本治《春秋》，以經術自輔”以爲顏師古注前説是。

［5］【顏注】師古曰：赳赳，材勁貌也，音“糾”。【今注】彦：美士。

［6］【今注】案，迷，蔡琪本、大德本、殿本作“述”，是。

［7］【今注】司直：正人過。亦指主正人過的人。楊樹達《漢書窺管》引《詩·鄭風·羔裘》補證云：“彼己之子，邦之司直。”

［8］【顏注】師古曰：繄，是也，音烏奚反。

［9］【今注】狂狷：狂妄褊急。

［10］【顏注】師古曰：典，經也。式，法也。【今注】案，與，蔡琪本、大德本、殿本作“典”，是。

［11］【顏注】如淳曰：崇爲尚書僕射（僕，蔡琪本、殿本作“僕”，是），是言責之官也。哀帝及傅太后欲封從弟商，崇諫不聽也。晉灼曰：隆諫武庫兵不宜以給董賢家，此爲持官守也。

［12］【顏注】鄧展曰：孫寶曲橈定陵侯淳于長也（“橈”，蔡琪本、殿本作“撓”）。晉灼（蔡琪本、大德本、殿本“晉灼”後有“曰”字，當據補）：何並斬侍中王林卿奴，是立志也。【今注】立志：何焯《義門讀書記》卷二〇曰：“有立志，謂不撓於鍾廷尉。鍾威不入關，卒收之。非若寶之言及杜穉季而氣索也。”楊樹達《漢書窺管》引《孟子·萬章下》補證云：“頑夫廉，懦夫有立志。”

［13］【顏注】師古曰：本傳毋將隆在孫寶下。今此叙云“毋將孫何”，是叙誤也。

長倩懊懊，覩霍不舉，[1]遇宣迺拔，傅元作輔，[2]

不圖不慮，見躓石、許。[3]述《蕭望之傳》第四十八。子明光光，發迹西疆，[4]列於禦侮，厥子亦良。述《馮奉世傳》第四十九。宣之四子，淮陽聰敏，[5]舅氏蘧蒢，幾陷大理。[6]楚孝惡疾，東平失軌，[7]中山凶短，母歸戎里。[8]元之二王，孫後大宗，[9]昭而不穆，大命更登。[10]述《宣元六王傳》第五十。

[1]【顔注】蘇林曰：懊懊，行步安舒也。師古曰：不肯露索而見霍光，故不得大官也。懊，音弋於反。【今注】懊懊：同"與與"。威儀合度貌。錢大昭《漢書辨疑》以爲《叙傳》本《論語》"與與如也"。《説文》："𧾷與，趣步𧾷與𧾷與也。"　覿：見。

[2]【今注】傅：太子太傅。　元：指漢元帝。

[3]【顔注】師古曰：《詩·小雅·雨無正》之篇云"旻天疾威，不慮不圖"也。慮，思也。圖，謀也。言幽王見天之威，不思謀也。此叙言望之思謀不詳，卒爲石顯及許史所顛躓也。躓，音竹二反。【今注】見躓（zhì）：受挫，傾覆。《漢書考正》宋祁曰："見"字當作"顛"。　石許：何焯《義門讀書記》卷二〇以爲當是見躓於石顯、史高耳。"許"應是"史"字傳寫訛誤。沈欽韓《漢書疏證》引本書《五行志上》補證"爲佞臣石顯、許章等所譖"。石顯，傳見本書卷九三。許指外戚許廣漢家人。許廣漢，昌邑（今山東巨野縣東南）人。少時爲昌邑王郎，因觸罪處腐刑，後爲宦者丞，轉爲暴室嗇夫。宣帝幼時號皇曾孫，與之同居掖庭，以女嫁與皇曾孫。宣帝即帝位，其女立爲皇后。封爲昌成君，轉封平恩侯。王先謙《漢書補注》以爲，許廣漢字伯。史，史高。魯國（治所在今山東曲阜市）人。宣帝祖母史良娣兄史恭子。宣帝即位，以外戚侍中貴幸，因發舉霍禹謀反事，封樂陵侯。宣帝病，任爲大司馬車騎將軍，領尚書事。元帝即位，輔政五年，告老乞歸。死謚安侯。

［4］【今注】西疆：西域。

［5］【顏注】師古曰：敏，疾也，合韻音“美”。

［6］【顏注】師古曰：蘧蒢，口柔，觀人顏色而爲辭佞者也。言淮陽憲王舅張博爲諂辭，幾陷王於大罪也。蘧，音“渠”。蒢，音“除”。幾，音鉅依反。【今注】蘧（qú）蒢：諂諛獻媚的人。亦作“蘧篨”“蘧除”。　大理：掌刑法的官。

［7］【顏注】師古曰：惡疾，謂眚病也。軌，法則也。【今注】案，何焯《義門讀書記》卷二〇以爲《馮昭儀傳》注中言平帝幼被眚病，不謂楚王囂也。

［8］【顏注】張晏曰：戎氏女歸戎氏之里也。

［9］【顏注】孟康曰：謂哀、平帝（蔡琪本、殿本“哀”後有“帝”字）。

［10］【顏注】鄧展曰：昭而不穆，有父無子。張晏曰：大命，帝位也。師古曰：更，音土衡反（音土衡反，蔡琪本作“音古衡反”，大德本作“音工衡反”，殿本作“音工反”）。【今注】昭而不穆：昭穆指宗法制度中，宗廟或宗廟中神主的排列次序。始祖居中，以下父子（祖、父）遞爲昭穆，左爲昭，右爲穆。

樂安褎褎，古之文學，[1]民具爾瞻，困于二司。[2]安昌貨殖，[3]朱雲作娸。[4]博山惇慎，[5]受莽之疚。[6]述《匡張孔馬傳》第五十一。樂昌篤實，不橈不詘，[7]遘閔既多，是用廢黜。[8]武陽殷勤，輔導副君，既忠且謀，饗兹舊勳。高武守正，因用濟身。[9]述《王商史丹傅喜傳》第五十二。高陽文法，[10]揚鄉武略，政事之材，道德惟薄，位過厥任，鮮終其禄。[11]博之翰音，鼓妖先作。[12]述《薛宣朱博傳》第五十三。

[1]【顔注】師古曰：褎褎，盛貌也，音弋救反（救，大德本誤作“叙”）。學，合韻音下教反。【今注】褎褎（yòu）：本指服飾盛美。　文學：善於經學之士。《論語·先進》：“德行，顔淵、閔子騫、冉伯牛、仲弓。言語，宰我、子貢。政事，冉有、季路。文學，子游、子夏。”

[2]【顔注】師古曰：《詩·小雅·節南山》之篇曰“赫赫師尹，民具爾瞻”，言師尹之任，位尊職重，下所瞻望，而乃爲不善乎，深責之也。此叙言匡衡失德，不終相位，故引以爲辭耳。二司者，司隸校尉王尊劾奏衡追奏石顯揚著先帝任用傾覆之臣（顯，大德本作“國”），司隸校尉王駿劾奏衡專地盜土也。司，合韻音先寺反。

[3]【今注】貨殖：謂經商營利。

[4]【顔注】晉灼曰：娸，醜也。師古曰：朱雲廷言欲斬張禹（廷，蔡琪本作“并”），是爲醜惡之娸，音“欺”（音欺，蔡琪本、殿本作“娸音欺”，大德本作“音歌”），合韻音丘吏反。

[5]【今注】案，惇，殿本作“敦”。

[6]【顔注】師古曰：疚，病也。孔光後更曲意從莽之欲，以病其德行也。

[7]【今注】案，橈，蔡琪本、殿本作“撓”。

[8]【顔注】師古曰：《詩·邶·柏舟》曰“遘閔既多，受侮不少”。遘，遇也。閔，病也。謂見病害甚衆也。此叙言王商深爲王鳳所排陷也。

[9]【顔注】師古曰：言傅喜不阿附傅太后，故得免禍。

[10]【今注】文法：法制，法規。

[11]【顔注】師古曰：鮮，少也，音先踐反（踐，蔡琪本、殿本作“典”）。

[12]【顔注】劉德曰：《易》曰“翰，音登于天，貞凶”。上九處非其位，亢極，故“何可長也”？位在上高，故曰翰音。博拜

時聞有鼓聲也。師古曰："翰音登于天"，《中孚卦》上九爻辭也。翰音高飛而且鳴（且，蔡琪本、殿本作"自"），喻居非其位，聲過其實也。【今注】鼓妖：古謂發出怪聲的不祥之兆。本書《五行志中之下》引《洪範五行傳》："聽之不聰，是謂不謀，厥咎急，厥罰恒寒，厥極貧。時則有鼓妖，時則有魚孽，時則有豕禍，時則有耳痾，時則有黑眚黑祥。惟火沴水。"又："哀帝建平二年四月乙亥朔，御史大夫朱博爲丞相，少府趙玄爲御史大夫，臨延登受策，有大聲如鍾鳴，殿中郎吏陛者皆聞焉。上以問黄門侍郎揚雄、李尋，尋對曰：'《洪範》所謂鼓妖者也。師法以爲人君不聰，爲衆所惑，空名得進，則有聲無形，不知所從生。其傳曰歲月日之中，則正卿受之。今以四月日加辰巳有異，是爲中焉。正卿謂執政大臣也。宜退丞相、御史，以應天變。然雖不退，不出期年，其人自蒙其咎。'揚雄亦以爲鼓妖，聽失之象也。朱博爲人彊毅多權謀，宜將不宜相，恐有凶惡亟疾之怒。八月，博、玄坐爲姦謀，博自殺，玄減死論。京房《易傳》曰：'令不修本，下不安，金毋故自動，若有音。'"

高陵修儒，任刑養威，用合時宜，器周世資。[1]義得其勇，如虎如貔，[2]進不跬步，宗爲鯨鯢。[3]述《翟方進傳》第五十四。統微政缺，災眚屢發。永陳厥咎，戒在三七。[4]鄴指丁、傅，略窺占術。述《谷永杜鄴傳》第五十五。哀、平之卹，丁、傅、莽、賢。武、嘉戚之，[5]乃喪厥身。高樂廢黜，咸列貞臣。述《何武王嘉師丹傳》第五十六。淵哉若人！實好斯文。初擬相如，獻賦黄門，輟而覃思，草《法》篹《玄》，[6]斟酌六經，[7]放《易》象《論》，[8]潛于篇籍，以章厥身。[9]述《楊雄傳》第五十七。[10]

[1]【今注】周：給，濟。

[2]【今注】貔（pí）：傳説中的一種猛獸，似熊。一説似虎。

[3]【顔注】師古曰：半步曰跬，音空蘂反。【今注】鯢：雌鯨。

[4]【今注】三七：本傳云："涉三七之節紀。"孟康注曰："至平帝乃三七二百一十歲之厄，今已涉向其節紀。"王先謙《漢書補注》引蘇輿曰："三七，取永元延元年對中語。"

[5]【今注】戚：王先謙《漢書補注》曰："戚，憂也。"

[6]【顔注】師古曰：輟，止也。"篹"與"撰"同。言止不復作賦，草創《法言》及撰《太玄經》也。

[7]【今注】斟酌：錢大昭《漢書辨疑》曰："'斟酌'二字，首見《周語》，云'而後王斟酌焉'。《荀子·富國篇》云'節其流，開其源，而時斟酌焉'。《律歷志》云'斟酌建指，以齊七政'。《楊雄傳》云'皆斟酌其本，相與放依而馳騁云'。《白虎通》云'言周公輔成王，能斟酌文武之道而成之也'。《後漢書·章帝》贊云'左右蓺文，斟酌律禮'。《班彪傳》云'因斟酌前史而譏正得失'。班固《兩都賦》云'騰酒車而斟酌'。《魏志·袁渙傳》云'常談曰："世治則禮詳，世亂則禮簡"'，全在斟酌之間耳。"

[8]【顔注】師古曰：放，音甫往反。《論》，《論語》也。

[9]【顔注】師古曰：章，明也。

[10]【今注】案，楊，蔡琪本、殿本作"揚"。

獷獷亡秦，滅我聖文，[1]漢存其業，六學析分。是綜是理，是綱是紀，師徒彌散，著其終始。[2]述《儒林傳》第五十八。誰毁誰譽，譽其有試。[3]泯泯群黎，化成良吏。[4]淑人君子，時同功異。没世遺愛，[5]民有餘思。述《循吏傳》第五十九。上替下陵，姦軌不勝，猛政横作，刑罰用興。曾是强圉，掊克爲雄，[6]報虐以威，殃亦凶終。[7]述《酷吏傳》第六十。

[1]【顔注】師古曰：獷獷，麤惡之貌。言無親也。獷，音“穬”，又九永反（蔡琪本、大德本、殿本“九”前有“音”字）。【今注】獷獷（guǎng）：錢大昭《漢書辨疑》引《説文》補證：“獷，犬獷獷不可附也。”

[2]【顔注】師古曰：散，謂分派也。【今注】終始：指師承始末。

[3]【顔注】師古曰：《論語》稱孔子曰：“吾之於人，誰毁誰譽，如有所譽，其有所試。”此叙言人之從政，可試而知，故引以爲辭也。

[4]【顔注】師古曰：黎，衆也。言群衆無知，從吏之化而成俗也。【今注】泯泯：昏亂貌。或爲衆多之意。

[5]【今注】遺愛：謂遺留仁愛於後世。

[6]【顔注】師古曰：《詩·大雅·蕩》之篇曰“曾是强圉，曾是掊克”。强圉，强梁禦善也。棓克（棓，蔡琪本、大德本、殿本作“掊”，是），好聚斂，克害人也。言任用此人爲虐於下也。掊，音平侯反。【今注】强圉：豪强，有權勢的人。 掊克：聚斂，搜括。亦指搜括民財之人。一説，自大而好勝之人。亦作“掊剋”“掊刻”。

[7]【顔注】師古曰：《尚書·吕刑》曰“皇帝哀矜庶戮之不辜，報虐以威”，言哀閔不辜之人横被殺戮，乃報荅爲虐者以威而誅絶也。

四民食力，[1]罔有兼業，[2]大不淫侈，細不匱乏，蓋均無貧，遵王之法。[3]靡法靡度，民肆其詐，[4]偪上并下，[5]荒殖其貨。[6]侯服玉食，敗俗傷化。[7]述《貨殖傳》第六十一。開國承家，有法有制，家不臧甲，國不專殺。[8]矧乃齊民，作威作惠，[9]如台不匡，禮法是謂！[10]述《斿俠傳》第六十一。[11]彼何人斯，竊此富貴！營損高明，作戒後世。[12]述《佞幸傳》第六十三。

［1］【今注】四民：士、農、工、商。本書《食貨志上》："士、農、工、商，四民有業：學以居位曰士，闢土殖穀曰農，作巧成器曰工，通財鬻貨曰商。"本書卷九一《貨殖傳》："然後四民因其土宜，各任智力，夙興夜寐，以治其業，相與通功易事，交利而俱贍，非有徵發期會，而遠近咸足……士相與言仁誼於閒宴，工相與議技巧於官府，商相與語財利於市井，農相與謀稼穡於田壄，朝夕從事，不見異物而遷焉。故其父兄之教不肅而成，子弟之學不勞而能，各安其居而樂其業，甘其食而美其服，雖見奇麗紛華，非其所習，辟猶戎翟之與于越，不相入矣。"

［2］【今注】罔有兼業：王先謙《漢書補注》引蘇輿曰："言專一其業，《管子》所謂四民不得雜處也。"

［3］【顔注】師古曰：《論語》稱孔子曰"蓋均無貧"，言爲政平均不相陵奪，則無貧匱之人也（貧匱，殿本作"匱乏"），故引之。

［4］【顔注】師古曰：肆，極也。

［5］【今注】偪（bī）上：楊樹達《漢書窺管》引《韓非子·外儲説左下》補證云："孔子曰：泰侈偪上。"偪，同"逼"。

［6］【顔注】師古曰：荒，大也。【今注】荒殖其貨：王先謙《漢書補注》引蘇輿曰："言諸侯大夫競爲僭侈，其流及於士庶，於是商通難得之貨，工作亡用之器，故云'荒殖其貨'，數語當與傳序參觀。"本書《貨殖傳》："陵夷至乎桓、文之後，禮誼大壞，上下相冒，國異政，家殊俗，耆欲不制，僭差亡極。於是商通難得之貨，工作亡用之器，士設反道之行，以追時好而取世資。"

［7］【顔注】張晏曰：玉食，珍食也。【今注】侯服：服王侯之衣。形容生活豪華奢侈。

［8］【顔注】師古曰：殺，合韻音所例反。

［9］【顔注】師古曰：矧，況也。齊人（人，大德本同，蔡琪本、殿本作“民”），齊等之人也。

［10］【顔注】如淳曰：台，我也。我，國家也。師古曰：匡，正也。台，音“怡”。【今注】台：王念孫《讀書雜志·漢書第十五》以爲“台”字若訓爲“我”，則“如我不匡，禮法是謂”二句文意上下不相聯屬。是“如台”猶奈何之意。言游俠之徒，以齊民而作威作惠如此，奈何不匡之以禮法。《尚書·湯誓》“夏罪，其如台”，《史記》卷三《殷本紀》作“有罪，其奈何”；《尚書·高宗肜日》“乃曰，其如台”，《史記·殷本紀》作“乃曰，其奈何”；《尚書·西伯戡黎》“今王其如台”，《史記·殷本紀》作“今王其奈何”；是古謂“奈何”爲“如台”也。《尚書·盤庚》“卜稽曰，其如台”，亦謂卜人問曰其奈何。《法言·問道篇》“莊周、申、韓不乖寡聖人而漸諸篇，則顔氏之子、閔氏之孫其如台”，言莊子、申、韓若不詆呰聖人，則顔、閔之徒其奈之何。班固《典引》“伊考自遂古，乃降戾爰兹，作者七十有四人，今其如台而獨闕也”，言今其奈何而獨闕。是皆訓“台”爲“我”，而其義便不可通。

［11］【今注】案，斿，蔡琪本、殿本作“游”；一，蔡琪本、大德本、殿本作“二”，是。

［12］【顔注】師古曰：《詩·小雅·巧言》之篇，刺讒人也。其詩曰（其，大德本作“具”，誤）：“彼何人斯？居河之麋。”賤而惡之也。此叙亦深疾佞幸之人。故引《詩》文以譏之。詧，惑也。

於惟帝典，戎夷猾夏；[1]周宣攘之，亦列風雅。[2]宗幽既昏，淫于褒女，[3]戎敗我驪，遂亡酆鄗。[4]大漢初定，匈奴强盛，圍我平城，[5]寇侵邊境。[6]至于孝武，爰赫斯怒，王師雷起，霆擊朔野。[7]宣承其末，迺施洪德，震我威靈，五世來服。[8]王莽竊命，是傾是覆，備其變理，爲世典式。述《匈奴傳》第六十四。西南外夷，種别域殊。南越尉佗，自王番禺，[9]攸攸外寓，閩越、東甌。[10]爰洎朝鮮，燕之外區。漢興柔遠，與爾剖符。[11]皆恃其岨，[12]乍臣乍驕，孝武行師，誅滅海隅。述《西南夷兩越朝鮮傳》第六十五。西戎即序，夏后是表。[13]周穆觀兵，荒服不旅。[14]漢武勞神，圖遠甚勤。王師驒驒，致誅大宛。[15]姼姼公主，迺女烏孫，[16]使命迺通，條支之瀕。[17]昭、宣承業，都護是立，總督城郭，三十有六，修奉朝貢，各以其職。述《西域傳》第六十六。

[1]【顔注】師古曰：於，歎辭也。帝典，《虞書·舜典》也。載舜命咎繇作七（七，蔡琪本、大德本、殿本作“士”，是），戒之曰：“蠻夷猾夏。”猾，亂也。夏，諸夏也。“於”讀曰“烏”。

[2]【顔注】師古曰：攘，卻也。【今注】攘：楊樹達《漢書窺管》引《詩·小雅·出車》云：“赫赫南仲，玁狁于襄。”陸德明《經典釋文》云：“襄本或作攘。”《潛夫論·救邊》云：“獫狁于攘，非貪土也。”故知班固及王符所見《詩》皆作“攘”。　風雅：指《詩·小雅》中《采薇》《六月》《出車》諸詩。

[3]【顔注】師古曰：宗幽，幽王居宗周也。【今注】幽：周幽王。名宫涅（shēng），周宣王子。任善諛好利之臣虢石父爲卿，行苛政。納褒姒而寵，生子伯服。廢太子宜臼及申后，立伯服。時鎬京地震，三川竭，岐山崩，又命攻六濟之戎而敗。申后之父申侯

與犬戎攻王，犬戎破鎬京，殺幽王，擄褒姒。西周滅亡。

［4］【顔注】張晏曰：申侯與戎共伐周，敗於驪山下，遂殺幽王。平王東徙都成周。【今注】酆：即豐京。在今陝西西安市長安區西灃河西岸。　鄗：即鎬。西周都城。在今陝西西安市西。

［5］【今注】平城：縣名。秦置，屬鴈門郡。治所在今山西大同市東北。《史記》卷八《高祖本紀》："遂至平城。"張守節《正義》引《括地志》云："朔州定襄縣，本漢平城縣。縣東北三十里有白登山，山上有臺，名曰白登臺。《漢書·匈奴傳》云（蹋）〔冒〕頓圍高帝於白登七日，即此也。服虔曰：'白登，臺名，去平城七里。'李穆叔《趙記》云：'平城東七里有土山，高百餘尺，方十餘里。'亦謂此也。"

［6］【顔注】師古曰：境，合韻音"竟"。

［7］【顔注】師古曰：霆，疾雷也，音"廷"。

［8］【顔注】師古曰：自宣至平凡五帝。

［9］【今注】番禺：南越趙佗都城。在今廣東廣州市内。

［10］【顔注】師古曰：攸攸，遠貌。【今注】寓：王念孫《讀書雜志·漢書第十五》以爲"寓"當爲"寓"字之誤。《説文》："寓，籀文'宇'字。"閩越、東甌皆在漢之南境外，故曰"外寓"，王粲《鶡賦》："震聲發乎外寓。"可爲證。下文言"燕之外區"亦是此意。若作"寄寓"之"寓"，則義不可通。《文選·吴都賦》劉逵注引此文作"悠悠外宇"，故知"寓"爲"寓"之訛。張衡《思元賦》"怨高陽之相寓兮"，《風俗通義·祀典篇》"營寓夷泯"，今本"寓"字似皆訛作"寓"。而此字師古無音，則所見本已訛作"寓"。

［11］【顔注】師古曰：柔，安也。剖符，謂封之也。

［12］【今注】岨：同"阻"。

［13］【顔注】張晏曰：表，外也。禹就叙以爲外國也。師古曰：此説非也。表，明也，明以德化也。【今注】西戎即序：楊樹

達《漢書窺管》引《尚書·禹貢》補證云："西成即叙。"

[14]【顔注】張晏曰：覿，示也。旅，陳也。犬戎終王而周（蔡琪本、殿本作"周"前有"朝"字），穆王以不享征之，是以荒服不陳於廷也。【今注】周穆：周穆王。西周國君。姬姓，名滿。昭王子。五十歲即位，曾西擊犬戎，俘其五王，遷之於太原。使楚人東伐徐戎，會諸侯於塗山。又攻越，東至九江。采用甫侯建議，加重刑罰，詳訂五刑三千條。名曰《甫刑》，或稱《吕刑》。後世傳説穆王曾得八駿馬，周行天下。《穆天子傳》記其西游，與西王母相見。　荒服："五服"之一。稱離京師二千到二千五百里的邊遠地方。亦泛指邊遠地區。

[15]【顔注】鄭氏曰：驒驒，盛也。師古曰：此説非也。《小雅·四牡》之詩曰："四牡騑騑，驒驒駱馬。"驒驒，喘息之貌。馬勞則喘，此叙言漢遠征西域，人馬疲弊也。驒，音它丹反。【今注】驒：音 tuó。

[16]【顔注】孟康曰：㛐，音"題"。㛐㛐、惕惕，愛也。師古曰：此説非也。㛐，音上支反。㛐㛐，好貌也。《魏詩·葛屨》之篇曰"好人提提"，音義同耳。女，妻也，音乃據反。言漢以好女配烏孫也。【今注】㛐㛐（shí）：錢大昭《漢書辨疑》引《爾雅·釋訓》云"忯忯、惕惕，愛也"，郭璞注曰："忯忯，未詳。"陸德明《經典釋文》引李巡云："忯忯，和適之愛。"以爲"忯"本或作"㛐"，是"㛐㛐"即《爾雅》之"忯忯"。孟康注本此。《説文》："㛐，美女也。"或作"㛐"，從氏。通作"忯"。《説文》："忯，愛也。"

[17]【顔注】師古曰：瀕，涯也，音"頻"，又音"賓"。

詭矣禍福，刑于外戚。[1]高后首命，吕宗顛覆。薄姬䃶魏，宗文産德。[2]竇后違意，考盤于代。[3]王氏仄微，[4]世武作嗣。子夫既興，扇而不終。[5]鉤弋憂傷，孝昭以登。上官幼尊，類禡厥宗。[6]史娣、王悼，身遇不祥，及宣饗國，二族後光。恭哀産元，夭而不遂。卬成乘序，履尊三世。[7]飛燕之妖，禍成厥妹。丁、傅僭恣，自求凶害。中山無辜，乃喪馮、衛。[8]惠張、景薄，武陳、宣霍，成許、哀傅，平王之作，人事歆羨，非天所度。[9]怨咎若兹，如何不恪![10]述《外戚傳》第六十七。

［1］【顔注】師古曰：詭，違也。言禍福相違，終始不一也。【今注】案，楊樹達《漢書窺管》以爲“詭”當讀爲“恑”。《説文》十篇下《心部》云：“恑，變也。”“刑”讀爲“形”，爲見義。“詭矣禍福，刑于外戚”者，謂禍福倚伏，變易不常，形見於外戚者特爲顯明。下文皆申述此意。顔訓誤。

［2］【顔注】如淳曰：薄姬在魏，許負相，當生天子。魏豹聞負言，不與漢，遂禽而死也。師古曰：碌，古“墜”字。

［3］【顔注】師古曰：《詩·衛風》曰“考盤在澗”。考，成也。盤，樂也。此叙言竇姬初欲適趙，而向代，違其本意，卒以成樂也。【今注】代：諸侯王國名。都晉陽（今山東太原市西南）。

［4］【今注】仄微：卑賤，社會地位低。楊樹達《漢書窺管》引《書序》云：“虞舜側微。”以爲“仄”與“側”同。

［5］【顔注】師古曰：扇，熾也。【今注】扇：楊樹達《漢書窺管》引《説文》八篇上《人部》云：“傓，熾盛也。從人，扇聲。”引《詩·十月之交》曰：“艷妻傓方處。”以爲“傓”借作“扇”。

［6］【顔注】應劭曰：《詩》云“是類是禡”。禮，將征伐，告天而祭謂之類，告以事類也。至所征伐之地，表而祭之謂之禡。禡者，馬也。馬者，兵之首，故祭其先神也。言上官后雖幼尊貴，

家族以惡逆誅滅也。師古曰：禡，音莫暇反。【今注】案，王先謙《漢書補注》引王先慎以爲此言上官宗族賴上官皇后得以血食。本書卷九七上《外戚傳上》："桀、安宗族既滅。皇后母前死，追尊曰敬夫人，置園邑二百家，長、丞奉守如法。皇后自使私奴婢守桀、安冢。"

[7]【顔注】張晏曰：至成帝乃崩也。師古曰：乘序，謂登至尊之處也。

[8]【顔注】師古曰：馮昭儀，中山孝王母也，爲傅氏所陷。衛姬，中山孝王后也，爲王莽所滅。

[9]【顔注】師古曰：作，起也。度，居也。言惠帝至平帝王皇后七人，時雖處尊位，人心羡慕，以非天意所居，故終用不昌也。度，音徒各反。【今注】人事歆羡：案，人事，蔡琪本、大德本、殿本作"事雖"。王先謙《漢書補注》引王先慎以爲四字與上下文義不貫。"事"疑作"人"。顔注"人心羡慕"，是所見本正作"人"字。

[10]【顔注】師古曰：恪，敬也。

元后娠母，月精見表。[1]遭成之逸，政自諸舅。[2]陽平作威，誅加卿宰。[3]成都煌煌，假我明光。[4]曲陽歊歊，亦朱其堂。[5]新都亢極，作亂以亡。述《元后傳》第六十八。咨爾賊臣，篡漢滔天，行驕夏癸，虐烈商辛。[6]僞稽黄、虞，繆稱典文，[7]衆怨神怒，惡復誅臻。[8]百王之極，究其姦昏。述《王莽傳》第六十九。

[1]【顔注】師古曰：娠，音"身"。【今注】月精：傳説中的月的精靈。亦借指月亮。

[2]【顔注】師古曰：言成帝貪自逸樂，而委政於王氏。【今注】諸舅：王鳳及其諸弟平阿侯王譚、成都侯王商、紅陽侯王立、曲陽侯王根、高平侯王逢時。

[3]【顔注】師古曰：謂王商及王章也。

[4]【顔注】師古曰：煌煌，熾貌。【今注】假我明光：王商曾從成帝借明光宫避暑。

[5]【顔注】師古曰：歊歊，氣盛也，音許驕反。【今注】歊：音 xiāo。

[6]【顔注】張晏曰：桀名癸，紂名辛。

[7]【顔注】師古曰：稽，考也。

[8]【顔注】張晏曰：復，周也。臻，至也。十二歲歲星一復，莽稱帝十三歲而見誅也。《左氏傳》曰"美惡周必復"。師古曰：復，音扶目反。

凡《漢書》，叙帝皇，[1]列官司，建侯王。[2]準天地，統陰陽，[3]闡元極，步三光。[4]分州域，物土疆，[5]窮人理，該萬方。[6]緯六經，綴道綱，[7]總百氏，[8]贊篇章。[9]函雅故，通古今，[10]正文字，惟學林。[11]述《叙傳》第七十。

[1]【顔注】張晏曰：十二紀也。

[2]【顔注】張晏曰：《百官表》及《諸侯王表》也。【今注】建侯王："八表"除《百官公卿表》《古今人表》外其餘六篇。

[3]【顔注】張晏曰：準天地，《天文志》也。統，合也。陰陽，《五行志》也。【今注】準天地：當指《禮樂志》《刑法志》。本書《刑法志》："聖人既躬明悊之性，必通天地之心，制禮作教，立法設刑，動緣民情，而則天象地。"

[4]【顔注】張晏曰：闡，大也。元，始也。極，至也。三

光，日月星也。大推上極元始以來（推，大德本作“雅”，誤），及星辰度數，謂《律曆志》（曆，蔡琪本、殿本作“歷”）。【今注】步三光：當指《天文志》。

[5]【顔注】張晏曰：《地理》及《溝洫志》也。

[6]【顔注】張晏曰：人理，《古今人表》。萬方，謂《郊祀志》有日月星辰天下山川人鬼之神。【今注】窮人理：或指《食貨志》，指人生存之理。

[7]【顔注】張晏曰：《藝文志》也。

[8]【今注】總百氏：或指《古今人表》。

[9]【顔注】師古曰：贊，明也。

[10]【顔注】張晏曰：包含雅訓之故，及古今之語。

[11]【顔注】師古曰：信惟文學之林藪也。凡此總説帝紀、表、志、列傳，備有天地鬼神人事，政治道德，術藝文章。汎而言之，盡在《漢書》耳，亦不皆如張氏所説也。【今注】正文字：王先謙《漢書補注》引蘇輿，以爲班固多書古字以示學者，故云“正文字”。